本书的出版得到厦门大学哲学社会科学繁荣计划的资助，特此鸣谢。

李德霞 著

南海领土争议中的媒体角色研究
——以2010—2014年为切点

NANHAI LINGTU ZHENGYI ZHONG DE
MEITI JIAOSE YANJIU

图书在版编目(CIP)数据

南海领土争议中的媒体角色研究:以 2010—2014 年为切点/李德霞著.—厦门:厦门大学出版社,2017.7
ISBN 978-7-5615-6449-3

Ⅰ.①南… Ⅱ.①李… Ⅲ.①南海-领土问题-新闻报道-研究 Ⅳ.①G219.2②D993.1

中国版本图书馆 CIP 数据核字(2017)第 063048 号

出 版 人	蒋东明
责任编辑	王鹭鹏
特约编辑	刘 璐
封面设计	李嘉彬
技术编辑	朱 楷

出版发行	厦门大学出版社
社 址	厦门市软件园二期望海路 39 号
邮政编码	361008
总 编 办	0592-2182177 0592-2181406(传真)
营销中心	0592-2184458 0592-2181365
网 址	http://www.xmupress.com
邮 箱	xmup@xmupress.com
印 刷	厦门市万美兴印刷设计有限公司

开本 720mm×1000mm 1/16
印张 14.25
插页 2
字数 204 千字
印数 1~1 000 册
版次 2017 年 7 月第 1 版
印次 2017 年 7 月第 1 次印刷
定价 40.00 元

本书如有印装质量问题请直接寄承印厂调换

厦门大学出版社
微信二维码

厦门大学出版社
微博二维码

前　言

　　本书为福建省社会科学规划项目 2013 年度课题"南海领土争议中的媒体角色研究"(项目编号:2013B160)的最终成果。书中内容大体围绕原项目申请书中的三大部分来展开:①南海领土争议中的西方媒体角色研究;②南海领土争议中的东南亚媒体角色研究;③南海领土争议中的中国媒体角色研究。具体而言,本成果通过对新形势下有关各方(包括美国、日本、东南亚的南海声索国菲律宾和越南、中国等)主流英文媒体有关南海问题的报道进行细致分析,结合笔者长期以来对南海动态的持续跟踪,考察了各方媒体在南海领土争议中扮演的多种角色,剖析其背后的深层原因和动机,研究其报道特点、目的、策略和手段,揭示新闻语篇中潜在的意图和隐含的意识形态,探讨媒体是如何利用话语来达到或强化传播效果,或利用话语来试图影响与操控舆论,指出相关报道中存在的问题和不足,并专门针对中国媒体提出一些可能的应对策略和建议。此外,本书还透过媒体的报道内容了解了有关各方在南海问题上的立场和态度,同时挖掘一些可能令国际问题决策者和专家感兴趣的、具有一定实用价值的其他信息。

　　相对于现有的研究成果,本书在研究对象的广度和研究内容的深度及研究方法的使用方面均有所突破。具体体现在如下几个方面:

　　一、本书不但研究中国媒体,还把研究对象扩大至与南海问题有关的域内外其他国家的主流媒体,如美国媒体、日本媒体、菲律宾媒体、越南媒体等。这些国家的媒体虽然也有人研究过,但专门针对南海问题的系统深入研究似乎不多,尤其是针对越南媒体的研究显得更少。

　　二、在研究方法方面,本书尝试运用了包括文本分析法(textual analysis)、内容分析法(content analysis)、批评性话语分析法(critical discourse analysis)、个案研究法(case study)等在内的多种传播学中常用的定性与定量相结合的混合研究方法(mixed methods),以使研究更加深入全面,更具说服力。

三、虽然将有关各方的所有主流媒体的相关新闻报道均作为研究对象来进行研究是不可能,也是不现实的,但本书在研究对象的选择标准方面仍然是经过了深思熟虑,主要是基于如下几个原则:(1)以英文媒体为主,因为一方面,英语作为国际性语言迄今仍在全球具有公认的、不可替代的强大影响力;另一方面,在一定程度上弥补了笔者不谙某些外语的缺陷。(2)所选媒体均为所在国最具代表性的主流英文媒体,如美国以世界级知名媒体美联社(Associated Press)和《纽约时报》(The New York Times)为例,日本以其国内最大的英文报纸《日本新闻》(The Japan News)和最古老的英文报纸《日本时报》(The Japan Times)为例,菲律宾以其国内最具影响力的头号报纸《菲律宾每日问询者报》(The Philippine Daily Inquirer)为例,越南以其最主要的对外媒体"越南通讯社公告"(Vietnam News Agency Bulletin)为例,中国以承担最多对外传播任务的新华社(Xinhua General News Service)为主。

四、在研究时段的选择方面,本书既根据研究的进度选择不同的时段,以尽可能覆盖不同的时期,从而使研究更具完整性和连续性,也以典型的事件,如2014年5月发生的中越南海冲突事件为个案,并对中越双方媒体的相关报道进行了对比研究。

五、由于南海问题涉及多方利益、多个学科领域,因此,本书也具有典型的跨学科、跨领域、涉及多个研究对象和研究内容等特点。

当今社会,国际传播力作为国家"软实力"的重要性日益凸显,国际社会对话语权的争夺也日趋剧烈,这在有关各方围绕南海问题而展开的舆论战中表露无遗。在新形势下,虽然尚未发生因南海岛礁争端而动武的现象,但针对南海问题而展开的舆论较量却是层出不穷,时而呈现愈演愈烈之势。据日本媒体报道,美国政府正试图以三大步骤来阻止中国在南海的填海造地活动,其中第一步就是千方百计引起国际社会的关注。为此,他们充分利用媒体的传播功能,如刻意邀请美国有线电视新闻网(CNN)记者在其军用侦察机上报道中国的海洋活动;由《华尔街日报》报道中国在人造岛上配置了大炮等。[①] 此外,在过去的几个月里,美国国务院发言人也频频在媒体上发声,无端指责中国在南海的填海造地活动。可以说,在南海问题上,通过舆论造势向中国施压,已成为美国当局遏制中国的一个重要举措。至于极端亲美的菲律宾阿基诺三世前政府,更是不分场合、别有用心地反复渲染炒作南海岛礁争端,极力散布各种混淆视听、颠倒黑白的言论,挖空心思抹黑攻击中国。而本不是南海问题当事方却唯恐天下不乱的日本,也趁机利用其丰富的舆论资源和老道的舆论引导能力来尽其所能地搅浑南海。在美国、菲律宾、日本等域内外国家的大肆炒作和舆论轰炸下,国际社会对中国在南海的行动关注度大幅提升,南海问题日益国际化、复杂化,中国为此正面临着很大的国际舆论压力。在此背景下,本书的出版,应具有一定的应用价值和学术价值,其社会影响和社会效益亦不容忽视。因为本书所涉及的均为颇具现实意义的南海议题,如研究有关各方主流媒体在南海问题中饰演的角色,探讨其背后的深层原因和动机,揭示其采取的传播策略和传播手段,考察其新闻报道中具有的传播特点、透露出的传播意图,并针对中国媒体提出可能的应对策略等等。相对传统的以思辨或定性为主的研究方法而言,本书采用定量与定性相结合的混合研究方法,对南海领土争议中的媒体角色进行了较为系统、深入、全面的探讨,这在一定程度上拓宽了南海问题研究的渠道。所谓知己知彼,百战不殆,只有在尽可能了解他方策略和行为的基础上,才能更好地向它们学习并加以应对。本书可供中国相关决策部门和涉外媒体参考、借鉴。

总之,希冀本书能为实现我国南海问题对外传播的目标,即切实有效

---

① 佚名.据日本媒体报道美"三步走"就南海对华施压[N/OL].[菲]世界日报,2015-06-11. http://worldnews.net.ph/post/38573.

地影响国际社会的主流舆论,让世界了解南海问题的真相,扭转有口难辩、"被动挨打"的局面,塑造良好的国家形象,捍卫我国南海主权,并最终服务我国,为国家利益贡献一点绵薄之力。本书稿选择的时间段是2010—2014年,正是南海局势较为紧张的时刻,其中包括了2012年的中菲黄岩岛事件和2014年的"981钻井平台"事件等。目前中菲关系已趋于缓和,本书中的观点和立场可作为一种历时性研究成果,亦希望它能为相关领域学者的学术研究提供一点参考价值。

本书的出版,首先要感谢厦门大学新闻传播学院的资助,特别是黄合水常务副院长和阎立峰副院长的大力支持;其次要感谢我父母长期以来无微不至的关爱、支持和帮助;再次,本书获得了"中央高校基本科研业务费专项资金资助"(Supported by the Fundamental Research Funds for the Central Universities)(项目编号:T2013221045)和"中国海洋发展研究会基金项目"(China Association of Maritime Affairs,CAMA)资助(项目名称:"南海问题:美菲舆论挑衅与中国的应对策略",项目编号:CAMAJJ201502),在此一并感谢;最后要感谢厦门大学出版社刘璐编辑、王鹭鹏编辑的耐心解答、细致校对和专业审核。

李德霞

2016年2月26日

于厦门上李寓所

目 录

第一章　南海领土争议中的美国媒体角色研究 ………… 1
第二章　南海领土争议中的日本媒体角色研究 ………… 39
第三章　南海领土争议中的菲律宾媒体角色研究 ……… 73
第四章　南海领土争议中的越南媒体角色研究 ………… 98
第五章　南海领土争议中的中国媒体角色研究 ………… 128

附录一　菲律宾主流英文媒体对黄岩岛事件的报道分析
　　　　——以《菲律宾每日问询者报》为例 ………… 145
附录二　China Owns Indisputable Sovereignty over the Xisha
　　　　(Paracel) Islands: A Response ………… 186
附录三　CO14165 | South China Sea Disputes: China Has
　　　　Evidence of Historical Claims ………… 193
附录四　Xisha(Paracel) Islands: The Inconvenient Truth-Analysis …… 199

参考文献 ………………………………………………… 210
后　记 …………………………………………………… 222

第1章

南海领土争议中的美国媒体角色研究

南海领土争议中的媒体角色研究

自奥巴马在其第一任期内推行"重返亚太"政策,①并在第二任期内将该政策修正为亚太"再平衡"政策以来,南海问题便成为美国政要在多个场合频频提及的话题之一,也成为美国主流媒体日益关注的焦点议题之一。南海不仅蕴藏着丰富的油气、渔业和矿产资源,亦是国际公认的重要航道之一,每年全世界有一半以上的商业舰队运输吨位(含80%的中国所需原油)必须经过南海。② 南海的战略地位更是不言而喻,故而在几百年来成为有关各方的必争之地,也是领土纷争频发的场所。近年来,随着中国国力的不断加强和国际地位的日益上升,事关中国核心利益的南海问题便成为美国重返亚太、牵制中国发展的理想切入点。美国不但明确表示要在亚太地区重新部署兵力,即将60%的军力分配至此,美国前国防部长利昂·帕内塔(Leon E. Panetta)还在2012年提交给国会的附信中称:"美国战略需要重新调整国防、外交以及经济资源,向亚太地区倾斜。"③此外,深知控制舆论重要性且对战略传播高度重视的美国当局也不失时机地利用各种媒体打起了舆论战和心理战,而对于所谓事关美国国家利益的南海问题,美国主流媒体亦乐于配合政府,于是在南海领土争议中自觉不自觉地扮演了一些举足轻重的角色。鉴于美国主流媒体在全球仍具超强影响力,其对南海问题的报道可在很大程度上左右国际舆论的走向,对美国相关对华政策的制定和实施,乃至美国民众对中国的观感和对南海问题的判断等均可产生不容小觑的影响,从而使得南海问题的解决越发举步维艰,因此,非常有必要了解美国主流媒体在南海领土争议中所发挥的作用,并探究其深层的原因和动机,以达到知己知彼、有的放矢的目的。这即是本章的写作初衷。

本章以大众传播学中研究媒介内容的一种常见的定性研究方法——

---

① 事实上,美国从未离开过亚太,只不过是由于前些年把主要精力投入到伊拉克、阿富汗等地,而对亚太地区有所疏忽罢了。
② MORRIS I. Sea change[J/OL]. The New York Times Style Magazine, 2014-04-28. http://cn.tmagazine.com/books/20140428/t28sea/dual/.
③ 赵杰.智库:美国军力向亚太转移欲避免中美军事冲突[N/OL].(香港)大公报,2012-08-02. http://www.takungpao.com/news/content/2012-08-02/content_864344.htm.

文本分析法(textual analysis)——为主要研究方法,以美联社和《纽约时报》等美国主流媒体从 2013 年下半年开始到 2014 年年初与南海有关的报道为例,研究了美国主流媒体在南海领土纷争中充当的角色,并深入分析了其背后的原因和动机。

一、扮演的角色

(一)重要的信息来源提供者

传播资讯是媒体的一大主要功能。对于美国政府来说,素有政府"看门狗"之称的美国媒体是其政策制定过程中的重要信息来源,尤其是在国际或对外事务方面,美国政要往往会关注包括《纽约时报》、《华盛顿邮报》、《华尔街日报》、CNN 等在内的主流媒体的国际新闻报道。近年来,随着亚太地区重要性的不断升高和南海问题的持续升温,美国主流媒体对南海问题的报道量明显增多。以美国主流媒体的典范《纽约时报》为例,笔者借助相关数据库,经过仔细筛选,统计出了 2009—2013 年该报有关南海问题新闻的年报道量(见图 1-1)。

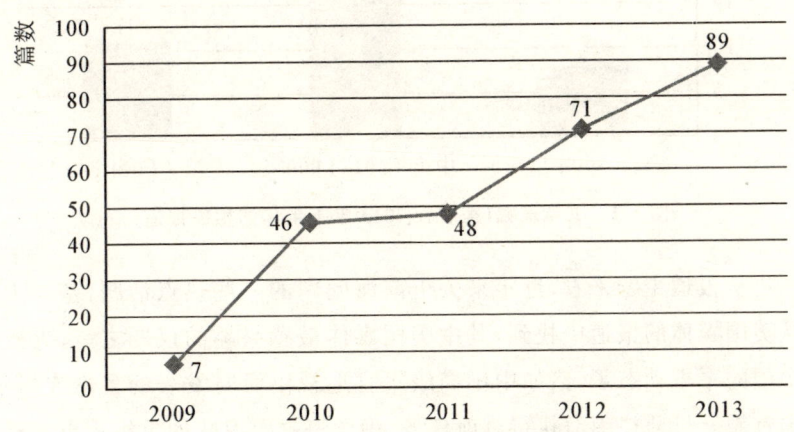

图 1-1　2009—2013 年《纽约时报》对南海问题的年报道量

从图1-1可以清楚地看到,在这5年间,《纽约时报》对南海问题的关注度不断上升,从2009年的仅有7篇,到2013年的89篇,增长了10倍以上。这对于通常报道当地和国内新闻较多,而报道国际新闻相对较少的美国媒体来说,实属非同寻常,足见其对南海问题的日益关注和不断重视。此外,从报道篇幅来看,通常惜字如金的美国主流媒体在报道南海有关新闻时,却显得不惜篇幅。以美国最大的通讯社美联社为例,2013年下半年美联社关于南海问题的报道共有56篇(见图1-2),其中短篇仅有8篇,中篇最多,为37篇,而长篇亦有11篇之多,占总篇数的将近20%,最长的一篇达到了1634字,美联社对南海问题的热衷程度由此可见一斑。

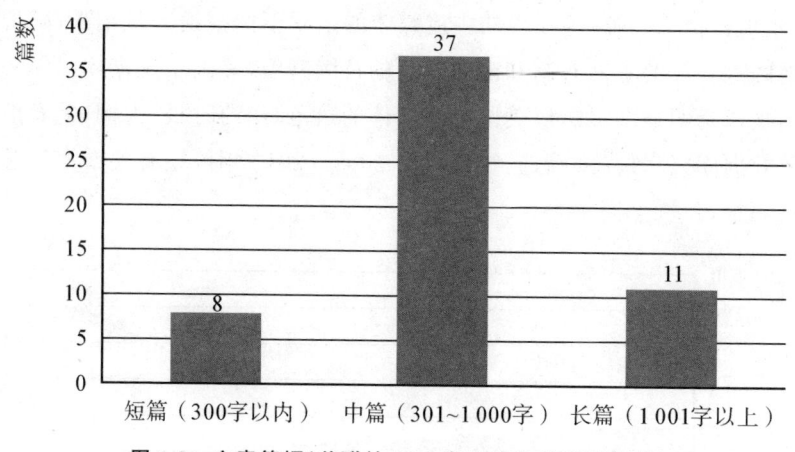

图1-2 文章篇幅(美联社2013年下半年的相关报道)

再从报道主题来看,近年来关于南海问题的一些热点话题,基本上都能从美国媒体的报道中找到,其中美国媒体最感兴趣的议题之一,大概就是中国的军事动态了,诸如中国高级军官巡视南海时发表的言论或指示、中国首艘航母前往南海执行试航任务、中国海岸警卫队的重组等事关南海的军事信息,美国媒体都不愿错过。① 美国主流媒体对南海问题有增无减的报道热度和报道强度是美国政府了解相关信息、制定相关政策的重要信息渠道。同时,美国媒体也通过向决策者传达专家学者们的见解,而在一定程度上影响了美国战略重心向亚太地区转移和中美关系的发展。

(二)议程设置者

在南海领土争议中,美国媒体还扮演着议程设置的角色,即通过设定议题或选择报道内容来引导或诱导舆论,使其朝着有利于维护美国形象、增进美国利益、改变目标国外交决策,或影响本国国内外政策的方向发展。众所周知,大众传媒不但是重要的信息源,也是重要的影响源,因为它们能"为所有人确定议程,选择应当强调什么,应当轻视什么或阻止什么;实际上,我们所处的政治世界基本上是由它们安排的。新闻媒介未必都能告诉我们应当怎样思想,但它们可以异常成功地告诉我们应当考虑什么问题"②。换句话说,新闻媒介具有塑造公共舆论、影响公众议程的强大功能,这对于迄今仍在国际舆论场上占据强势话语权的美国媒体来说,更是轻车熟路、易如反掌之事。它们时常把经过精心挑选的议题和信息在其认为适当的时机,有策略、有技巧地向国际社会传递,以此来影响国际舆论的走向。举一例来说,2013年10月,奥巴马因国内政治恶斗和联邦政府停摆而无法出席在印度尼西亚巴厘岛举行的亚太经济合作组织(APEC)峰会,及在文莱举行的美国-东盟峰会和东亚峰会。一时间质疑声四起,外界纷纷对奥巴马前政府是否还有精力和能力推行亚太"再平衡"战略,是否还

---

① ANON. Top China general orders navy to speed improvements during visit to South China Sea province[N]. Associated Press,2013-09-13. 另见 ANON. China's 1st aircraft carrier completes trial run in South China Sea, tests combat system[N]. Associated Press, 2014-01-02; ANON. China's aircraft carrier heads to South China Sea for first time on test mission[N]. Associated Press, 2013-11-26; BODEEN C. China says boats from newly formed coast guard confront Japanese vessels near disputed islands[N]. Associated Press, 2013-07-26.

② 帕伦蒂. 美国的新闻自由[M]. 韩建中,刘先琴,译. 郑州:河南人民出版社,1992:34.

能继续维护美国亚太盟友的利益表示怀疑。不少媒体认为奥巴马的缺席无疑给了中国天赐良机,如《纽约时报》坦言道:美国政府的关门使得美国抗衡中国的努力受挫,并由此产生了至少一个赢家——中国;①美联社也不得不承认,"奥巴马未能在亚洲出现,对于试图修复地区关系的中国国家主席习近平来说,是个激励",而"对于美国转变外交政策焦点的努力来说,则是个挫折",他们无奈地哀叹道:"中国领导人的东南亚之行光芒盖过克里。"②但一向善于操控议题的美国媒体很快就利用2013年11月8日发生的强台风"海燕"袭击菲律宾一事,成功扭转了不利于美国的舆论格局。它们先是大篇幅地连续报道了台风"海燕"之猛烈和菲律宾遭受损失之惨重,如美联社用"今年最强台风"、"有纪录以来最强风暴之一"、"有纪录以来袭击菲律宾的最致命风暴"、"大规模破坏"、"高死亡人数"等词来形容台风"海燕"之强度及其造成的破坏之严重。③ 接着便在中国对菲援助的款项、物资和反应上大做文章。它们别有用心地把中国与发达国家的援菲行动进行对比,称"中国已承诺不超过200万美元的现金和物资,相比之下,美国提供了2 000万美元,美国还推出了包括航母在内的大规模军事主导的救援行动。另一位中国对手日本应许要捐赠1 000万美元,并提出将派遣军队、船只和飞机。澳大利亚将捐出2 800万美元,(瑞典家具连锁店)宜家通过其慈善基金会提供了270万美元","中国给菲律宾的捐赠物资包括来自政府和中国红十字会的各10万美元,并正在发送额外的价值164万

---

① LANDLER M. Another shutdown victim:U.S. efforts to counter China[N]. NY Times. com Feed,2013-10-03.

② WONG G. Obama's no-show in Asia is a boost for China's Xi, trying to repair ties with region[N]. Associated Press,2013-10-04. See also BURNS R, WONG G. Obama's Asia no-show is boost for China, setback for US effort to shift foreign policy focus[N]. Associated Press,2013-10-05;PERLEZ J. Touring Southeast Asia, Chinese leader outshines Kerry[N]. NYT Blogs,2013-10-14.

③ ANON. Deadliest storms to hit the Philippines[N]. Associated Press,2013-11-10. See also AP PHOTOS: High death toll feared in typhoon amid massive destruction[N]. Associated Press,2013-11-11.

美元的帐篷、毛毯和其他物品。与此同时,'乔治·华盛顿号'航母已于周四抵达了菲律宾海岸,由1 000人组成的部队预计将在本周末到达灾区。美国飞机和直升机运来了物资,并将幸存者运送出去。""另一个救灾工作主要奉献者英国正派出其'卓越号'航母。对于习近平主席亲自致电阿基诺三世总统,表达中国人民诚挚问候的行为,美联社非但没有给予肯定,反而讥讽道:慰问"晚了整整5天,且没有提及援助"。他们还把中国大陆的捐赠行为与中国香港进行了对比,指出"尽管马尼拉对杀死香港居民的2010年人质事件的处理引起了香港民众强烈的愤慨,但香港仍然提供帮助。他们派出了救援队伍,私人慈善机构认捐了数以百万计的款项"①。《纽约时报》则处心积虑地把此次风灾与2013年9月的巴基斯坦地震相提并论,称当时"造成500人死亡",而中国向其"亲密盟友巴基斯坦"的捐赠多达150万美元。②彭博社以"中国或许为可怜的台风援助深深后悔"为题,讽刺道:"数以十万计的菲律宾人苦寻食物、水、避难所以及亲人的遗体,中国迅速从其世界第一的3.7万亿美元外汇储备中,拿出……10万美元。"③直至中国以其一连串低调务实的救灾行动,包括派遣医疗队与"和平方舟"医院船前往重灾区救灾等来表白中国人对菲律宾人的友善和爱心,美国媒体才暂时停止了攻击。

紧接着,他们又凭借其强大的舆论工具和非凡的舆论诱导能力,在中国设立东海防空识别区、中美军舰南海"对峙"、中国发布南海渔业新规等话题上对中国展开了一轮又一轮的舆论攻势,力图形成对中国不利的国际舆论格局,使其忙于澄清和灭火。有时在南海时局稍显平静时,美国媒体也会故意设置议程,制造话题,使得南海问题再次成为国际舆论的焦点之一。所谓的"中美军舰南海危险迫近"事件便是在这种情形下被美国媒体

---

① BODEEN C. Amid territorial spat with Manila, China's paltry offer of typhoon aid threatens global image[N]. Associated Press, 2013-11-14.
② PERLEZ J. China increases aid to Philippines[N]. The New York Times, 2013-11-15.
③ 菲律宾台风"海燕"最新消息:中国救援队准备赴菲 菲方犹豫[EB/OL]. 2013-11-19. http://www.guancha.cn/Neighbors/2013_11_19_186578.shtml.

炮制出来的一个吸人眼球的议题。这件事原本发生在2013年12月5日,是由于美方军舰不顾中方警告,擅闯中国航母编队"内防区",从而违反了国际通用规则引起的,但一向以报道及时迅速著称的美国媒体,竟然在事件发生10天后的12月15日仍心有不甘地加以炒作,其用意无非是无端制造紧张气氛,并凸显中国之"强硬"。不过,尽管《纽约时报》声称这一事件是"中国这个正在崛起的海上强国,与自二战以来即在海军力量上在太平洋地区占据主导地位的美国之间竞争日益增长的又一个例子",[①]然而,据接受美国《基督教科学箴言报》采访的一名美国海军官员称,中美在太平洋上其实已发生过多次此类事件,故而无须"过分渲染"。[②]虽说中国媒体《环球时报》很快便将事实真相公之于众,但基于美国媒体强大的舆论攻势,加之其他西方媒体的配合报道,国际舆论还是再次多少被误导了。

(三)"中国威胁论"的鼓吹者和中国不良形象的塑造者

基于中美两国意识形态和价值观等因素的较大差异,同时亦出于种种目的和需要,长期以来,美国媒体常喜欢拿中国话题说事,且颇有市场。它们尤其热衷也确实擅长炒作"中国威胁论",特别是近些年来,随着中国综合实力的日益增强和国运的蒸蒸日上,看在眼里急在心里的美国媒体变本加厉地渲染"中国威胁论",如美国《防务新闻》杂志直截了当地指出,中国正"逐渐成为美国的全球竞争对手",它们甚至以不实言论夸张地断言:"在世界第二大经济体和世界最大规模军事力量的支持下,习近平对美国国防预算与战略的影响无人能及。"美国《国家利益》杂志则耸人听闻地预测道:"中国海军及其他军种正打造近海'反介入'能力,阻止美国干涉西太平洋事务。中国已经确定并正在利用美国武器系统本身存在的缺陷,如果处理

---

① PERLEZ J. Chinese and American ships nearly collide in South China Sea[N]. NY Times.com Feed,2013-12-15.
② 佚名.中美军舰南海对峙揭秘美战舰强闯中国航母内防区[N/OL].新华网,2013-12-16. http://news.xinhuanet.com/yzyd/photo/20131216/c_118574486.htm.

不当,作为军事强国崛起的中国,会具备封锁美军基地、中断美军通信的空前实力,从而对美军军事行动构成挑战。"①

　　自美国实施亚太"再平衡"战略以来,南海问题便成为美国搅动地区局势、牵制中国海上力量扩张的借口之一。因为美国虽然不是南海主权声索国,却多次强调其是南海利益相关方。对美国媒体来说,南海议题无疑是其散布"中国威胁论"、抹黑中国形象的不二选择。它们虽然一面声称美国政府在南海、东海主权争议中不持立场,一面却又不停地鼓噪"中国威胁论"。《纽约时报》把中国称作是"正在崛起的海上强国";②它虽然承认美国仍是西太平洋地区"占主导地位的军事强国",且"未来一些年也将如此",但也指出:"中国正在迅速强化军事实力"③。美联社视中国为"美国潜在对手",④它把改组后的中国海警称作"亚洲规模最大、功能最强的海岸警卫队",并主观臆测地认为中国海警船"配备了机关枪,可能还有大炮等轻型武器",以使它们有能力来捍卫中国对南海海域和岛屿的声称。⑤每每提到中国海军或军事力量时,美国媒体常常用"强大的、优越的"、"庞大的"、"迅速增长的"、"世界上最大的"等形容词来加以修饰。⑥ 在 2014

---

　　① 佚名.美国媒体搞评选称习近平对美防务政策影响最大[N/OL].[菲]世界日报,2013-12-19. http://www.worldnewsph.net/4/i_images/i11.html.
　　② PERLEZ J. American and Chinese navy ships nearly collided in South China Sea[N]. The New York Times,2013-12-16.
　　③ WONG E, JACOBS A. China accused of firing water cannons at Filipino fishermen[N]. The New York Times,2013-02-25.
　　④ LEDERMAN J. Biden in Beijing:VP to reunite with Xi Jinping day after rebuking China over airspace spat[N]. Associated Press,2013-12-04.
　　⑤ ANON. New Chinese coast guard ships spotted near islands at center of dispute with Japan[N]. Associated Press,2013-07-24.
　　⑥ HRANJSKI H. Philippines gets 2nd decommissioned US Coast Guard cutter to counter China's island claims[N]. Associated Press,2013-08-06. See also ANON. Philippine military says it won't change its "no confrontation" policy amid territorial rifts[N]. Associated Press,2013-08-28; Top China general orders navy to speed improvements during visit to South China Sea province[N]. Associated Press,2013-09-13; Amid territorial spat with Manila, China's paltry offer of typhoon aid threatens global image[N]. Associated Press,2013-09-13.

南海领土争议中的媒体角色研究

年1月2日的一篇报道《中国首艘航母完成在南中国海的试运行并测试战斗系统》(China's 1st aircraft carrier completes trial run in South China Sea, tests combat system)中,美联社危言耸听地指出:"中国声称的其实是整个南海,其海军军力最近的扩张已挑战了美国长达数十年之久的主导地位,且惊动了其较小的邻国,特别是菲律宾和越南。"[①]在其他报道中,美联社也不时提到:"中国庞大的海军升级被看作是部分受到了北京想使其事实上是对整个南海的声称生效的鼓动"[②];"中国正使其武装部队快速现代化,并正在提升其地区影响力"[③];"中国海军在南海和日本周边活动的次数越来越频繁"[④];中国"派遣其海军军舰进入有争议的水域,并骚扰与其有竞争声称的国家的渔船队"[⑤]。尽管中国的军费开支向来远低于美国,以2014年为例,该年度中国的国防预算(约合1 315.7亿美元)仅为美国军费预算(4 956亿美元)的约1/4,[⑥]但中国的军费支出却始终是美国媒体百炒不厌的热门话题,在2013年9月13日刊载的《中国高级将领访问广东省下令海军加快提升作战能力》(Top China general orders navy to speed improvements during visit to South China Sea province)一文中,美联社片面地报道称:"中国海军已从中国激增的军费开支中受益匪浅,中国的军

---

① China's 1st aircraft carrier completes trial run in South China Sea, tests combat system [N]. Associated Press, 2014-01-02.

② Top China general orders navy to speed improvements during visit to South China Sea province[N]. Associated Press, 2013-09-13.

③ Obama's Asia no-show is boost for China, setback for US effort to shift foreign policy focus[N]. Associated Press, 2013-10-05.

④ ANON. Chinese newspaper says US cruiser was harassing Chinese fleet before near collision[N]. Associated Press, 2013-12-16.

⑤ BRUMMITT C, TEVES O. Filipino military chief:China claims are nonsense[N]. Associated Press, 2014-02-20.

⑥ 佚名.外媒热评中国军费增加:远低于美国军费开支[EB/OL].2014-03-07. http://www.chinanews.com/gj/2014/03-07/5921130.shtml.

费开支仅次于美国,为世界第二大。"①《纽约时报》则援引英国《简氏防务周刊》2014年2月的报道称,到2015年,"中国的军费开支就会超过德法英三国的总和"②,但对如下事实美媒却避而不谈,即2013年美国的军费支出比位列其后的10个军费支出大国的国防预算总和还要多。③ 事实上,对于中国近年来军费开支的增加,有些外国学者却表示理解,如新加坡国立大学东亚研究所所长郑永年即向《联合早报》投稿称:"随着中国经济继续发展,国家对军事现代化的投入越来越大。这和其他国家没有区别,一个国家的经济发展到一定阶段,必然会通过不同的方式转化成为军事力量。"④至于中国唯一的航母"辽宁号",毫无疑义一定是美国媒体的关注对象,特别是当航母于2013年11月前往南海进行首次海试时,美联社称,这一举动"惊动了菲律宾",并引述马尼拉方面的话说"航母在该海域的存在威胁到了地区稳定"⑤。

除了大肆炒作中国军力之外,个别美国媒体还极力丑化中国形象。它们罔顾中国对南海领土主权的声称是基于历史和法理依据的事实,竭力将中国塑造成为一个恃强凌弱的"侵略者"形象。它们毫无原则地认同菲官方所说的中国"积极入侵其领海"的说法,⑥认为中国在2012年夺取了黄

---

① Top China general orders navy to speed improvements during visit to South China Sea province[N]. Associated Press,2013-09-13.

② BRADSHER K. South China Sea tensions a backdrop to Kerry's China visit[N]. The New York Times,2014-02-17.

③ 外媒热评中国军费增加:远低于美国军费开支[EB/OL]. http://www.chinanews.com/gj/2014/03-07/5921130.shtml.

④ 文诚.不要低估中国的能量[N/OL].[菲]世界日报,2014-03-31. http://worldnews.net.ph/post/5136.

⑤ BODEEN C. China says it monitored flights by US bombers that defied Beijing's new maritime defense zone[N]. Associated Press,2013-11-28.

⑥ GOMEZ J. Philippines to move air force, navy camps for faster access to disputed South China Sea areas[N]. Associated Press, 2013-07-28. See also GOMEZ J. Philippines, US to start negotiations on larger American troop presence[N]. Associated Press,2013-08-08.

南海领土争议中的媒体角色研究

岩岛,2013年又要求菲海军撤出仁爱礁。① 它们甚至颠倒黑白地把历史上发生的1975年中国从越南手中收复西沙群岛,和1995年收回被菲律宾占领的美济礁的举动,均看作是中国侵占他国领土的"罪证"。② 虽然中国外交部发言人已多次声明:"中国对南海诸岛及其附近海域拥有无可争辩的主权",也就是说,中国并没有声称拥有整个南海,但美联社不顾其致力于提供"最高标准的客观、准确新闻"的承诺,③一再渲染中国声称的南海面积之大,在美联社的相关报道中,诸如"中国声称的事实上是整个南海"④;"中国声称几乎整个广阔的南海"⑤;"中国事实上声称整个资源丰富的南海及其岛群"⑥,"中国根据历史依据声称的事实上是整个南海及其岛群"⑦;"中国基于历史依据声称整个海域的大部分地区"⑧;"北京说,南海

---

① GOMEZ J. Philippine officials say China set impossible conditions for president's visit [N]. Associated Press,2013-09-02.

② PERLEZ J. Chinese Account Says U.S. Ship was warned away from aircraft carrier[N]. The New York Times,2013-12-18. See also TEVES O. Japan pledges support for Philippines as both countries confront China over disputed islands[N]. Associated Press,2013-07-27;Philippines gets 2nd decommissioned US Coast Guard cutter to counter China's island claims[N]. Associated Press,2013-08-06;Philippines, US to start negotiations on larger American troop presence[N]. Associated Press,2013-08-08.

③ 见该社网站:http://www.ap.org/company/about-us.

④ China's 1st aircraft carrier completes trial run in South China Sea,tests combat system[N]. Associated Press,2014-05-02. See also Top China general orders navy to speed improvements during visit to South China Sea province[N]. Associated Press,2013-09-13.

⑤ Filipino military chief:China claims are nonsense[N]. Associated Press,2014-02-20.

⑥ Philippine military says it won't change its "no confrontation" policy amid territorial rifts [N]. Associated Press,2013-08-25.

⑦ Philippine officials say China set impossible conditions for president's visit[N]. Associated Press,2013-09-02.

⑧ KOTARUMALOS A. Chinese president makes first Southeast Asia visit to strengthen ties with Indonesia[N]. Associated Press,2013-10-02. See also ANON. China's president becomes 1st foreign leader to address Indonesia's Parliament, promotes ties[N]. Associated Press,2013-10-03;Obama's no-show in Asia is a boost for China's Xi, trying to repair ties with region[N]. Associated Press,2013-10-04.

完全属于它"①;"中国把整个中国南海及其内的岛群视为自己的"②……不实言论比比皆是。《纽约时报》也暗批中国的南海断续线"深入到东南亚国家附近的水域"。③ 曾在近代史上饱受屈辱的中国,已无数次地在各种场合向全世界表达了尊重别国的领土主权和完整,但同时坚决捍卫来之不易的本国主权和领土完整的坚定决心,但在美国媒体看来,中国之所以执着于对南海领土主权的声索,就是为了南海重要的战略地位和丰富的油气、渔业资源。它们屡次提到南海是"世界上最繁忙的商业海上通道",是"世界贸易的关键渠道",或"至关重要的航道",南海蕴藏"有丰富的渔场和潜在的石油与天然气储量"。④ 由此一方面暗示中国的"贪婪"和"野心",另一方面则提醒国际社会应当注意提防中国,因为一旦中国声索成功,将会"后患无穷"。

近年来,在美国实施亚太"再平衡"战略的大背景下,个别东南亚国家打破南海多年来搁置争议的相对平静局面,不时在南海问题上挑衅刺激中国,试图使其非法占有的南海岛礁由实际控制上升为法理控制。对此,美国媒体不辨是非,反倒将中国说成是试图改变现状,并由此引发区域紧张局势的挑衅方。它们屡屡宣称中国对南海大片海域的声索越来越自信,⑤

---

① BODEEN C. China sends warplanes into new maritime air defense zone amid international defiance[N]. Associated Press,2013-11-29.
② Chinese newspaper says US cruiser was harassing Chinese fleet before near collision[N]. Associated Press,2013-12-16.
③ PERLEZ J. Beijing and Manila in dispute over reef[N]. The New York Times,2014-03-31.
④ BODEEN C. Beijing shows resolve to assert South China Sea claims with new rules on foreign fishing[N]. Associated Press,2014-01-08. See also PENNINGTON M. Japan PM:China vessels still intruding in Japanese waters, but door remains open to dialogue[N]. Associated Press,2013-09-28;GOMEZ J. Envoy says China has right to establish air defense zone in another disputed region[N]. Associated Press,2013-12-02;Beijing and Manila in dispute over reef[N]. The New York Times,2014-03-31.
⑤ KURTENBACH E. Japan,ASEAN vow to ensure freedom of navigation;Abe urges China to rescind air defense zone[N]. Associated Press,2013-12-14. See also LEE M, GOMEZ J. US, China grapple for influence at Southeast Asia summit in Obama's absence[N]. Associated Press,2013-10-09.

南海领土争议中的媒体角色研究

在领土问题上的立场越来越强硬。① 它们断言,中国的邻国对北京的自信声称感到恐慌,②被北京"通过部署新的海上力量和翻新的船只来支持其声索的自信所警醒",③因此,它们"已向美国寻求支持以对抗中国"。④ 对于中国海南省人大常委会于 2013 年 11 月审议通过的《海南省实施〈中华人民共和国渔业法〉办法》,美国媒体对之横加指责。《纽约时报》援引美国国务院发言人珍·普萨基(Jen Psaki)的话称,这是一种"挑衅并可能造成危险的行为"。同一篇报道还引用了一些专家的观点来加以佐证,如新南威尔士大学(University of New South Wales)的退休教授卡尔·泰尔(Carl Thayer)认为,新规定可能会加剧有关地区的紧张局势,且可能会破坏中国和东盟为制定南海行为准则而进行的努力;⑤在其他报道中,《纽约时报》还引述匿名海军专家的话称:"如果中国要在 12 海里之外的海域全面执行新条例,航海自由就岌岌可危了。"⑥自中国宣布设立东海防空识别区以来,美国媒体一方面高调呛声,称识别区的设立加剧了人们对中国进一步的领土声称举动的恐惧,⑦且在整个地区引起了公愤;⑧另一方面则强烈反对中国在南海设立类似的识别区。它们引用美国前驻菲大使菲利

---

① LEE M. 9 years after White House run, Kerry gets to be presidential as Obama bails on Asia summits[N]. Associated Press,2013-10-05. See also FENG B. Coastal Province's fishing rules alarm U.S.[N]. The New York Times,2014-01-11.

② Philippines, US to start negotiations on larger American troop presence[N]. Associated Press,2013-08-08.

③ Philippines gets 2nd decommissioned US Coast Guard cutter to counter China's island claims[N]. Associated Press,2013-08-06.

④ US, China grapple for influence at Southeast Asia summit in Obama's absence[N]. Associated Press,2013-10-09.

⑤ Coastal province's fishing rules alarm U.S.[N]. The New York Times,2014-01-11.

⑥ PERLEZ J. Alarm as China issues rules for disputed area[N]. The New York Times,2012-12-03.(注:从报道内容来看,此文的发表时间似应为 2013 年 12 月 3 日,而非 2012 年)

⑦ China sends warplanes into new maritime air defense zone amid international defiance[N]. Associated Press,2013-11-29.

⑧ Japan, ASEAN vow to ensure freedom of navigation; Abe urges China to rescind air defense zone[N]. Associated Press,2013-12-14.

普·戈德堡(Philip Goldberg)的话称,"中国的举动是危险的";①又借用日本前防相小野寺五典的话警告道:"如有任何国家在南海建立类似的识别区,将加剧该地区的紧张局势……对此应该予以制止。"②

在美国媒体的笔下,中国不但是个"挑衅者",而且是个"违法者"。在2014年2月17日见报的《中国称美国不是南海争端当事方》(South China Sea tensions a backdrop to Kerry's China visit)一文中,《纽约时报》毫不客气地指出:"中国官员拒绝通过《联合国海洋法公约》(Law of the Sea Convention,下文简称为《公约》)解决问题,尽管中国是签署国。"该报对中方倡导的以双边方式解决南海问题的提议深表不满,认为此类方式将使中国"获得强大的杠杆,可以左右那些比中国小得多的邻国"。③ 对于中国于2014年年初开始实施的海南南海渔业新规,《纽约时报》援引麻省理工学院(Massachusetts Institute of Technology)中国问题专家傅泰林(Taylor Fravel)的话进行了抨击,称中国若实施新规的话,将会形成控制整个海域渔业活动的局面,这显然有悖于《公约》的规定。④ 美联社认为中国设立东海防空识别区的行为是非法的,它们既引述小野寺五典的话称,"中国的单边行动违反了国际民用航空组织条约的精神",⑤又借日本首相安倍晋三的话,呼吁中国撤回"违反公认的国际法原则"的所有举措。⑥

为破坏中国的形象,美国媒体还打造了一个四面树敌、众叛亲离、不得

---

① Envoy says China has right to establish air defense zone in another disputed region[N]. Associated Press,2013-12-02.

② TEVES O. Japan wants international community to oppose China's new air defense zone[N]. Associated Press,2013-12-08.

③ South China Sea tensions a backdrop to Kerry's China visit[N]. The New York Times,2014-02-17.

④ Coastal province's fishing rules alarm U.S.[N]. The New York Times,2014-01-11.

⑤ Japan wants international community to oppose China's new air defense zone[N]. Associated Press,2013-12-08.

⑥ Japan, ASEAN vow to ensure freedom of navigation; Abe urges China to rescind air defense zone[N]. Associated Press,2013-12-14.

人心的中国形象。如美联社宣称,中国在南海的大规模声称遭到了菲律宾、越南、文莱、马来西亚和中国台湾地区的拒绝;①中国不仅在东北亚与日本因双方均声索的东海岛屿发生争吵,还在南海与几个国家产生纠纷。② 虽说东盟10国中事实上只有4国是南海声称国,但美国媒体却夸大其词,称中国与东盟多个国家的领土诉求相冲突;③称在巴厘岛召开的2013年亚太峰会上,"中国与其大多数邻国之间的领土纠纷是一个持续的潜台词"④。对于中国设立东海防空识别区的声明,美联社断言:该声明似乎从一开始就惨遭失败,美国表示没有任何遵从的意愿,日本称该识别区为无效、不可强制执行且危险的,中国台湾及韩国、澳大利亚等也都拒不承认。美联社还援用位于华盛顿特区的战略与国际问题研究中心的亚洲问题专家邦妮·格拉泽(Bonnie Glaser)的话称:中国此举至少在短期内挫败了北京争取区域影响力的欲望;"同时与这么多的邻居关系紧张,这不符合中国的利益"⑤。

美国媒体还通过渲染夸大南海紧张局势来勾勒中国"区域紧张缔造者"的形象。如美联社采用菲律宾官方的说法,认为中国部署海警船的做法"与东南亚国家在领土争端中建立信任的努力不一致",将提升"那个区

---

① Philippines, US to start negotiations on larger American troop presence[N]. Associated Press, 2013-08-08.

② KURTENBACH E. Japan courtship of Southeast Asia revitalized by China tensions, increased aid, investment[N]. Associated Press, 2013-08-13.

③ Japan, ASEAN vow to ensure freedom of navigation; Abe urges China to rescind air defense zone[N]. Associated Press, 2013-12-14. See also FENG B. Videogame uses Japanese war criminals as targets[N]. The New York Times, 2013-03-01.

④ KURTENBACH E. Asia-Pacific summit urges moves to stabilize world recovery, as soured Japan-China ties bubble[N]. Associated Press, 2013-10-08.

⑤ BODEEN C. With controversial air defense zone, China seen as playing long game on sovereignty claims[N]. Associated Press, 2013-11-26. See also BALDOR L C, BODEEN C. US bombers fly across new Chinese air defense zone in defiance of claims to disputed islands[N]. Associated Press, 2013-11-27.

域的紧张水平"。① 在其多篇报道中,美联社均对南海局势"深表忧虑",认为中国在南海的大规模声索"引起了人们对争端可能变成暴力,并掀起武装冲突的担忧";②近年来,中国与东盟国家之间长期悬而未决的领土分歧已产生了新的紧张局势;③"中国与其邻国间发生的许多海上事故已增加了紧张局势,引起了人们对潜在暴力的关注"④;中国与其周边国家多年来的领土纠纷"可能引发亚洲下一轮重大的武装冲突,并封锁繁忙的海上通道的自由航行";⑤连与中国之间没有存在领土纠纷的印度尼西亚前总统苏西洛·班邦·尤多约诺(Susilo Bambang Yudhoyono)也"为那些可能爆发为公开冲突的前景深表关切"。⑥《纽约时报》对中国推出南海管辖新规"忧心忡忡",认为此举使得"东南亚国家在南海主权问题上的长期纷争将进一步激化";前述美国南海问题专家傅泰林在接受《纽约时报》采访时表示:"美国应该设法让中国澄清新条例的意图,以及它们是否适用于争议岛屿及其周边地区,如果是的话,条例明显会加剧紧张局势。"⑦菲律宾外交部在发给《纽约时报》的一份声明中夸张地指出,这项新规"导致紧张局势升级,把南海的情况不必要地复杂化,威胁该地区的和平与稳定"⑧。"考

---

① YAMAGUCHI M. Japan expresses unease over Chinese military and maritime activity near disputed islands[N]. Associated Press, 2013-07-25.

② Philippines, US to start negotiations on larger American troop presence[N]. Associated Press, 2013-08-08.

③ Philippine military says it won't change its "no confrontation" policy amid territorial rifts[N]. Associated Press, 2013-08-28.

④ Chinese president makes first Southeast Asia visit to strengthen ties with Indonesia[N]. Associated Press, 2013-10-02. See also China's president becomes 1st foreign leader to address Indonesia's Parliament, promotes ties[N]. Associated Press, 2013-10-03; Obama's no-show in Asia is a boost for China's Xi, trying to repair ties with region[N]. Associated Press, 2013-10-04.

⑤ GOMEZ J. Philippine, Chinese companies discuss possible joint oil and gas exploration in disputed sea[N]. Associated Press, 2013-10-23.

⑥ Japan courtship of Southeast Asia revitalized by China tensions, increased aid, investment[N]. Associated Press, 2013-08-13.

⑦ Alarm as China issues rules for disputed area[N]. The New York Times, 2013-12-03.

⑧ Coastal province's fishing rules alarm U.S.[N]. The New York Times, 2013-12-03.

南海领土争议中的媒体角色研究

本斯号"事件的发生,给了美国媒体大肆宣扬中美紧张关系和南海紧张局势的天赐良机。美联社称,该事件是中美"两国近年来发生的最严重的海上对峙事件"。①《纽约时报》点评道:"这一迹象表明,两国在公海的紧张关系正在加剧";"这起事件是两国角力加剧的一个新例证";"这起紧张的近距离对峙事件,突显了该地区当前局势的危险程度";"它显示了美中之间的焦虑情绪,这是非常令人不安的"②。虽然《纽约时报》承认中国对此事件的反应较为克制,但亦认为它"突显了中美在海上的对抗日益增长"。③

对于发生在南海地区或与南海问题有关的任何风吹草动,美国媒体往往不分青红皂白地先把指责的矛头对准中国,把一切责任尽可能都推给中国。例如,菲律宾遭遇台风"海燕"袭击之后,美联社先是谴责中国"反应冷淡","不冷不热",给予菲方的灾难援助"极其有限",是基于与马尼拉海上领土争端的考虑。当中国表示已准备好派遣救援队和医疗队赴菲律宾时,美联社又批说此举是"在这个岛国遭受毁灭性台风袭击一周多后的迟来的提议"。④ 美联社还把菲律宾和日本等中国邻国的军备竞赛归结为是"被北京对广阔水域的自信声索,及通过部署新的海上力量和翻新的船只来支持那些声称的自信所警醒"⑤。中美军舰南海"对峙"事件发生后,美国媒

---

① Chinese newspaper says US cruiser was harassing Chinese fleet before near collision[N]. Associated Press,2014-01-11.

② American and Chinese navy ships nearly collided in South China Sea[N]. The New York Times,2013-12-16.

③ PERLEZ J. Chinese account says U.S. ship was warned away from aircraft carrier[N]. The New York Times,2013-12-18.

④ ANON. China says ready to send rescue teams to Philippines,1 week after devastating typhoon[N]. Associated Press, 2013-11-17. See also ANON. China says disaster relief teams and navy medical ship will go to Philippines in coming days[N]. Associated Press, 2013-11-20; A-NON. China sends navy hospital ship "Peace Ark" to Philippines, nearly 2 weeks after typhoon[N]. Associated Press,2013-11-21.

⑤ Philippines gets 2nd decommissioned US Coast Guard cutter to counter China's island claims[N]. Associated Press,2013-08-06.

体丝毫没有反省美军的行为,反倒恶人先告状,把造成两舰险些相撞的责任都推给了中国。《纽约时报》在一篇报道中援引美国匿名官员的话为美方辩护,称"考本斯号"遵循了国际准则,它"是在南海的国际水域作业,离海岸并不近,距离航母也在适当范围内"。① 在另一篇报道中,《纽约时报》转述美前国防部长查克·哈格尔(Chuck Hagel)在新闻发布会上的发言,斥责中国军舰当时的决定是"无益"和"不负责任的",并警告中国该事件可能成为导火索,也可能引发误判。同一篇报道还援引曾任美军参谋长联席会议(Joint Chiefs of Staff)主席马丁·E.邓普西上将(Gen. Martin E. Dempsey)的说法,盛气凌人地指出:中国"如果想凭借他们的航母对我们构成威胁,还有很长的路要走"。为了更好地进行类比,《纽约时报》提及了历史上发生的一些类似事件,如2001年的中美海南撞机事件和2009年的"无瑕号"(Impeccable)事件。对于前者,《纽约时报》引用美国官员的说法,认为"撞机是因中国战斗机驾驶员不计后果地抵近"造成的;② 而对于后者,《纽约时报》同样责怪中方,认为是因中国5艘军舰对美国"无瑕号"的骚扰所致。③

在美国围堵中国的战略中,美国媒体还扮演着挑拨中国与他国关系的角色。首先是离间中国与东盟国家的关系。在涉及南海问题的报道中,美国媒体几乎不忘反复强调,中国对南海的声索涵盖了越南、菲律宾及其他声索方所声称的岛群,或称中国的声索范围与其他声索方的200海里专属

---

① American and Chinese navy ships nearly collided in South China Sea[N]. The New York Times,2013-12-16.

② SHANKER T. China sends navy hospital ship "Peace Ark" to Philippines, nearly 2 weeks after typhoon[N]. The New York Times, 2013-12-20.

③ American and Chinese navy ships nearly collided in South China Sea[N]. The New York Times,2013-12-16.

经济区重叠。① 尽管如此，美联社表示，北京却丝毫没有表现出任何放弃的迹象，仍在其邻国的强烈抗议声中，继续积极推行其在南海的岛屿声称。② 其次是离间中美关系。如当2013年10月奥巴马因其国内政治瘫痪而被迫取消亚洲之行时，美联社挑拨道："美国没有在峰会出现，这将给中国大放异彩、提升其影响力的机会"③；"美国总统奥巴马决定放弃他的亚洲之旅，这对于他大张旗鼓承诺的将外交政策重点转向太平洋是一次挫折，对于中国试图获取其在该地区的影响力则是一个推动力"④；"在年度峰会上，中国希望能利用美国总统奥巴马缺席的机会，展示他们不断上升的全球影响力"⑤。又如前已述及的美联社在2014年1月2日的一篇报道中称，中国"海军军力最近的扩张已经挑战了美国长达数十年之久的主导地位"。对于曾任美国陆军参谋长的雷蒙德·T.奥迪耶诺上将（Gen. Raymond T. Odierno）和中国军方领导人于2014年2月20日的会晤，《纽约时报》嘲讽道："双方极尽溢美之词，而在让人头晕眼花的问候寒暄和仪式的背后，美中军事关系的紧张局势正在不断发酵"；"中美官员周五（即2014年2月21日——笔者注）都没有接受记者提问，但他们允许记者拍摄

---

① 这里仅举几例：Philippines gets 2nd decommissioned US Coast Guard cutter to counter China's island claims[N]. Associated Press, 2013-08-06; Japan PM: China vessels still intruding in Japanese waters, but door remains open to dialogue[N]. Associated Press, 2013-09-28; Alarm as China issues rules for disputed area[N]. The New York Times, 2013-12-03; China's 1st aircraft carrier completes trial run in South China Sea, tests combat system[N]. Associated Press, 2014-01-02; Beijing shows resolve to assert South China Sea claims with new rules on foreign fishing[N]. Associated Press, 2014-01-08; ANON. US: China's new rules on fishing in South China Sea "provocative and potentially dangerous"[N]. Associated Press, 2014-01-10.
② US bombers fly across new Chinese air defense zone in defiance of claims to disputed islands[N]. Associated Press, 2013-11-27.
③ Obama's no-show in Asia is a boost for China's Xi, trying to repair ties with region[N]. Associated Press, 2013-10-04.
④ Obama's Asia no-show is boost for China, setback for US effort to shift foreign policy focus[N]. Associated Press, 2013-10-05.
⑤ US, China grapple for influence at Southeast Asia summit in Obama's absence[N]. Associated Press, 2013-10-09.

这场照本宣科式的活动"①。

(四)美化美国形象,充当"新闻啦啦队"角色

在借南海问题报道刻意煽动"中国威胁论"、着力抹黑中国形象的同时,美国媒体亦致力于美化美国形象,努力提高美国软实力,并甘心乐意地充当美国政府和军方的"新闻啦啦队"角色,从而为美国外交政策的更好实施积极开路。自2013年8月美国和菲律宾就扩大美军在菲律宾的轮驻规模启动谈判以来,美国媒体就一直在为该谈判的顺利进行造势。它们很清楚,作为美国的前殖民地,菲律宾允准更多的美军进驻是个涉及菲主权的敏感议题,不少人对此强烈反感,因此,很有必要为争取更多的菲律宾民意造舆论。为此,美联社在其一系列相关报道中,极力鼓吹增加驻菲美军的正当性、重要性和必要性。早在2013年7月,当菲律宾计划授予到访的美国部队、船舶和飞机更多的临时渠道时,美联社就赞许道:"更大的美国军事力量的存在可用于救灾,并对菲官员所说的中国积极入侵其领海起到威慑作用。"②此后,美联社又多次借菲律宾官员之口表明给予美军在菲更大"轮换存在"权将给菲律宾带来的种种好处。如如美联社获得的一封由时任菲律宾国防部部长和外交部部长写给菲国会领导人的信中写道:"允许更多的美军'轮流驻防',将有助于该国实现'最低限度的可靠防御',以保护其领土";"对一个经常遭受台风和地震袭击的国家来说,更大的美军存在也意味着更多的应对灾难的资源和培训"。两位前高官还在信中强调了菲美长达数十年之久的军事同盟关系的重要性,表示这种关系既有利于菲律宾的外交,也有利于提升菲律宾防御领土的能力。③ 时任菲国防部副部长洛伦佐·巴蒂诺(Pio Lorenzo Batino)也提到,"菲律宾希望能使用临时

---

① WONG E., JACOBS A.U.S. Army seeks better tes with China's military[N].The New York Times,2014-02-24.

② Philippines to move air force, navy camps for faster access to disputed South China Sea areas[N]. Associated Press,2013-07-28.

③ Philippines, US to start negotiations on larger American troop presence[N]. Associated Press,2013-08-08.

南海领土争议中的媒体角色研究

部署的美军装备来确保其海上安全、海洋领域意识和人道主义援助"①。

通过鼓噪中国之强大和菲律宾之弱小,美联社刻画了一个保护弱者、仗义帮友的美国形象。如美联社在报道中称:华盛顿是菲律宾的防务条约盟友,有义务协助其抵御外来攻击;②"与中国庞大的军事力量相形见绌,菲律宾已开始和华盛顿就给予更大数量的美军进入当地军营进行谈判,在那里他们可以在靠近日益动荡的南海预先布置船舶、直升机和高科技侦察机";③美国是菲律宾的军事盟友,并分担着其他小国与中国有关的许多忧虑。④ 同时美联社还不时强调,美国并非不请自来,而是应菲律宾和其他东南亚国家之请求和期待。美联社称,菲律宾领导人指望其最重要的盟友美国保护它免受中国在南海的自信声称;⑤菲律宾在与中国因争议海域而发生的日益激烈的领土争端中,一向求助于美国来建设其装备不良的防御部队;⑥一些东盟国家,特别是菲律宾和越南,已向美国寻求支持以对抗中国;⑦越南和其他东盟成员国都"指望美国通过加强其在亚太地区的安全担保人的传统角色"来抗衡中国。⑧

美国媒体还把美国描绘成一个在南海领土纠纷中恪守中立、热爱和

---

① GOMEZ J. Philippines to negotiate a larger US military presence amid territorial row with China[N]. Associated Press,2013-08-12.

② Philippines gets 2nd decommissioned US Coast Guard cutter to counter China's island claims[N]. Associated Press,2013-08-06.

③ Philippine military says it won't change its "no confrontation" policy amid territorial rifts[N]. Associated Press,2013-08-28.

④ Filipino military chief:China claims are nonsense[N]. Associated Press,2014-02-20.

⑤ HURST S R. Analysis:Allies worried US turning inward to handle political chaos at home[N]. Associated Press, 2013-10-05.

⑥ Obama's no-show in Asia is a boost for China's Xi, trying to repair ties with region[N]. Associated Press,2013-10-04.

⑦ US, China grapple for influence at Southeast Asia summit in Obama's absence[N]. Associated Press,2013-10-09.

⑧ LEE M. On first visit to Vietnam as top US diplomat, war veteran John Kerry carries message of reform[N]. Associated Press, 2013-12-14.

平、息事宁人、重视法规法则的国家。如美联社宣称,美国不在领土声索中选边站队,但鼓励南海争议各方应避免使紧张局势升级为武装冲突;①在2013年的巴厘岛会议中,美国国务卿克里和澳大利亚外长及日本外长一致认为,东海与南海领土争端必须在没有挑衅的情况下和平解决。②《纽约时报》亦表示:"美国多次呼吁那些在南中国海宣称拥有主权的国家,就管理该海域达成行为准则,以降低发生偶然冲突的危险"③;克里赞同根据《公约》来解决南海问题,并表示"就南海问题而言,重要的是通过符合海洋法和法治本身的和平及非对抗方式消除分歧"④;"在最近一段时间,美国坚持让中国澄清或者调整其在南海的主权主张,以确保这些主张符合国际法的规定"⑤。在前述中美军舰南海险相撞事件发生后,《纽约时报》称,美国防部长哈格尔和参联会主席邓普西上将为缓和紧张局势,呼吁与中国军方展开对话,目的在于"达成一个关于行为准则的共识,规范我们在空域、海域和网络这三个特殊领域遭遇时的行为"。⑥

台风"海燕"的来袭,更是给了美国媒体颂扬美国人道主义精神和热心帮助盟友的绝佳机会。据美联社报道,前国务卿克里从一开始即在一份声明中说,美国"随时准备提供帮助",⑦表达了美国政府对此天灾的高度关注。奥巴马前总统也在一份声明中称,他和妻子米歇尔为台风造成的死亡

---

① BURNS R. Hagel to visit China next year as part of drive to increase contacts between defense leaders[N]. Associated Press, 2013-08-20.

② 9 years after White House run, Kerry gets to be presidential as Obama bails on Asia summits[N]. Associated Press, 2013-10-05.

③ Coastal province's fishing rules alarm U.S.[N]. The New York Times, 2014-01-11.

④ South China Sea Tensions a Backdrop to Kerry's China visit[N]. The New York Times, 2014-02-17.

⑤ China accused of firing water cannons at Filipino fishermen[N]. The New York Times, 2013-02-25.

⑥ China sends navy hospital ship "Peace Ark" to Philippines, nearly 2 weeks after typhoon[N]. The New York Times, 2013-11-21.

⑦ GOMEZ J. Philippine authorities expect "very high number" of deaths after typhoon slams central region[N]. Associated Press, 2013-11-10.

和破坏"深感痛心",表示美国正提供"重大的人道主义援助",并准备协助救援和恢复工作。时任国防部长的哈格尔则指挥太平洋司令部部署舰艇和飞机前往支持搜救行动,并运送应急物资。① 美军向受灾城市发送了食品、水、发电机和一支海军陆战队,美联社特别强调"这是第一批来自外部的救助",预言它"将会膨胀成为一个主要的国际救灾使命",表明了美国的救灾行动之迅速,及其将对国际社会所产生的示范效应之明显。② 通过与中国对菲律宾风灾的捐助数额之"有限"和表现之"迟缓"进行对比,美联社突出了美国对菲律宾救援之及时和"慷慨"。③《纽约时报》同样对美国的救援行动大唱赞歌,它写道:"在派发净化水设备、食品和应急避难设施的同时,美国还向菲律宾派遣了'乔治·华盛顿号'(George Washington)航母,上面载有80架飞机和5 000人的队伍。周四(即2013年11月14日——笔者注),两艘美国海军军舰先于航母抵达了菲律宾。"④一向标榜客观公正的《纽约时报》甚至不顾事实地点评道:"菲律宾的公众舆论往往倾向于强烈支持美国,尤其是在台风'海燕'过境之后,因为美国提供了大量援助,中国却几乎什么也没做。"在同一则报道中,《纽约时报》还提到克里在2013年12月到访亚洲期间,特意拜访了遭受"海燕"蹂躏的塔克洛班城市,并宣布美国将提供包括4 000万美元在内的海事安全援助,⑤表明了美国对风灾的后续关注和支持。事实上,美国从不做亏本生意,就连《华尔街日报》也坦承:"美国援助菲律宾暗含外交目的。"CNN则颇为得意地指

---

① GOMEZ J. Thousands dead from Typhoon Haiyan as scale of destruction in Philippines becomes clear[N]. Associated Press,2013-11-11.

② PITMAN T,GOMEZ J. Typhoon survivors in Philippines plead for food, medicine as US Marines fly in help[N]. Associated Press,2013-11-12.

③ China says disaster relief teams and navy medical ship will go to Philippines in coming days[N]. Associated Press,2013-11-20. See also China sends navy hospital ship "Peace Ark" to Philippines, nearly 2 weeks after typhoon[N]. Associated Press,2013-11-21.

④ China increases aid to Philippines[N]. The New York Times,2013-11-15.

⑤ South China Sea tensions a backdrop to Kerry's China visit[N]. The New York Times,2014-02-17.

出:"台风救援增加了美国在亚洲地区的软实力。"而且美国媒体很少或根本没有提及的是,中国其实早在风灾过后的第二天即向菲律宾提出派遣两架747飞机运送救济物到受灾地的请求,但由于未能得到菲方的响应而不得不作罢;①中国在自己也有400万同胞遭受台风"海燕"影响且经济损失惨重的情况下,还向菲律宾捐赠了200万美元的现金和救援物资;中国的医疗队早就整装待发,但菲律宾当局却出于政治考量而迟迟未予批复;②中国在中菲南海主权争执持续紧张的大背景下,不计前嫌,向菲律宾派出了3支医疗队和海军"和平方舟"医院船,为灾区人民提供了恰到好处的帮助,赢得了菲律宾各界的好评和尊重。一言以蔽之,关于中国的外援,笔者十分认同菲律宾《世界日报》评论员小刚的总结,他说:"中国对外的援助从来没有少过,哪怕在困难时期,宁可让自己的子民勒紧裤带,也要把最好的吃的、用的送给别国。"③然而,在美国媒体的操弄下,人们看到的往往只是全力以赴参与救灾的美国山姆大叔的"高大形象",却看不到默默奉献、无怨无悔的中国救援队的爱心行动。

(五)为菲律宾帮腔说话,站台助威者

基于近年来因南海领土主权和海洋权益争议而与中国屡生摩擦的菲律宾是美国实施亚太"再平衡"策略的重要棋子,且菲律宾出于种种私利,也的确是心甘情愿地充当美国遏制中国崛起的马前卒,因此,一些仍受冷战思维影响或常以意识形态划分善恶的美国媒体在报道南海问题时,常常自觉或不自觉地抛开事实与正义,戴着有色眼镜,毫不掩饰地为菲律宾帮腔说话、站台喝彩,从而使得菲律宾愈加有恃无恐、狐假虎威。

关于中菲之间在南海的有关争议,其实质中国外交部发言人已多次声

---

① 菲律宾台风"海燕"最新消息:中国救援队准备赴菲菲方犹豫[EB/OL].2013-11-19,http://www.guancha.cn/Neighbors/2013_11_19_186578.shtml.
② 佚名.菲犹豫接受中国医疗队[N/OL].[菲]世界日报,2013-11-20.http://www.worldnewsph.net/3/p_images/p04.html.
③ 小刚.有什么好吵的![N/OL].[菲]世界日报,2013-11-27.http://www.worldnewsph.net/3/w_images/w10.html.

南海领土争议中的媒体角色研究

明,"主要是由菲律宾非法侵占中国南沙群岛的部分岛礁造成的,有关事实是清楚的。同时,中菲双方也面临海域划界争议问题。中方一贯坚决反对菲律宾对中国岛礁的侵占"①。"中国在南海的海洋权益是历史形成的,并受到国际法的保护。"②新加坡前总理李光耀亦撰文指出:"早在明成祖派遣郑和下西洋时期,中国就已经在南海活动,如果对海洋的管辖权可以依照历史主张决定,中国可以说600多年前,中国人已经到过南海,且不容置疑。"③也就是说,中菲南海有关争议在很大程度上是因菲律宾侵犯了中国的主权和领土完整,而不是相反。然而,美国媒体却是非不分,颠倒黑白,一再袒护菲律宾,频频指责中国。在渲染"中国威胁论",鼓噪中国为军事强国的同时,美国媒体与菲当局沆瀣一气,极力把菲律宾装扮成饱受中国欺凌的"弱者"和"受害者"形象。如美联社称,菲律宾是亚洲最弱国之一;④菲律宾的装备很差;⑤其舰艇"敌不过强大、优越的中国海军";⑥中国的新海岸警卫船"对军事力量薄弱的菲律宾监视其领土声称'构成了新的挑战'"等。⑦《纽约时报》指出:"美国的盟友菲律宾海军力量薄弱,而中国的海军力量正在快速扩张。"⑧通过把中菲双方军事力量进行对比,来突出中国的恃强凌弱。《纽约时报》还几次引述前总统阿基诺三世的话称:"菲

---

① 2014年2月7日外交部发言人洪磊主持例行记者会[EB/OL].2014-02-07.http://www.fmprc.gov.cn/mfa_chn/fyrbt_602243/jzhsl_602247/t1126377.shtml.

② 外交部发言人洪磊就美国务院官员涉南海言论答记者问[EB/OL].2014-02-09.http://news.xinhuanet.com/world/2014-02/09/c_119248694.htm.

③ 佚名.李光耀:中国欲透过南海确立地位[N/OL].[菲]世界日报,2014-03-30.http://worldnews.net.ph/post/5042.

④ Philippines to move air force, navy camps for faster access to disputed South China Sea areas[N]. Associated Press,2013-01-28.

⑤ Philippines to negotiate a larger US military presence amid territorial row with China[N]. Associated Press,2013-08-12.

⑥ Philippines gets 2nd decommissioned US Coast Guard cutter to counter China's island claims[N]. Associated Press,2013-08-06.

⑦ New Chinese coast guard ships spotted near islands at center of dispute with Japan[N]. Associated Press,2013-07-24.

⑧ Beijing and Manila in dispute over reef[N]. The New York Times,2014-03-31.

律宾的军事力量甚为薄弱,根本不足以对抗中国日益强势的领土野心和稳步发展的军备建设。"①"和捷克斯洛伐克一样,菲律宾也面临着一个比自己强大得多的国家的要求,领土面临蚕食,因此需要各国对国际法治提供更强大的支持,帮助本国进行反抗。"②然而,为了激励菲律宾这个"弱国""勇敢地"与中国抗争到底,美国媒体又努力将菲律宾塑造成"不畏强暴的英雄"形象。例如,美联社和《纽约时报》均认同菲官方的说法,即提起所谓的南海仲裁,是对中国的南海主权主张的挑战。③ 美联社还提到,当中国要求菲律宾撤回仲裁时,阿基诺三世即放弃了参加在中国举办的交易会的机会。④ 接受《纽约时报》采访的阿基诺三世强烈表示,"他绝不会放弃菲律宾长期以来对本国海岸附近岛屿及环礁的主权主张"⑤。1999 年,菲律宾借口"技术故障",使一艘坦克登陆舰在中国仁爱礁触礁,并从此耍赖不走,企图以此作为其占有该岛礁的"主权象征"。2014 年 3 月 29 日,就在菲方即将提交陈情书和辩述状的前夕,马尼拉为展示其所谓的中国在争端水域"恃强凌弱"行为,以作为其诉诸国际仲裁的证据,刻意安排了美联社及来自其他媒体的十几名记者,随行目睹了菲海军强闯仁爱礁的闹剧。这原本是菲官方希望借国际舆论的同情来使其非法侵占中国岛礁的行为合法化的炒作和挑衅行为,但《纽约时报》对此却颇为欣赏,公然为其摇旗呐喊,称菲律宾此举是"为了公开显示其保护的决心",并把驻守在那艘坐滩军舰

---

① South China Sea tensions a backdrop to Kerry's China visit[N]. The New York Times, 2014-02-17.

② BRADSHER K. Philippine leader sounds alarm on China[N]. The New York Times, 2014-02-07.

③ Philippine, Chinese companies discuss possible joint oil and gas exploration in disputed sea[N]. Associated Press, 2013-10-23. See also PERLEZ J. Japan makes overture to China in islands dispute[N]. The New York Times, 2014-01-23.

④ Philippine, Chinese companies discuss possible joint oil and gas exploration in disputed sea[N]. Associated Press, 2013-10-23.

⑤ South China Sea tensions a backdrop to Kerry's China visit[N]. The New York Times, 2014-02-17.

南海领土争议中的媒体角色研究

"马德雷山号"(Sierra Madre)上的船员视为"英雄",称他们"一直坚守在那里,以此来强调菲律宾对该礁的主权宣称"。《纽约时报》还援引路透社的报道,称面对两艘在仁爱礁巡航的中国船只的喊话,"菲律宾船只继续前行,找到了一条中国船舶无法通过的浅水航道,得以完成补给行动"①,以此表明执行此次任务的菲海军不仅"勇敢",而且"聪明"。

美国媒体对菲律宾的偏袒,还表现在其报道中惯用的双重标准。举两个例子来说,对于早在20世纪初即已绘制的且在此后相当长一段时间内均未受到国际社会非议的中国南海断续线,美国媒体予以了藐视和否定;而对于菲律宾动辄援引的、1994年才生效、美国至今仍无意加入的《公约》声称的菲律宾拥有200海里专属经济区内岛礁的行为,美国媒体则给予了鼎力支持,称"那些礁石和岛屿离菲律宾等国比离中国近很多",②全然不顾"邻近不等于主权"③的常识。美国媒体也不顾《公约》对类似中菲之间的领土争端并无管辖权,且中国在2006年已根据《公约》的规定,声明对涉及海洋划界和历史性所有权等纠纷,中国不接受任何第三方争端解决方式的事实,④一再谴责中国不接受、不参与仲裁的举动。《纽约时报》写道:"中国官员拒绝通过《公约》解决问题,尽管中国是签署国";⑤"中国强烈反对把《公约》的规定和数值公式应用到为数众多的礁石和岛屿之上"。⑥ 另一个典型的例子则是,美国媒体对中国军事动向十分关注,不断伺机炒作中国军事威胁,而对于菲律宾无视其国内贫困现象依旧相当严重,多次斥巨资扩军备战的行径却或视若无睹,或竭力为其辩护。《纽约时报》指出:

---

① Beijing and Manila in dispute over reef[N]. The New York Times,2014-03-31.
② Philippine leader sounds alarm on China[N]. The New York Times,2014-02-07.
③ 中国南海疆域研究[M].福州:福建人民出版社,1999:118-121.李金明教授在该书中对此予以了较为详细的阐述。
④ 佚名.召开记者会详述原则立场与政策主张 中国使馆:中菲关系受到伤害[N/OL].[菲]世界日报,2014-04-02. http://worldnews.net.ph/post/5291.
⑤ South China Sea tensions a backdrop to Kerry's China visit[N]. The New York Times,2014-02-17.
⑥ Philippine leader sounds alarm on China[N]. The New York Times,2014-02-07.

"菲律宾的海军和海岸警卫队规模很小,大部分舰船的年代都可以追溯到二战以前。"①言下之意为,菲律宾很有必要扩大其军事规模,更新其军事设备。美联社表示:"菲律宾一直在努力提升其军事力量,菲律宾是亚洲最弱的国家之一。"②菲律宾舰艇"敌不过强大、优越的中国海军,但菲律宾和美国官员们均同意提升该国的军事实力,使其更加可靠,并去掉菲律宾作为该地区最弱国之一的形象"③。

正是由于部分美国官员和美国媒体未能抛弃冷战思维,亦不愿公平客观地评价中菲双方的举动,而是一味地指责中国强硬,同时不加遮掩地袒护、纵容菲律宾,从而助长了后者的嚣张气焰和挑衅气势。

二、原因和动机

一向标榜奉行新闻独立政策,且致力于提供真实可靠、不偏不倚的新闻的美国主流媒体,为何会在南海问题报道中扮演上述角色?它们的目的或动机是什么?回答这些问题时主要应从媒体借以生存的政治和经济利益因素两个层面来衡量。

(一)政治利益因素

首先,基于维护美国国家利益的考量。国际传播与国内传播的一大不同,在于国际传播的主体是国家,故其传播的最高原则是国家利益。④ 美国媒体虽然基本上是私有媒体,但在进行国际传播时仍需遵循上述原则,即负有在国际新闻报道方面最大限度地维护美国海外利益的义务和责任。更何况美国历来是个典型的实用主义国家,其外交政策一向奉行美国国家利益至上原则,强调要"维护美国根本的国家利益,主张竭尽全力地保持美

---

① Philippine leader sounds alarm on China[N]. The New York Times,2014-02-07.
② Philippines to move air force, navy camps for faster access to disputed South China Sea areas[N]. Associated Press,2013-07-28.
③ Philippines gets 2nd decommissioned US Coast Guard cutter to counter China's island claims[N]. Associated Press,2013-08-06.
④ 董璐.传播学核心理论与概念[M].北京:北京大学出版社,2008:10.

南海领土争议中的媒体角色研究

国的全球霸权地位,坚决奉行外交政策上的强权政治和霸权主义"①。现阶段美国在亚太地区的主要利益之一,为"防范亚洲出现反美的新兴强权国家"。② 在美国人看来,当前最有可能挑战美国在此区域利益的国家就是中国。美国盖洛普民调中心2014年最新民调显示,中国已取代伊朗首次成为美国的头号敌人,有多达52%的受访美国民众认为中国经济力量对美国国家利益构成"关键威胁",认为未来10年中国军事力量将是美国国家利益"关键威胁"的比例也有46%之多。③ 也就是说,从美国主流民意来看,综合实力不断增强的中国已对美国构成了实实在在的"威胁",甚至比伊朗潜在的核威胁更可怕。因此,削弱中国将是美国现阶段乃至今后较长一段时间的突出利益。事实上,奥巴马前政府那些年来力推亚太"再平衡"战略,其首要和主要"平衡"之对象即为中国,这是显而易见的。时任美国国务院主管亚太事务的助理国务卿坎贝尔对此毫不讳言,他说,中国大陆是"美国亚洲策略的核心目标"。④ 美国虽然不是南海争议的当事方,也一再宣称在领土主权归属上不持立场,但南海问题确确实实是美国亚太战略中至关重要的一环。这一点可以从美国全球智库斯特拉特弗(Stratfor)公司首席地缘政治学家罗伯特·D.卡普兰(Robert D. Kaplan)关于美国为何卷入南海问题的深入分析来得到印证,他在其被全球媒体广为引用的专著《亚洲大熔炉》(*Asia's Cauldron*)中写道:

> 事实上,美中之间的真正问题是中国在南海西北角的海南岛上不断扩张的潜艇基地,这里是中国最新型的柴电潜艇和核弹道

---

① 陈舟.美国的安全战略与东亚:美国著名国际战略专家访谈录[M].北京:世界知识出版社,2002:前言13.
② 佚名.美中竞合关系最新形势[N/OL].(台北)"中央日报"网路报,2014-03-03. http://www.cdnews.biz/cdnews_site/docDetail.jsp? coluid=110&docid=102661291.
③ 中华日报社论——美中博弈新局:大陆已成美国最大敌人[N/OL].(台北)"中央日报"网路报,2014-02-23. http://www.cdnews.biz/cdnews_site/docDetail.jsp? coluid=110&docid=102654816.
④ 宋兴洲.中美不互相挑战20年相安无事[N/OL].(台北)"中央日报"网路报,2013-08-02. http://www.cdnews.biz/cdnews_site/docDetail.jsp? coluid=109&docid=102406802&page=1.

导弹潜艇的母港。主要是由于该基地的存在和中国部署的越来越多的潜艇,威胁到了美国在此地区的力量投射,因此,美国于2010年进行了反制,以加强其与沿岸较小国家关系为伪装,提出要调解这些烦人的海上争端。2011年,美国宣布将其战略"重心"从中东转向亚太。①

美国口口声声说南海航行自由关系到美国国家利益,其实质是,美国担心其海军失去像以往那样在中国的200海里专属经济区内从事侦察活动的机会。至于南海地理位置之重要及其对中国意义之重大,不可能不为美国政府和媒体所深知。在《亚洲大熔炉》中,卡普兰甚至夸张地指出:"南海对于中国,就是加勒比海在19世纪和20世纪初对于美国的意义。"②菲律宾专栏作家蒂加洛(Rigoberto Tiglao)认为这是一个令人担忧的类比,因为在他看来,"加勒比海对美国的贸易和国防至关重要,而美国对加勒比海的控制标志着那个帝国在西半球的霸主地位的确立,而中国对南海的控制将标志着中国在此地区的霸权地位的确立。"③因此,不断以强调美国为南海利益相关方为借口来插手南海问题,想方设法阻挠中国实现其领土主权完整的核心利益,并以此来打压遏制中国,便成为美方维系其在亚太地区的国家利益的重要手段。形势的发展表明,美国介入南海的程度正逐步加深,从有限介入发展到积极介入,从"幕后黑影"变成"幕后黑手",现在则是走到台前公然介入。美国媒体在南海、东海领土纷争中,一再罔顾事实,不加掩饰地偏袒菲律宾、日本等美国盟友,为其站台声张,不时怂恿挑动它们与中国对抗,以此加添中国崛起的成本,这同样是出于保护美国国家利益之考量。就连一些菲律宾民众也知道,美国妖魔化中国的目的是"在菲

---

① TIGLAO R D. Phl: A near-failed state used by the US[N/OL]. The Manila Times, 2014-04-10. http://www.manilatimes.net/phl-a-near-failed-state-used-by-the-us/89100/.
② MORRIS I. Sea change[J]. The New York Times Style Magazine, 2014-04-28.
③ Phl: A near-failed state used by the US[N]. The Manila Times, 2014-04-28.

南海领土争议中的媒体角色研究

律宾取得前进基地"。①

其次,美国媒体与政府的关系使然。美国媒体虽然绝大部分是独立于政府和政党之外的私营媒体,但经过长期的明争暗斗之后,美国媒体早已意识到,媒体和政府必须是相依相存的,尤其是在对外事务方面,美国媒体常常要倚靠白宫、国会、五角大楼等政府机关和官方、军方人士来提供对外政策和国际事务的相关资讯。因此,它们轻易不愿得罪有关当局。更何况随着美国媒体垄断的不断加剧,主流媒体早已高度集中于"意识形态和利益取向与政府及军方相近"②的垄断资本的手中,并为其利益服务。换句话说,正如英国批判学派所揭示的那样:媒体工作者"在沉浸于'自治'幻想中的同时,不断接受占统治地位的思想和价值规范的熏陶,有着越来越被其同化的倾向"。③ 又如美国学者迈克尔·帕伦蒂在其专著《美国的新闻自由》中所阐述的:"正如我们已经看到的,许多歪曲性报道不但含有较多的政治性,而且体现出一种偏向统治阶级思想的固定模式。"④再从美国政府的角度来看,不少美国总统和政治家都十分了解美国媒体在国际舆论场上的强大话语权,也希望能充分加以利用,故而千方百计地拉拢它们,以此来获得媒体的配合和支持。此外,对于那些影响和掌控美国媒体的利益集团来说,通过传媒来制造舆论、影响政府外交决策,并传播它们所认定的主流价值观,无疑是实现其政治利益的重要途径。因此,基于自身利益和国家利益的考虑,美国媒体在国际新闻报道中,通常会尽量与政府保持一致,自觉不自觉地充当政府政策的"新闻啦啦队"和"宣传员"角色。⑤ 特别是自美国遭受"9·11"恐怖袭击以来,美国国内的民族主义和爱国主义情绪

---

① 佚名.菲美联合军演针对性强[N/OL].[菲]世界日报,2014-05-06. http://worldnews.net.ph/post/7834.
② 张国庆.媒体话语权:美国媒体如何影响世界[M].北京:中国人民大学出版社,2012:131.
③ 郭庆光.传播学教程[M].北京:中国人民大学出版社,2011:257.
④ 帕伦蒂.美国的新闻自由[M].韩建中,刘先琴,译.郑州:河南人民出版社,1992:273.
⑤ 张国庆.媒体话语权:美国媒体如何影响世界[M].北京:中国人民大学出版社,2012:23,106,116,163.

高涨,美国主流媒体记者往往担心被扣上不爱国的帽子而很少质疑或批评政府。① 美国媒体有时还会成为美国当局影响他国舆论或他国领导人的重要"武器",或成为试探他方反应的"气球"。② 既然维持美国在南海的军事存在、保持南海的适度紧张气氛,同时阻挠中国国力的快速发展不但符合美国国家利益,亦符合垄断资本家的自身利益,这就不难理解美国媒体为何要不断渲染夸大南海紧张局势、破坏中国国际形象,并尽力美化美国形象了。

再次,恐惧焦虑情绪在作祟。早在19世纪初,拿破仑就曾预言,中国是一头睡着的狮子,一旦被惊醒,世界将为之震动。这句在当时曾引起轰动效应的名言从此在西方社会埋下了提防中国的种子。到了20世纪90年代,部分西方国家开始对"中国崛起"表示忧虑,并炮制了所谓的"中国威胁论"。进入21世纪后,中国国力迅速走强,国际地位空前提高,以美、日为首的西方势力对此难以适应,其内心的恐惧焦虑情绪进一步滋长。到了2011年更甚,"无论是中国国内的举措还是国外的行动都会引起外界的不安"③。也就在这一年,美国将其战略重心由中东转向了亚太。④ 尽管此后唱衰中国的论调一直不绝于耳,但近几年来中国经济的出色表现,仍然令西方社会坐立不安。据统计,2013年,中国全年货物进出口总额达4.16万亿美元,对全球GDP的贡献度高达12%,中国不但保持着美国最大债权国的地位,还取代美国成为世界第一货物贸易大国。反观曾经盛极一时、不可一世的美国,其近十几年来的表现却不尽如人意。"9·11"事件之后,美国便陷入了旷日持久的伊拉克和阿富汗战争之泥潭,国库耗损巨大,财政赤字年年攀升,经济发展却是迟缓疲乏。经过2008年金融危机的打击,

---

① 佚名.斯诺登称"9·11"恐袭后部分记者受美重点监控[N/OL].[菲]世界日报,2013-08-15. http://www.worldnewsph.net/4/i_images/i10.html.
② 张国庆.媒体话语权:美国媒体如何影响世界[M].北京:中国人民大学出版社,2012:108.
③ 巴尔.中国软实力:谁在害怕中国[M].石竹芳,译.北京:中信出版社,2013:3.
④ PHL.A near-failed state used by the US[N].The Manila Times,2014-04-10.

南海领土争议中的媒体角色研究

美国经济越发"荣景褪色",今非昔比。① 对此,一些西方媒体和学者既揪心又恐慌,如美联社称:"美国影响力在亚洲的衰落,与中国填补这一真空,早已预言了多年。"②德国"政治电信"网写道:"中国正在以不寻常的速度赶超美国,包括全球领先的尖端武器,这令美国观察家都感到紧张。"③卡普兰亦预测道:"冷战期间乃至其后的很短一段时间里美国的绝对主导地位很可能不得不成为过去。一个更令人焦虑、更复杂的世界在等待我们。"④尽管从历史上看,中国鲜有领土野心,向来提倡以和为贵,也不愿主动挑起争端或制造矛盾,尽管包括习近平主席在内的中国高层领导人多次在不同场合向全世界庄严宣布:中国绝不称霸、绝不搞扩张。但西方社会的恐华情绪似乎并未因此消减,英国学者迈克尔·巴尔(Michael Barr)对此的解释是:"恐惧在某种意义上是主观的,是对感知到的威胁的一种情感反应,与威胁真实与否无关。所以,对中国的反应不一定与中国的情况有关。这么看来,'中国恐惧'所能揭示的,常常是那些怀有这种恐惧的人,而不是中国本身。"巴尔还指出:"政治恐惧不会凭空出现,肯定是有人制造并维系的","在政治文化中,恐惧是提高自身价值、赢得选举的利器,更是增强民族认同感的重要工具。"⑤换言之,美国媒体和政客借南海问题一再鼓吹"中国威胁论",一方面固然是源于美国国内一种根深蒂固的不安全感,这种不安全感正随着中美实力差距的缩小而与日俱增;另一方面则是为了

---

① 中华日报社论——美中博弈新局:大陆已成美国最大敌人[N/OL].(台北)"中央日报"网路报.2014-02-23. http://www.cdnews.biz/cdnews_site/docDetail.jsp? coluid=110&docid=102654816.

② Amid territorial spat with Manila, China's paltry offer of typhoon aid threatens global image[N]. Associated Press,2013-11-14.

③ 不要低估中国的能量[N/OL].[菲]世界日报,2014-03-31. http://worldnews.net.ph/post/5/36.

④ MORRIS I.Sea charge[J/OL].The New York Times Style Magazine,2014-04-28.http://cn.tmagazine.com/books/20140428/t28sea/dual/.

⑤ 巴尔.中国软实力:谁在害怕中国[M].石竹芳,译.北京:中信出版社,2013:前言XXXIV,020.

达到某种目的而有意为之。据美国历史学家伊恩·莫里斯(Ian Morris)透露,他在为一份报纸撰写专栏时,该报编辑就曾明确要求他:"少写点历史,多写点关于中国的可怕之处。"①

最后,冷战思维的驱使。由于意识形态和价值观的差异,以美国为首的西方国家长期把中国视为"异类",现在则把崛起后的中国看作"野心勃勃的异域他者"②。近年来,随着中美实力的此消彼长,冷战时期的"反共"、"仇华"心态在美国呈蔓延趋势,这可以从前文提及的中国已取代伊朗首次成为美国的最大敌人的民调结果来得到验证。同一民调还显示,受访美国民众中,仅有43%对中国大陆持正面看法,持负面看法的则高达53%;就对中、日两国的好感度而言,对日本抱有好感的美国人多达七成,而对中国抱有好感的还不到四成(37%)。③ 这反映了美国人心理失衡,这种现象在其主流媒体中充分体现。这里略举几例:在美国广播公司(ABC)2013年10月16日的深夜脱口秀节目"吉米鸡毛秀"中,一名6岁白人男孩在回答主持人吉米·基梅尔(Jimmy Kimmel)关于如何处理中国债务问题时,竟然语出惊人,说:"我们绕到地球那一边去,把中国人都干掉,干掉所有中国人。"听完这句带有严重种族主义色彩的歧视性言论,主持人不但没有感到惊讶,反而面带笑容地称许道:"这是个有趣的点子。"接着他又提高嗓门问道:"我们应不应该给中国人民一条活路(Should we ALLOW the Chinese to live)?"④很难想象,如此傲慢、充满偏见和仇恨的言论居然出自一个6岁孩童之口,而主持人不仅没有予以纠正,反而肯定这是一个"有趣"的想法,更令人诧异和震惊的是,是否允许中国人存活竟然成为可以在

---

① MORRISI.Sea Change[J/OL]. The New York Times Style Magazine,2014-04-28. http://cn.tma-gazine.com/books/20140-428/t28sea/dual/.

② 巴尔.中国软实力:谁在害怕中国[M].石竹芳,译.北京:中信出版社,2013:160.

③ 中华日报社论——美中博弈新局:大陆已成美国最大敌人[N/OL].(台北)"中央日报"网路报,2014-02-03. http://www.cdnews.biz/cdnews_site/docDetail.jsp?coluid=110&docid=102654816.

④ 我乐视频[Z/OL].http://www.56.com/u90/v_OTkzNjQxMzU.html.

美国电视台公开探讨的话题。而美国广播公司未经处理即赤裸裸地将此节目呈现在公众面前,所散布的不正是种族主义仇恨的思想吗?另一个例子则是美国知名媒体《华尔街日报》在其2013年11月1日的社论中,居然罔顾钓鱼岛历来属于中国的历史和事实,明确提出钓鱼岛主权属于日本,并呼吁奥巴马前政府予以公开承认,以阻止中国对日本的"挑衅"。如此颠倒是非、充满对华偏见的虚妄言论竟是出自一向自诩"冷静、诚挚、高端、公正无偏见"的《华尔街日报》,且据说这还只是自2012年9月日本当局宣布将钓鱼岛国有化以来,该报一系列挺日文章中的一篇。① 第三个例子则是美国有线电视新闻网(CNN)无论在报道2013年10月28日发生的天安门金水桥恐怖袭击事件,还是在报道2014年3月1日发生的昆明火车站暴力恐怖袭击事件,均采用对恐怖主义的双重标准,或质疑中国对天安门恐袭事件的定性,或在昆明恐袭事件报道中闪烁其词,且刻意为"恐怖分子"这个词加上引号。② 总之,冷战虽然早已结束,但美国部分主流媒体远未摆脱冷战思维的影响,依然在各种刻板成见的支配下,戴着意识形态和价值观的有色眼镜,以其固有的双重标准来看待、报道中国,甚至把中国视为假想敌而进行口诛笔伐。南海问题是当下极其敏感的热门话题,既关乎中国的核心利益,又与美国的亚太"再平衡"战略密不可分,因此,借助南海问题来炒作、攻击、抹黑中国,无疑是美国媒体的最佳选择之一。

(二)经济利益因素

如前所述,美国媒体绝大多数是私营媒体,其最终目的是要营利,即将自己的产品转换成为经济效益。因此,与强调"社会效益第一"的社会主义新闻观不同的是,美国媒体强调的是市场效益,特别是面对当下越来越激烈的同业竞争压力和瞬息万变的市场变化压力时,美国媒体追逐利润的意

---

① 丁建庭.《华尔街日报》意欲何为?[N/OL].南方日报,2013-11-05.http://news.sina.com.cn/pl/2013-11-05/133828625600.shtml.

② 北雪.质疑CNN[N/OL].[菲]世界日报,2014-03-10. http://worldnews.net.ph/post/3324.

愿就更强烈了,就连《纽约时报》这类严肃型的国际知名媒体也不例外。近年来,随着中国国际影响力的不断提升,中美关系日渐上升为美国最重要的对外关系,越来越多的美国人开始或越发关注中国,于是,与中国有关的新闻便越来越多地出现在美国媒体上,这其中自然包括越来越吸睛的南海话题。而中美实力的消长变化和双边政治、经济的摩擦不断,尤其是美国经济的长期不景气,也使得美国国内的反华、仇华势力越来越有市场、越来越受到美国舆论的同情,结果,饱受争议但又对中国至关重要的南海、东海领土问题便成为美国一些民众宣泄对华不满情绪的对象。例如,在美国为表示对中国设立东海防空识别区的抗议,而故意派遣两架 B-52 轰炸机飞往东海的消息传开后,据说美国主流网站上的留帖欢呼一片,竟有高达90%的美国人感到"扬眉吐气",并呼吁政府"给中国点颜色看,好好惩罚一下四处霸道、欺压四邻的中国"。[1] 毋庸置疑,此类的新闻颇能迎合一些美国受众的需求,从而提高点击率或收视率,并最终转换成为美国媒体实实在在的经济收益。在美国媒体对华长期负面、失之偏颇和选择性地报道的熏陶下,多数从未到过中国的美国民众对真实的中国并不了解,对中国为何声称拥有南海主权这类专业性比较强的议题就更不知情了,他们倾向于接受与其既有政治倾向相一致的内容而不管它们是否客观公正真实。因为根据美国学者拉扎斯菲尔德的"选择性接触"假说,"受众并不是不加区别地对待任何传播内容,而是更倾向于'选择'那些与自己的既有立场、态度一致或接近的内容加以接触"[2]。也就是说,那些对华不友好、不客观、不公正的报道反而更能吸引这部分美国受众(包括向来对华不友善的美国保守阵营)的注意。于是,以利润为导向的美国媒体为尽可能争取受众市场,就越发妖魔化中国。如此,则形成了恶性循环。这就是所谓的"媒体的

---

[1] 小刚.揭美霸的嘴脸[N/OL].[菲]世界日报,2013-12-17.http://www.worldnewsph.net/2/w_images/w02.html.

[2] 郭庆光.传播学教程[M].北京:中国人民大学出版社,2011:178.

南海领土争议中的媒体角色研究

极化,其实是读者观点极化的延伸,但反过来又加深了读者观点的极化"①。这也就不难解释为何有些美国驻华记者尽管对华颇有好感,与某些中国人私交也很不错,但在报道中国时,仍然是充满了负面、失之偏颇的新闻报道了。

综上所述,在美国实施"重返亚太"和亚太"再平衡"策略的大背景下,关涉中国核心利益和美国国家利益的南海问题,日渐成为美国主流媒体的关注焦点之一。透过对美联社和《纽约时报》等美国主流媒体在2013年下半年到2014年初的南海问题报道的文本分析,本章揭示了美国主流媒体在南海领土争议中扮演的五种重要角色,并从媒体赖以生存的政治和经济利益因素两个层面对美国主流媒体充当上述角色的原因和动机进行了较为深入的剖析。

---

① 美国星岛日报社论——党争挑战美国两党执政架构[N/OL].(台北)"中央日报"网路报,2014-10-16. http://www.cdnews.biz/cdnews_site/docDetail.jsp?coluid = 110&docid = 102496103.

第 **2** 章

南海领土争议中的日本媒体角色研究

南海领土争议中的媒体角色研究

一、概论

(一)研究背景和研究意义

日本虽然远离南海,却对南海念念不忘。二战期间,日本曾一度侵占中国南沙群岛,后虽因战败而不得不遵照《开罗宣言》和《波茨坦公告》的有关规定,将南沙群岛归还中国,但自20世纪80年代开始,随着日本经济和军事实力的增强,以及美国要求日本承担更多的防务任务,日本又开始将其关注的目光投向南海。冷战结束后,国际格局的重新洗牌、日本"专守防卫"范围从本土向整个亚太地区的扩大,[①]以及中国经济的飞速发展,均促使日本想方设法插手南海,并扩大其在该海域的影响力。自美国实施"重返亚太"和亚太"再平衡"战略以来,日本更是不失时机地积极介入南海争端。日本之所以对南海如此热衷,其一是因为南海航线关乎日本大量海上运输,被日本当局视为"海上生命线";其二是因为南海乃综合实力不断增强的中国核心利益之所在,与中国存在历史和领土纠葛的日本由此将南海视为抗衡中国的重要手段;其三是因为东南亚一些国家与中国存在南海领土主权纷争,日本由此将南海问题视为拉拢东盟、谋求地区战略优势的天赐良机;其四是因为南海问题的解决同样关系到日本在该海域的经济利益,部分日本企业自20世纪90年代起即已参与了南海油气资源的开发。[②]

日本对南海兴趣的与日俱增,亦可以从其媒体的相关报道中得到体现。以日本两家主要的英文报纸《日本新闻》(*The Japan News*)和《日本时报*》(*The Japan Times*)为例,这两份报纸在2010—2014年有关南海问题的报道量如图2-1所示。

[①] 刘庭华.日本右翼势力为何猖獗[N/OL].学习时报,2012-09-24. http://news.xinhuanet.com/world/2012-09/24/c_123754877.htm.

[②] 张瑶华.日本在中国南海问题上扮演的角色[EB/OL].2011-08-03. http://www.ciis.org.cn/chinese/2011-08/03/content_4381397.htm.

第二章 南海领土争议中的日本媒体角色研究

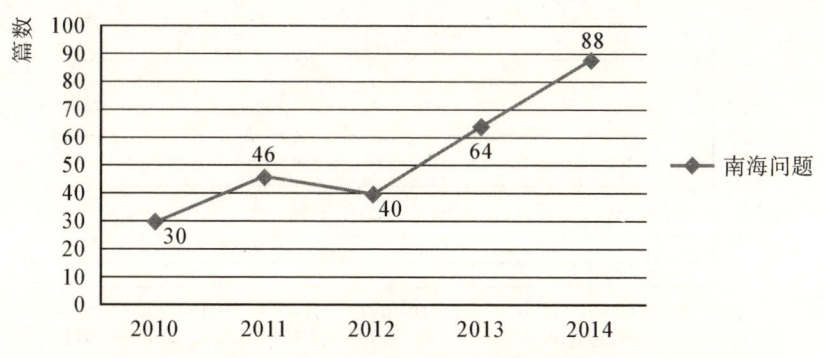

图 2-1 2010—2014 年日本两家英文报纸南海问题相关报道

资料来源：根据 Nexis 数据库中的有关数据制作而成。

这里要先说明的是，2014 年的统计量仅计算到笔者开始撰写本章的 9 月 24 日为止。也就是说，在 2010—2014 年 9 月将近 5 年时间里，《日本新闻》和《日本时报》关于南海问题的报道量总体呈上升趋势，尤其是自 2012 年到 2014 年间的报道量增长迅速，这应该是与日本在 2012 年 9 月将钓鱼岛及其附近的南小岛和北小岛"国有化"，并由此导致中日关系不断恶化有关。有意思的是，当笔者尝试以 2012 年 9 月 10 日日本政府在其内阁会议上确定所谓的钓鱼岛"国有化"方针为关键时间点来统计其前后三年，即 2011 年 9 月 10 日到 2014 年 9 月 9 日间，《日本新闻》和《日本时报》关于钓鱼岛和南海问题的报道量时发现，在日本将钓鱼岛"国有化"后的那一年（2012 年 9 月 10 日—2013 年 9 月 9 日），两份报纸有关钓鱼岛的报道量达到了 452 篇，较前一年增加了 291 篇，但此后一年的报道量则迅速减至 267 篇。与此不同的是，在这三年间，两份报纸对南海问题的报道量却是逐年攀升的（见图 2-2），其中第三个统计年度的报道篇数（107 篇）是第一个统计年度（42 篇）的 2.5 倍之多。这固然与近年来南海问题不断成为媒体关注焦点有关，但也从某种程度上反映了日本媒体对南海问题有增无减的报道兴趣和报道热情。

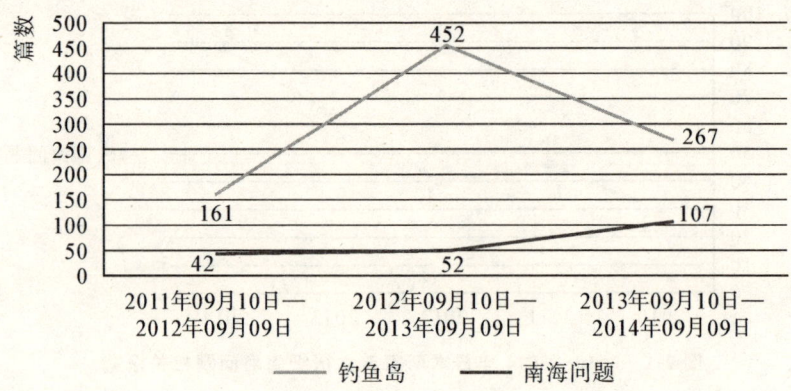

图 2-2 2011 年 9 月 10 日—2014 年 9 月 9 日日本两家英文报纸
钓鱼岛、南海问题相关报道

资料来源：根据 Nexis 数据库中的有关数据制作而成。

近年来，随着日本政治右倾化日趋严重，以及中日关系因日本方面的原因而持续紧张，日本当局以多种方式加快了搅局南海的步伐，其中发动舆论战是安倍及其右翼集团极为重视且相当擅长的。安倍内阁不仅在 2013 年 8 月斥 10 亿日元巨资用于所谓的岛屿争议宣传费，[①]还不时对日本国内媒体软硬兼施，从而加速了日本媒体的右倾化。在安倍的操控下，部分日本媒体自觉不自觉地配合政府展开了舆论战，并在南海领土争议中扮演着一些不容小觑的角色。本章将以《日本新闻》和《日本时报》为例，结合笔者对南海问题的长期跟踪，来探讨南海问题背景下的日本媒体角色。

鉴于日本舆论资源丰富、舆论技术高明，又具有非同一般的舆论引导能力和热点制造能力，而眼下的东亚与东南亚的岛屿主权之争，不但是有关各方硬实力之间的比拼，更是软实力之间的较量，特别是在各方都不会

---

① 佚名.日本计划本周内推出宣传钓鱼岛等"主权"[N/OL].[菲]世界日报，2014-01-23. http://www.worldnewsph.net/4/i_images/i10.html.

轻易动武的情况下,舆论战的较量就显得尤为重要,谁能在国际舞台上占据更多的舆论优势,争取更多的好感,谁就有机会获得更多的道义支持。因此,研究日本媒体在南海领土争议中饰演的角色、剖析其背后的原因和动机,并揭示其报道存在的问题,颇具现实意义和学术意义。

(二)研究对象的选择和说明

本章之所以选择上述两份日本英文报纸作为主要研究对象,大抵是基于如下两大因素之考量:首先,尽管日文知名报纸不少,但基于语言优势,英文报纸在国际舆论场上的影响力相对较大;其次,《日本新闻》既是日本最大的英文报纸,又是由日本报纸中发行量最大的《读卖新闻》(Yomiuri Shimbun)所创办,故而不论在日本国内还是在国外,均具有相当的影响力。① 而创刊于 1897 年的《日本时报》则是日本最古老的英文报纸,②且据称自 2013 年 10 月 16 日起,该报已同《国际纽约时报》(International New York Times)一起印刷和销售,③因此,不论是从历史还是现状来看,《日本时报》应该都具有一定的国际知名度。当然,本章还会涉及其他一些日本媒体(如共同社、《朝日新闻》、《外交学者》杂志等)的相关报道。

(三)研究方法

本章仍将以文本分析法(textual analysis)为主要研究方法,同时辅之以内容分析法(content analysis)这一定量研究方法,以《日本新闻》和《日本时报》在 2014 年 1 月至 4 月间有关南海问题的报道为例,探讨南海问题背景下的日本媒体角色,分析日媒扮演这些角色背后的原因和动机,并揭示相关报道存在的问题,以期达到知己知彼、更好应对的目的。

---

① Yomiuri shimbun, http://the-japan-news.com/about.
② 参阅 Nexis 数据库对该份报纸的介绍。
③ The Japan Times, http://en.wikipedia.org/wiki/The_Japan_Times.

二、研究内容

(一)相关报道的基本情况介绍

首先,从报道量来看,在 2014 年的前 4 个月,《日本新闻》和《日本时报》共刊载了 25 篇与南海有关的报道,其中绝大部分是《日本新闻》的,《日本时报》仅有 2 篇,且都是在 3 月发表的,说明《日本新闻》显然对南海问题更加热衷,这可能是与其母报《读卖新闻》中间偏右的政治立场有关。再从月报道量来看,在这 4 个月中,1 月份仅有 2 篇,2 月份没有,3 月和 4 月则较为平均,分别是 12 篇和 11 篇(见图 2-3)。1 月和 2 月分别是庆祝新年和中国传统春节的时候,不少受中国文化影响的东南亚国家也都有过春节的习俗,可以想象,在此期间,南海形势应该是相对平静的。

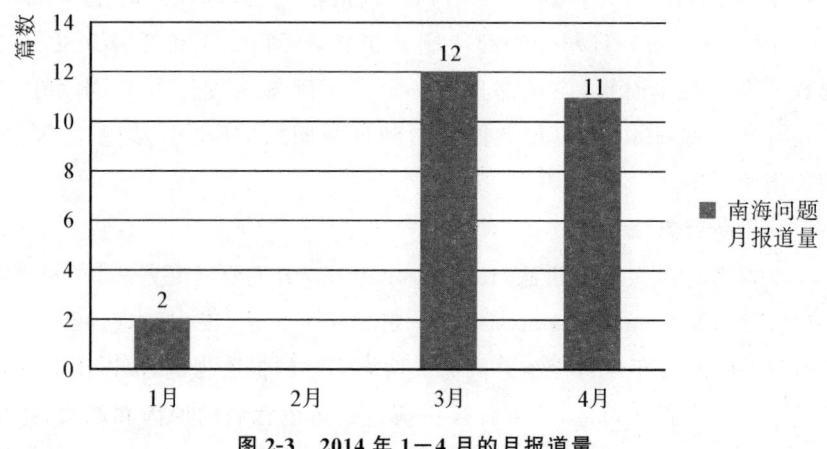

图 2-3 2014 年 1—4 月的月报道量

资料来源:根据 Nexis 数据库中的相关数据制作而成。

其次,从报道体裁来看,25 篇报道中涵盖了 5 篇社论、2 篇采访报道和 18 篇消息。《日本时报》的 2 篇文章均为消息。

最后,从报道篇幅来看,25 篇文章中,仅有 2 篇是短篇(300 字以内),中篇(301~1 000 字)和长篇(1 001 字以上)分别是 13 篇和 10 篇(见图 2-

4),其中最长的一篇多达 2 261 字,可见日本媒体在报道南海相关问题时是不惜篇幅的,这也同样表明了它们对南海问题报道的兴趣。

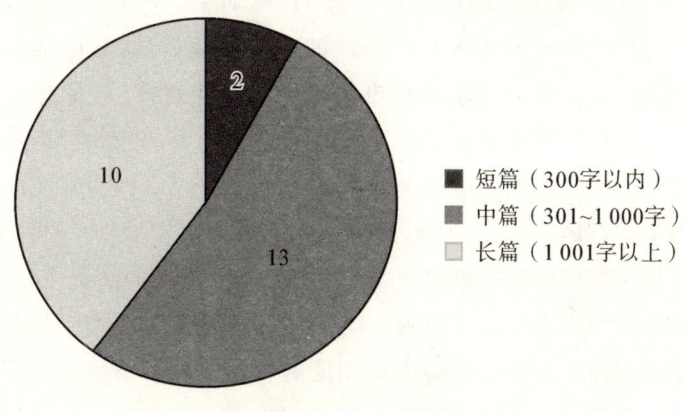

图 2-4　报道篇幅

(二)日本媒体扮演的角色

1.重要信息提供者

尽管在信息化和全球化时代,人们获取信息的渠道可谓多种多样,但就领土争端、国际关系、军事动态等较为复杂而又敏感的非强制性接触(unobtrusiveness)议题[①]而言,大众媒体依然是各国政要、专家学者,乃至普通大众不容忽视的重要信息来源。由于日本传媒技术先进、报道经验老到,又对亚太领土主权,中美、中日关系,中国军事动态等方面的信息相当关注,因此,对于日本社会各界来说,日本主流媒体无疑是其获取此类新闻的重要渠道之一。事实上,据笔者观察,日本主流媒体获取一些关键或内部信息的能力确实非同一般。举几例来看,早在东亚峰会于 2013 年 10 月 10 日在文莱召开之前的一周,即 10 月 3 日,共同社已经获得了此次峰会的

---

① 所谓非强制性接触的议题,是指受众无法直接亲身体验的议题。董璐.传播学核心理论与概念[M].北京:北京大学出版社,2008:253.

南海领土争议中的媒体角色研究

主席声明草案内容。① 2013年11月10日,共同社又将中国军方计划划设防空识别区(ADIZ)一事公之于众,这比中国国防部正式对外宣布设立的时间(即2013年11月23日)提早了13日。② 此后,日本媒体还于2014年1月披露了中国划定东海防空识别区的一些内部消息,如原案的出炉时间、划设范围,以及是否要求飞机事先出示飞行计划等。③ 紧接着,《朝日新闻》又爆料,中国正考虑在南海也设立防空识别区,并断言"南海防空识别区的草案已在空军事务层级制作完成。范围将以中国大陆实际管辖的西沙群岛上方空域为主,几乎覆盖南海上空的全部空域"④。共同社为此还特意采访了美国白宫国家安全委员会负责亚洲事务的高级主任麦艾文,以探询若中国划定南海防空识别区,美国将采取怎样的对策。⑤ 尽管日本媒体关于中国即将划设南海防空识别区的炒作遭到了中国外交部发言人洪磊的否认和批驳,⑥但其相关报道还是引发了美国和周边一些国家的警觉与反弹,美国国务院甚至为此发出了"措辞强硬的警告"。⑦ 此外,鉴于日本媒体对中国的军事事务始终兴趣浓厚,因此,一些涉华军事要闻往往能在日本媒体中找到。诸如中国的国防开支、中国人民解放军的重组、中

---

① 佚名.独家:东亚峰会主席声明草案出炉南海表述回避刺激中国[N/OL].共同社,2013-10-03. http://china.kyodonews.jp/news/2013/10/61009.html.

② 日媒:华"防空识别区"或纳冲绳[N/OL].(香港)大公报,2013-11-12. http://news.takungpao.com/paper/q/2013/1112/2030506.html,20131219.

③ 沈子涵.东海风云/日媒:陆划防空区范围比原案广[N/OL].(台北)"中央日报"网路报,2014-01-12. http://www.cdnews.biz/cdnews_site/docDetail.jsp?coluid=109&docid=102607566.

④ 佚名.日本朝日新闻专文——中国大陆讨论设南海防空识别区南沙或纳入视野[N/OL].(台北)"中央日报"网路报,2014-02-06. http://www.cdnews.biz/cdnews_site/docDetail.jsp?coluid=110&docid=102633413.

⑤ 佚名.美促华勿设南海防空识别区[N/OL].[菲]世界日报,2014-02-02. http://worldnews.net.ph/post/202.

⑥ 佚名.中国否认即将设南海防空区[N/OL].[菲]世界日报,2014-02-02. http://worldnews.net.ph/post/199.

⑦ 美促华勿设南海防空识别区[N/OL].[菲]世界日报,2014-02-02. http://horldnews.net.ph/post/202.

国的军队建设、军方行动、军事战略等,日本媒体都乐此不疲地予以了大篇幅的报道、分析、点评和渲染。①为了获取更多的信息,日本媒体对中国媒体同行的相关报道也非常重视。比如,《日本新闻》关于中国针对南海展开的"卷心菜策略"或"香肠战术"等重要信息的透露,便是来自中国北京电视台播出的访谈节目。②类似的消息对于那些极少关注中国媒体,或不懂中文的日本或他国受众来说,其重要性不言而喻。而日本媒体透过对相关政府官员或专家学者的采访而得的信息或观点,对有关各方来说,同样意义非凡。

2."中国威胁论"鼓吹者

在南海问题相关报道中,日本媒体最津津乐道,也最擅长的莫过于制造"中国威胁论"。但凡中国的军力发展、军事活动、国防开支、防空识别区问题、中美军舰对峙事件、东海问题、南海问题等都是日本媒体百炒不厌的对象。在本章所研究的25篇报道中,《日本新闻》至少在6篇中不厌其烦地警告道,中国正试图通过武力改变现状,③但却忘了恰恰是日本政府将

---

① 详见 ANON.China plans military reform to enhance its readiness[N]. The Japan News, 2014-01-03; ANON.China to increase defense spending by 12.2% in '14[N]. The Japan News, 2014-03-06; EDITORIAL. China's blatant military buildup threatens peace in Asia-Pacific region [N].The Japan News, 2014-03-07; ANON.Japan-China COLD WAR / China's maritime aggression distorts international norms[N]. The Japan News, 2014-03-19; ANON.U.S. eyes on Japan's security 2 / Japan, U.S. must deter "creeping aggression "at sea[N].The Japan News, 2014-04-10; ANON.Expanded role in strengthened alliance[N]. The Japan News, 2014-04-25; EDITORIAL. Stronger Tokyo-Washington alliance key as a check on ambitious China[N]. The Japan News, 2014-04-26.

② Japan-China COLD WAR / China's maritime aggression distorts international norms[N]. The Japan News,2014-03-19.

③ ANON.Deal with economy, China to ensure Japan can rise again[N]. The Japan News, 2014-01-01. See also EDITORIAL. China's blatant military buildup threatens peace in Asia-Pacific region[N]. The Japan News,2014-03-07;ANON.U.S. struggles to offer single voice in Asia policy [N]. The Japan News, 2014-03-23; EDITORIAL. Japan, S. Korea, U.S. must address deeper challenges to trilateral unity[N]. The Japan News, 2014-03-28; Expanded role in strengthened alliance[N]. The Japan News,2014-04-25;EDITORIAL. Stronger Tokyo-Washington alliance key as a check on ambitious China[N].The Japan News,2014-04-26.

南海领土争议中的媒体角色研究

钓鱼岛"国有化"的行径导致了现状的改变,并由此造成中日关系陷入低谷的事实。对于中国正常的军事改革或军事活动,日本媒体予以了恶意的解读和攻击,妄言中国军方"改革的目的是为了提高解放军的进攻能力",以确保空军和海军在东海与南海的优势;①声称中国现阶段的军事建设是"为了在亚太地区争霸",中国的举措将会"强化中国可能对其他国家造成巨大威胁的意见"②,中国正在"追求军事扩张"等等;③对于中方正常的军演,日本媒体甚为关注,称中国政府正在西太平洋展开愈来愈多的"海空域演练,并加强其对南海的有效控制";④而中国的国防开支更是日本媒体大肆渲染的题材,在中国公布2014年国防预算的第二天,即2014年3月6日,《日本新闻》即刊发了新闻《2014年中国国防支出将增加12.2%》(China to increase defense spending by 12.2% in'14),通过将中日国防总预算进行对比,来凸显中国国防开支之庞大,发展之迅速,⑤但对中国以往的军费支出基数之低,以及现有人均军费开支仍然比日本低很多的事实则只字未提。3月7日,《日本新闻》又以"中国的公然扩军威胁到亚太地区和平"(China's blatant military buildup threatens peace in Asia-Pacific region)为题发表了一篇社论,老调重弹地抨击中国国防预算的不透明,认为实际的费用,应是"公布数额的两倍"。⑥直至4月25日,《日本新闻》仍旧对中国的国防预算耿耿于怀,但这回是把中美两国的军费开支情况进行对比,说明两国国防预算差别之缩小。⑦事实上,与其他一些西方媒体一样,《日本新闻》并未对中国国防支出的实际情况进行相对客观公正的报道。

---

① China plans military reform to enhance its readiness[N]. The Japan News,2014-01-03.
② EDITORIAL. China's blatant military buildup threatens peace in Asia-Pacific region[N]. The Japan News,2014-03-07.
③ ANON.Alliance to lead Asia-Pacific[N]. The Japan News, 2014-04-25.
④ Deal with economy, China to ensure Japan can rise again[N].The Japan News,2014-01-01.
⑤ China to increase defense spending by 12.2% in'14[N].The Japan News,2014-03-06.
⑥ EDITORIAL. China's blatant military buildup threatens peace in Asia-Pacific region[N]. The Japan News,2014-03-07.
⑦ Expanded role in strengthened alliance[N]. The Japan News,2014-04-25.

恰如俄罗斯塔斯社所点评的那样:"中国军事增长是伴随着经济实力而增加的。"相对其他国家而言,中国的国防预算仅占国民生产总值的1.4%,远低于世界3%的平均水平。美国夏威夷东西方研究所中心军事专家亦认为:"中国努力实现军事现代化,并非起源于其与邻国的争端,而是为了从整体上,推进其全球地位的提高,从而与其在经济/政治/文化等方面的影响相匹配。"①对于中国大陆在包括美、日在内的二十几个国家均设立防空识别区之后才宣布建立东海防空识别区的合理合法行为,②《日本新闻》反应强烈,先是妄称中国像对待领空一样地对待防空识别区,③继而便引用美国助理国务卿丹尼尔·拉塞尔(Daniel Russel)在听证会上的发言称,中国宣布设立防空识别区的声明是"一种挑衅行为,是迈向错误方向的严重一步",接着又责怪中国没有事先与邻国协商,④然后又援引日本航空自卫队西部防空部队前指挥官利通岩永(Toshimichi Iwanaga)的话称:中国的防空识别区是"'针对日本的威胁',意在夺取钓鱼岛"。⑤

3.中国形象抹黑者

正如安倍无论走到哪,都不忘蓄意损毁中国形象一样,日本媒体也尽其所能地抹黑中国形象。众所周知,钓鱼岛历来是中国的固有领土,中国拥有无可争辩的主权,但日本政府却在2012年9月擅自将其"国有化",从而导致中日关系急剧恶化。对此,日本媒体不予检讨,反而倒打一耙,极力将中国塑造成所谓"亚太侵略者"的形象。在25篇新闻中,至少有6篇提

---

① 紫茗.和平需要实力维护[N/OL].[菲]世界日报,2014-03-12.http://worldnews.net.ph/post/3508.

② 文睿.香港中评社社评——警惕日本借防空识别区分化两岸的图谋[N/OL].(台北)"中央日报"网路报,2013-12-11.http://www.cdnews.biz/cdnews_site/docDetail.jsp?coluid=110&docid=102567031.

③ Deal with economy, China to ensure Japan can rise again[N].The Japan News,2014-01-01.

④ ANON.Japan-China COLD WAR / China media fabricates "victory" over Japan[N].The Japan News, 2014-03-14.

⑤ Japan-China COLD WAR / China's maritime aggression distorts international norms[N]. The Japan News,2014-03-19.

南海领土争议中的媒体角色研究

到中国国有船舶或政府船只"侵犯"钓鱼岛周边所谓的"日本领海",或中国的无人驾驶飞机飞越所谓的"日本海域",或中国国家海洋局的飞机于2012年12月"侵入"所谓的"日本领空",或中国冒犯"菲律宾、越南及该地区其他海上国家的领海"等。① 在日本媒体看来,中国不但是个觊觎他国领土的所谓"侵略者",还是个导致亚太地区紧张局势升级的"军事挑衅者"。② 在这些报道中,"单方面的"(uniteral/uniterally)是日本媒体频繁使用的一个关键词,至少在10篇文章中出现过15次,③其中一半以上是在谴责中国未经与邻国,特别是日本商量而设立东海防空识别区的行为,不知当年日本划设防空识别区时是否跟中国商谈过?此外,《日本新闻》还堂而皇之地把中日关系的恶化归结为中国在钓鱼岛周边海域的"反复挑衅行为",全然

---

① Deal with economy, China to ensure Japan can rise again[N]. The Japan News,2014-01-01.See also EDITORIAL. China's blatant military buildup threatens peace in Asia-Pacific region[N]. The Japan News;ANON.Japan-China COLD WAR / Tacics using WWII imagery should not go unanswered[N].The Japan News,2014-03-13;Japan-China COLD WAR / China media fabricates "victory" over Japan[N]. The Japan News,2014-03-14;ANON.Japan-China COLD WAR 6/After policy shift, China puts "core interests" to forefront[N].The Japan News, 2014-03-18;EDITORIAL. Stronger Tokyo-Washington alliance key as a check on ambitious China[N].The Japan News,2014-04-26.

② U.S. struggles to offer single voice in Asia policy[N]. The Japan News. See also ANON. Kishida:Japan backs Philippine lawsuit[N]. The Japan News, 2014-04-13;Expanded role in strengthened alliance[N]. The Japan News,2014-04-25.

③ Deal with economy, China to ensure Japan can rise again[N]. The Japan News,2014-01-01. See also EDITORIAL. China's blatant military buildup threatens peace in Asia-Pacific region[N]. The Japan News,2014-03-07;Japan-China COLD WAR / China media fabricates "victory" over Japan[N].The Japan News,2014-03-14;Japan-China COLD WAR 6 / After policy shift, China puts "core interests" to forefront[N].The Japan News;ANON.Japan, U.S. to help ASEAN monitor seas[N]. The Japan News, 2014-04-20;EDITORIAL. Chinese military must strictly adhere to new code of conduct on safety at sea[N]. The Japan News, 2014-04-25;Alliance to lead Asia-Pacific[N]. The Japan News,2014-04-25;Expanded role in strengthened alliance[N]. The Japan News,2014-04-25;EDITORIAL. Stronger Tokyo-Washington alliance key as a check on ambitious China[N]. The Japan News,2014-04-26;ANON.Statement:Article 5 covers Senkakus[N]. The Japan News, 2014-04-26.

忘了是谁迫使中国不得不采取此类措施来强化对钓鱼岛的主权声称。①

4.对中国妄加指责者

在日本媒体的相关报道中,时常可见指责中国的言论。除了中国的军费开支和防空识别区之外,日本媒体还在以下多个方面说三道四,无理指摘中国:中国不应因安倍晋三参拜靖国神社便拒绝与日本对话;②是中国而非日本"一直在撼动战后的国际秩序";③中国"对周边国家实施军事和商业胁迫";④中国对钓鱼岛施行重复的强制性行为;⑤中国军舰不仅将火控雷达锁定日本海上自卫队的船只,还在南海多次对菲律宾和越南采取类似的挑衅行为;⑥2013年底发生的所谓中美军舰南海险相撞事件是由中国挑起的,是中国海军船只故意要与美国的"考本斯号"相撞,这已是同类事件中的第三次,"中国几乎是以对待其领海的方式来对待其专属经济区";中国具有任意解释国际法规和国际惯例的倾向;⑦中国无意遵守中美海上磋商机制;⑧尽管日本数次呼吁中国建立海上沟通机制,但中国兴趣不

---

① Kishida:Japan backs Philippine lawsuit[N]. The Japan News,2014-04-13. See also Expanded role in strengthened alliance[N]. The Japan News,2014-04-25.

② Deal with economy, China to ensure Japan can rise again[N].The Japan News,2014-01-01.

③ EDITORIAL. China's blatant military buildup threatens peace in Asia-Pacific region[N]. The Japan News,2014-03-07.

④ Japan-China COLD WAR / Tacics using WWII imagery should not go unanswered[N]. The Japan News,2014-03-13.

⑤ Statement:Article 5 covers Senkakus[N]. The Japan News,2014-04-26.

⑥ Japan-China COLD WAR 6 / After policy shift, China puts "core interests" to forefront [N]. The Japan News,2014-03-18. See also ANON.21 navies support ban on radar-lock[N]. The Japan News, 2014-04-22. EDITORIAL. Chinese military must strictly adhere to new code of conduct on safety at sea[N]. The Japan News,2014-04-25.

⑦ Japan-China COLD WAR / China's maritime aggression distorts international norms[N]. The Japan News,2014-03-19.

⑧ ANON.Japan-China COLD WAR / CPC decisions made under layers of veiled obscurity [N].The Japan News, 2014-03-20.

大;①南海海域之所以尚未制定行为准则,是因受到中国方面的抵制;②"中国一直在国际上兴风作浪"③等等。最令日本媒体反感的是所谓"中国媒体的反日宣传"。在《日中冷战/中国媒体编造对日"胜利"》(*Japan-China COLD WAR / China media fabricates "victory" over Japan*)一文中,《日本新闻》不惜以长达1027字的篇幅,对《文汇报》和中国中央电视台(CCTV)关于日本驻慕尼黑总领事水谷章(Akira Mizutani)在中国驻德国大使史明德于2014年1月15日的慕尼黑国际新闻记者俱乐部上发言时突然站立离席一事的报道,予以了猛烈的反击,认为中国媒体的报道纯属诬陷。④

5.离间中外关系者

南海问题的实质在于中国与南海周边某些国家存在岛礁主权和海洋划界争议,这原本应由直接当事方通过双边友好协商的方式解决,与非南海国家日本毫不相干,但日本媒体却热衷于借题发挥,搬弄是非,蓄意捏造,妄加揣测,以此来离间中外关系。在有关报道中,经常可以看到此类挑动地区对立的言论。如在2014年3月13日的新闻报道中,《日本新闻》转载了日本驻英大使林景一(Keiichi Hayashi)向《每日电讯报》的投稿,声称"中国在军费开支方面的戏剧性增长,已对位于东海和南海的邻国构成了威胁";"已成为亚太地区和平与安全问题的严重且值得共同关注的,是中国空前的军事发展,及其对周边国家使用军事和商业胁迫"⑤。"自2008年全球金融危机以来,在美国影响力逐渐消退的国际秩序中,中国已毫不

---

① 21 navies support ban on radar-lock[N]. The Japan News,2014-04-22. See also EDITORIAL. Chinese military must strictly adhere to new code of conduct on safety at sea[N]. The Japan News,2014-04-25.

② 21 navies support ban on radar-lock[N]. The Japan News,2014-04-22.

③ EDITORIAL. Stronger Tokyo-Washington alliance key as a check on ambitious China [N]. The Japan News,2014-04-26.

④ Japan-China COLD WAR / China media fabricates "victory" over Japan[N]. The Japan News,2014-03-16.

⑤ Japan-China COLD WAR / Tacics using WWⅡ imagery should not go unanswered[N]. The Japan News,2014-03-13.

迟疑地对钓鱼岛和南海纠纷诉诸高压手段"①;"中国已多次与菲律宾和越南因南海的南沙群岛和其他岛礁发生冲突。这个为运送原油提供重要通道的南海,为中美对抗奠定了基础,美国拥护航行自由。"②"奥巴马已敦促中国缓和区域紧张局势,但北京无视华盛顿的劝说努力,采取了多项举措,包括在东海单方面宣布设立防空识别区。"③ 2013 年 11 月,"中国在东海包括钓鱼岛在内的区域宣布设立防空识别区。该国还表现出在南海其邻国管辖的岛屿设立此类区域的意图"④。事实上,中国政府已多次对外宣布,中国将"始终坚定不移地走和平发展的道路","睦邻友好、互利合作是中国同周边国家关系的主流。中方奉行与邻为善、以邻为伴的周边外交政策和'亲、诚、惠、容'的周边外交理念,始终致力于加强同周边国家各领域交流合作"⑤。然而,日本媒体却罔顾事实,不断炒作"中国威胁论",挑拨中外关系,其主要目的无非在于配合日本政府构筑反华战略联盟。

6.渲染紧张气氛者

自安倍再次上台以来,日本政坛右倾化趋势明显加剧,安倍内阁积极推动和平宪法的修改,频频为解禁集体自卫权造势,挑战战后国际秩序,日本的种种违背和平发展潮流的行为导致东亚地区紧张局势频现,这是国际社会有目共睹的。可是,日本媒体对此不仅视而不见,反而动辄制造议题,渲染紧张气氛,把一切责任都推给了中国。如《日本新闻》夸张地宣称,倘若中国继续推行要求所有在防空识别区内飞行的飞机均需提前提交飞行计划,否则将采取"紧急防御措施"的话,"日本就有可能卷入一场军事冲突"⑥。

---

① Japan-China COLD WAR 6 / After policy shift, China puts "core interests" to forefront [N]. The Japan News,2014-03-18.

② 21 navies support ban on radar-lock[N]. The Japan News,2014-04-22.

③ Expanded role in strengthened alliance[N]. The Japan News,2014-04-25.

④ ANON.Obama aims to change image of "weakness"[N]. The Japan News,2014-04-26.

⑤ 佚名.中方:日蓄意挑动地区对立[N/OL].[菲]世界日报,2013-12-10. http://www.worldnewsph.net/2/p_images/p03.html.另见佚名.斥日军机跟踪监视最近距离仅 10 米中国军方:证据确凿居心何在[N/OL].[菲]世界日报,2014-05-30. http://worldnews.net.ph/post/9832.

⑥ Deal with economy, China to ensure Japan can rise again[N]. The Japan News,2014-01-01.

《日本新闻》还断章取义地把李克强总理关于中国将"大力建设海洋强国",并"在常规基础上准备战争,加强边防、海防和空防"的言论,解释为"北京有意扩大其在东海和南海所声称的国家利益",因此,该媒体警告道:"日本必须准备应对中国试图武力改变现状的可能性。"①《日本新闻》亦不止一次地把亚太地区不断升温的紧张局势归因于所谓的中国的军事建设和海上挑衅行为。② 对于2013年1月发生的所谓"火控雷达照射"事件,包括日本共同社在内的日本媒体均无中生有地予以了多次炒作,妄图以此抹黑中国形象。③《日本新闻》引用日本官方的说法,称中方的行动无异于是对日本海上自卫队驱逐舰的"实际进攻",④并危言耸听地捏造道:"中国军舰已多次在南海以此类挑衅行为来对付菲律宾和越南。哪怕是一丁点的错误都有可能造成事故或冲突。"⑤此外,《日本新闻》也把中国海警编队在钓鱼岛领海的合法巡航行为说成是"反复挑衅行为",并称此举"已使与日本的紧张关系不断升级",中国"也与东盟成员国因南海领土主权争议而关系紧张"⑥。总之,蓄意炒作区域紧张局势,着力煽动敌对情绪,以误导国际舆论,这也是日本媒体在南海有关争议中惯用的把戏。

7.关注美方动态者

尽管美国亦非南海争议国,但在日本媒体的相关报道中,"美国"一词却是出现频率较高的一个关键词。在本研究所选定的25篇文章中,有多

---

① EDITORIAL. China's blatant military buildup threatens peace in Asia-Pacific region[N]. The Japan News,2014-03-07.

② EDITORIAL. China's blatant military buildup threatens peace in Asia-Pacific region[N]. The Japan News,2014-03-07. See also Expanded role in strengthened alliance[N]. The Japan News,2014-04-25.

③ 佚名.海军斥日媒报道纯属捏造[N/OL].(香港)大公报,2013-03-19. http://news.takungpao.com/paper/q/2013/0319/1498530.html.

④ 21 navies support ban on radar-lock[N]. The Japan News,2014-04-22.

⑤ EDITORIAL. Chinese military must strictly adhere to new code of conduct on safety at sea[N]. The Japan News,2014-04-25.

⑥ Expanded role in strengthened alliance[N]. The Japan News,2014-04-25.

达19篇(占76%,其中一篇是由《日本时报》报道的)不同程度地提及了美国,说明日本媒体对美方动态关注之密切。总体而言,日媒报道的与美国有关的主题主要集中在如下几个方面:

第一,日美同盟关系。众所周知,自第二次世界大战结束以来,美国就一直是日本的靠山和扶持者,日本一向采取"依托日美军事同盟对地区实行主导控制"的安全战略,①因此,对日本而言,日美同盟至关重要,按照日本公明党党首山口那津男的说法,"日美同盟是日本外交的支柱,是亚太地区稳定的关键"②。《日本新闻》也指出,安倍晋三治理下的日本,"一直寻求维持和发展日美同盟作为其外交的基础"③。为此,深谙日本同盟重要性的《日本新闻》极力倡导改善日美同盟关系,认为深化日美同盟既能缓和区域紧张局势,又能牵制中国,同时不忘提醒美国,日美安保条约"规定了美国对日本的国防义务"。④ 为了更好地了解美方对日美的态度以及新形势下日本的应对策略,《读卖新闻》记者 Seima Oki 特意采访了美国五位国际关系和军事事务方面的知名专家,⑤从中了解到美国"有兴趣改善日本的自卫姿态,以使其能更有效地保护自己。因此,日本的防卫仍然是联盟的首要任务"⑥。不过,《日本新闻》虽然对美国希望通过更多介入亚太事务来从该地区的"稳定与繁荣中受益"的意图了如指掌,但对奥巴马前政府的亚太"再平衡"策略的效果却是心存疑虑的,其主要原因即在于担心美国

---

① 日本在中国南海问题上扮演的角色[EB/OL].2011-08-03,http://www.ciis.org.cn/chinese/2011-08/03/cortert_438/397.htm.

② 佚名.美参院外交委员会主席要求日方修复日中关系[N/OL].共同社,2013-08-14. http://tchina.kyodonews.jp/news/2013/08/57892.html.

③ U.S. struggles to offer single voice in Asia policy[N]. The Japan News,2014-03-23.

④ Deal with economy, China to ensure Japan can rise again[N]. The Japan News,2014-01-01.

⑤ 为了解专家们关于日本如何应对形势之看法,日本《读卖新闻》记者 Seima Oki 采访了五位国际关系和军事事务方面的美国知名专家,并于2014年4月9日至13日,连续在《日本新闻》(The Japan News)上刊载了系列采访,这里引用的是第一篇采访报道,编号:22813,日期:2014年4月9日,第3页。

⑥ U.S. eyes on Japan's security 2 / Japan, U.S. must deter "creeping aggression" at sea[N]. The Japan News,2014-04-10.

与中国确立新型大国关系。① 当然,《日本新闻》也对安倍试图摆脱战后体系,并将日美同盟置于更平等基础的意愿直言不讳,且公开指出,日本"获得集体自卫权这项无限权利的最大变化,可能是参与他国(除美国之外)的联合军演"②。《日本新闻》对强化日美同盟之重视还体现在它对报道日美高层互动之热衷。例如,它对2014年4月24日举行的日美首脑会谈进行了详细的报道和解读。就本研究所选的文章来看,从4月20日起,《日本新闻》就已披露了其母报《读卖新闻》所获悉的不少与峰会有关的讯息;③ 此后,又在峰会结束后的4月25日和26日进行了一系列(至少5篇)后续报道,进一步阐析了峰会的内容。④ 报道中特别提到,奥巴马把日本作为此次"亚洲四国之旅的首站",强调这是奥巴马自2010年11月访问日本以来的第三次,"是18年来作为(日本)国宾的首位美国总统",峰会确定了一项旨在通过安全合作来加强日美联盟的政策。⑤ 字里行间流露出日本受到美国重视的自豪感,以及对未来两国深化同盟关系的憧憬。

第二,美国对涉日议题的表态。从相关报道中可以看出,日本媒体非常在意美国对中国设立防空识别区、中日钓鱼岛之争、日本修宪等牵涉日本利益话题的态度和看法。对于东海防空识别区,《日本新闻》分别引述了美国助理国务卿丹尼尔·拉塞尔(Daniel Russel)在听证会上的发言,拉塞尔斥责中国的做法是"一种挑衅行为,是朝错误方向的严重一步"⑥。还有

---

① U.S. struggles to offer single voice in Asia policy[N]. The Japan News,2014-03-23.
② ANON.Abe ready for full-on military drive[N]. The Japan Times, 2014-03-28.
③ Japan, U.S. to help ASEAN monitor seas[N]. The Japan News,2014-04-20.
④ Alliance to lead Asia-Pacific[N]. The Japan News,2014-04-25. See also Expanded role in strengthened alliance[N]. The Japan News,2014-04-25;EDITORIAL. Stronger Tokyo-Washington alliance key as a check on ambitious China[N]. The Japan News,2014-04-26;Obama aims to change image of 'weakness'[N]. The Japan News,2014-04-26;Statement:Article 5 covers Senkakus[N]. The Japan News,2014-04-26.
⑤ Alliance to lead Asia-Pacific[N]. The Japan News,2014-04-25.
⑥ Japan-China COLD WAR / China media fabricates "victory" over Japan[N]. The Japan News,2014-03-14.

第二章　南海领土争议中的日本媒体角色研究

诸如美国前国务卿约翰·克里(John Kerry)的警告,及其对中国在南海设立类似区域的反对;①安倍晋三和奥巴马的一致见解:"明确反对任何企图通过胁迫或恐吓手段来改变现状的行为";日美联合声明对中国的施压:"美国和日本对引起东海和南海紧张局势的近期行动深表关注,如在东海设立防空识别区的不协调声明。"②对于钓鱼岛,《日本新闻》亦一再引用美国官员乃至总统的说法,称"钓鱼岛是在日本的管辖下"③;钓鱼岛攸关美国利益,必须立即采取行动;④钓鱼岛属日美安保条约第5条的范畴;⑤"美国反对任何旨在破坏日本对钓鱼岛管辖的单边行动"⑥。尤其对奥巴马在美日峰会后召开的记者招待会上的表态,即"我们对日本安全的条约承诺是绝对的,(日美安保条约)第5条涵盖所有日本管辖下的地区,包括钓鱼岛"欢呼雀跃,称这是美国总统的第一次公开承诺,是"日本外交和日美关系的里程碑式的成就"。⑦对于日本修宪这一敏感话题,《日本新闻》再三宣称,奥巴马支持安倍内阁修改宪法解释之努力,以使日本能行使集体自卫权,⑧同时对美国此举的背后动机予以了解读,认为是美国有意使日本

---

① U.S. struggles to offer single voice in Asia policy[N]. The Japan News,2014-03-23.
② Statement:Article 5 covers Senkakus[N]. The Japan News,2014-04-26.
③ Japan-China COLD WAR / China media fabricates "victory" over Japan[N]. The Japan News,2014-03-14.
④ Japan-China COLD WAR / CPC decisions made under layers of veiled obscurity[N]. The Japan News,2014-03-20.
⑤ Alliance to lead Asia-Pacific[N]. The Japan News,2014-04-25. See also Expanded role in strengthened alliance[N]. The Japan News,2014-04-25;Statement:Article 5 covers Senkakus[N]. The Japan News,2014-04-26.
⑥ Statement:Article 5 covers Senkakus[N].The Japan News,2014-04-26.
⑦ EDITORIAL. Stronger Tokyo-Washington alliance key as a check on ambitious China[N].The Japan News,2014-04-25. See also Obama aims to change image of "weakness"[N]. The Japan News,2014-04-26.
⑧ Alliance to lead Asia-Pacific[N]. The Japan News,2014-04-25. See also Expanded role in strengthened alliance[N]. The Japan News,2014-04-25;Statement:Article 5 covers Senkakus[N]. The Japan News,2014-04-26.

在安全领域发挥更大的作用。①

第三,中美关系。日本媒体对中美关系的走向高度重视,并予以了挑拨离间,如通过断言中国所构想的作战现代化将对日本和美国构成威胁来提醒美方应注意中方的军事改革;②通过故意声称在美国影响力日渐消退的国际秩序中,中国毫不迟疑地对钓鱼岛和南海纷争诉诸高压手段,来刺激美国;③通过有意指出中国宣布设立防空识别区是紧接在时任美国总统国家安全事务助理苏珊·赖斯(U.S. National Security Advisor Susan Rice)发表与中国构建新型大国关系的发言之后,来挑动中美关系,同时暗批奥巴马前政府的不明确姿态给了中国钻空子的机会,并暗示美方现任官员应像前国务卿希拉里·克林顿和助理国务卿库尔特·坎贝尔(Kurt Campbell)那样,向中方传递出强有力的信息;④通过强调北京无视奥巴马有关缓和区域紧张局势之要求,反而采取了包括设立防空识别区在内的多项措施,来离间中美关系,并塑造中国麻烦制造者的形象。⑤除了不时征引美国官员的话来压制和威慑中国之外,《日本新闻》还别有用心地报道了美国对中国的其他不满和忧虑,如难以辨别中国领导人的意图;中国无意正确遵守中美海上军事安全磋商机制;⑥中国正逐渐追求军事扩张;⑦中国可能在南海效仿俄罗斯吞并克里米亚之举动等。⑧

---

① Expanded role in strengthened alliance[N]. The Japan News,2014-04-25. See also Statement:Article 5 covers Senkakus[N]. The Japan News,2014-04-26.

② China plans military reform to enhance its readiness[N]. The Japan News,2014-01-03.

③ Japan-China COLD WAR 6 / After policy shift, China puts "core interests" to forefront[N].The Japan News,2014-03-18.

④ U.S. struggles to offer single voice in Asia policy[N]. The Japan News,2014-03-23.

⑤ Expanded role in strengthened alliance[N]. The Japan News,2014-04-25.

⑥ Japan-China COLD WAR / CPC decisions made under layers of veiled obscurity[N]. The Japan News,2014-03-20.

⑦ Alliance to lead Asia-Pacific[N]. The Japan News,2014-04-25.

⑧ Obama aims to change image of "weakness"[N]. The Japan News,2014-04-26.

8.拉拢东盟对付中国

日本虽然不是南海周边国家,但把南海问题作为既牵制中国、累积对华经验,又乘机将势力和影响渗透到南海地区的王牌,却是其多年来的盘算。安倍重夺政权之后,日本政府的这一策略表现得更加明显,按照英国杂志《经济学家》的说法,安倍是在向东南亚"勤勉求爱",因为在其上任第一年,就遍访了东盟十国。① 基于安倍内阁对东盟的重视,有关东盟的新闻也频现报端,尤其是与中国因南海纠葛而关系较为紧张的菲律宾和越南,更是常被日本媒体提及。在本研究所选的 25 篇文章中,提到东盟的有 9 篇(36%),提到菲律宾和越南的分别是 9 篇和 7 篇。为了更好地了解日本媒体对南海问题背景下的中国、日本、美国和东盟,特别是对菲律宾和越南的立场,这里不妨先对《日本新闻》的相关报道进行一下词法分析(lexical analysis)②。我们知道,词本身或在特定上下文中,是具有一定的褒贬或中性色彩的,而新闻工作者在遣词造句时也并非毫无意图,因此,研究报道中的用词,有助于更好地了解媒体的立场和观点。例如,在提到中国时,日本媒体一般使用的是带负面色彩的词,如"军费开支方面的戏剧性增长"、"对邻国构成威胁"、"空前的军事发展"、"使用军事和商业胁迫"、"入侵已升级"、"闯入……领海"、"教条式的反日宣传活动"、"中国和其一些亚洲邻国之间的摩擦加剧"、"实行军事集结及其他各种海上挑衅活动"、"领土主权声索缺乏国际法规定的证据"、"日益增长的地区野心"、"单方面的海上冒进"、"南海海上扩张"、"数次与……发生冲突"、"反复挑衅行为"等,由此将中国塑造成为一个咄咄逼人,又不愿遵纪守法的"侵略者"和"挑衅者"的形象。在提到日本与美国时,日本媒体多数情况下使用的是带正面色彩的词,如"日本要继续促进该地区安全"、"说服中国要意识到自己作为

---

① Japan-China COLD WAR / Tacics using WWII imagery should not go unanswered[N]. The Japan News,2014-03-13.

② 所谓词法分析,即分析媒体文本中对词语的选择和用意。分析文本的方法很多,词法分析是其中一种。

南海领土争议中的媒体角色研究

国际社会一成员的责任"、"日本的重要职责"、"奉行和平主义路线"、"称赞安倍的外交努力"、"加强越南海岸警卫队"、"日本帮助保卫友好国家,如菲律宾和越南等"、"维护法制"、"欣赏日本的明确支持"、"帮助东盟"、"支持改善东盟"、"促进东南亚的发展"、"加强东盟国家的海上监视能力"、"阻止中国单方面的海上冒进"、"强调安全航行的重要性"、"改善该区域的海上监视"、"帮助确保海上通道的安全"、"美国捍卫航行自由"、"支持东盟"、"建设多层次的合作关系"、"确保海上交通路线的安全"、"日本帮助保卫友好国家"等,以此塑造日、美两国所谓的见义勇为、帮助弱国抵御强国、热爱和平、捍卫航行自由与安全的"光辉"形象。至于东盟或东盟成员国菲律宾和越南,日本媒体通常将其描绘成既是受害者和需要帮助的弱者,但又不畏强暴,依法维护自身权益的形象,所选词诸如"越南国家主席张晋创(Truong Tan Sang)……欢迎来自日本的……发展援助"、"受到攻击"、"马尼拉根据联合国海洋法公约……提起诉讼"、"抗议北京对南海大部分区域的领土主权声称缺乏国际法规定的证据"、"担忧"等。

其实,钓鱼岛及其附属岛屿、南海诸岛及其附近海域自古以来就是中国的固有领土,中方对此拥有充分的历史和法理依据。尽管如此,以和平大局为重的中国政府还是在多年前提出了"搁置争议,共同开发"的倡议。近年来不断挑起事端的是日本和南海周边一些国家,而非中国,但中国为维护领土主权和海洋利益这一核心利益问题则不得不予以应对,这是有目共睹的。然而,日益右倾化的日本媒体不但不省察日本自身的行为,反倒颠倒是非,把中国描绘成主动挑事者,而把日本和菲律宾、越南刻画成为被动应对的受害者。如《日本新闻》写道:"中国已多次与菲律宾和越南因南海的南沙群岛和其他岛礁发生冲突"①;越南和菲律宾,或一些东盟成员国

---

① 21 navies support ban on radar-lock[N]. The Japan News,2014-04-22.

卷入了与中国的南海领土纠纷。① 似乎意在构建日本与东盟一些南海声索国的反华统一战线,《日本新闻》常常有意把钓鱼岛和南海这两个原属不同性质的主权争议问题相提并论,把中日之间的矛盾和中国与个别东盟国家之间的矛盾一概而论。比如,《日本新闻》无中生有地称:"去年一月,一艘中国护卫舰将其雷达锁定在东海海上自卫队的一艘驱逐舰。中国海军舰艇已多次在南海采取此类挑衅行为来对付菲律宾和越南。"②"中国通过在钓鱼岛附近的东海上的反复挑衅行为,已使与日本的紧张关系不断升级,同时也与东盟成员国在南海因领土主权争议而关系紧张。"③"中国最近在该地区采取的行动,包括在东海单方面宣布设立防空识别区,反复侵入钓鱼岛附近的日本领海。在南海也一样,中国一直在利用其军事力量,公开朝着扩大其领土和海洋权益的方向前进。"④

9.美化日本

近年来,日本社会右倾化的加剧,不仅体现在政客们的言谈举止上,还体现在新闻媒体的报道上。通过对本研究所选报道的分析,不难看出部分日本媒体具有保护右倾言论、维护安倍政权、协助当局诱导舆论的倾向。鹰派首相安倍自2012年年底重掌大权以来,便积极推动修改日本和平宪法,为解禁集体自卫权造势,妄图突破战后体制,制造区域紧张局势,成为亚洲安全的最大隐患,这是众所周知的,然而,日本一些媒体对此却熟视无睹,反而极力进行美化或加以辩护。例如,《日本新闻》对内阁官房长官菅义伟无理指责中国军费开支的言论颇为欣赏,认为"这样的立场是相当合

---

① Japan, U.S. to help ASEAN monitor seas[N]. The Japan News,2014-04-20. See also Alliance to lead Asia-Pacific[N]. The Japan News,2014-04-25; Obama aims to change image of "weakness"[N]. The Japan News,2014-04-26.

② EDITORIAL. Chinese military must strictly adhere to new code of conduct on safety at sea[N]. The Japan News,2014-04-25.

③ Expanded role in strengthened alliance[N]. The Japan News,2014-04-25.

④ EDITORIAL. Stronger Tokyo-Washington alliance key as a check on ambitious China[N]. The Japan News,2014-04-26.

理的";①针对中日因日本当局美化战争历史和安倍参拜靖国神社而展开的舆论战,《日本新闻》表达了对安倍内阁的海外公关活动的大力支持,通过引述日本驻英大使林景一(Keiichi Hayashi)刊载在《每日电讯报》上的反驳文章,日本媒体为安倍的拜鬼行径进行了诡辩,并转移话题,将矛头指向中国,还借《经济学家》的评论对安倍的"外交努力"大加赞赏,同时为日本如何在国际辩论舞台上战胜中国献言献策;②对于安倍试图拉近日俄关系而引起美国部分官员怀疑一事,《日本新闻》以美国专家和日本外交人士的话予以了辩解;③对于安倍卖力兜售的所谓"积极和平主义"战略,以及重新诠释和平宪法、解禁集体自卫权等不良企图,《日本新闻》亦予以了充分的肯定,称"积极和平主义"与美国希望日本承担更大责任的想法相吻合,且在峰会期间,奥巴马还对安倍欲借修宪达到行使集体自卫权的举动表达了感谢和支持。④

(三)日本媒体扮演上述角色的原因

日本媒体之所以会在南海领土争议中扮演上述角色,是有其深刻而复杂的社会历史背景因素的。这里主要从日本社会的右倾化、媒体与政府的关系、中日实力的此消彼长、日美联手对华等几大方面来加以阐述。

1. 日本社会的右倾化

据著名日本问题专家卓南生教授的研究,日本政坛自20世纪90年代初以来就已进入了"总保守化"的时代。⑤ 近年来,日本右翼势力公然美化

---

① EDITORIAL. China's blatant military buildup threatens peace in Asia-Pacific region[N]. The Japan News,2014-03-07.

② Japan-China COLD WAR / Tacics using WWII imagery should not go unanswered[N]. The Japan News,2014-03-13.

③ U.S. struggles to offer single voice in Asia policy[N]. The Japan News,2014-03-23.

④ Abe ready for full-on military drive[N]. The Japan Times,2014-03-28. See also U.S. eyes on Japan's security 2 / Japan, U.S. must deter "creeping aggression" at sea[N]. The Japan News,2014-03-28; Expanded role in strengthened alliance[N]. The Japan News,2014-04-10.

⑤ 卓南生.如何辨析日本的乱象与真相——兼论"从安倍到安倍"的日本走向[N/OL].[菲]世界日报,2013-06-28. http://www.worldnewsph.net/5/w_images/w01.html.

侵略历史、否认战争罪行、参拜靖国神社、篡改历史教科书、急于摆脱战后国际秩序。特别是安倍再度掌权之后,日本当局更是迫不及待、挖空心思地推行告别战后体制的政策,积极推动修宪路线,意图否定三大谈话。①日本政界的迅速右倾化,是历史与现实双重因素作用下的产物。首先,从历史来看,战后日本在美国"冷战"政策的荫庇下,从未对其侵略战争的严重罪行进行过认真的清算,更遑论道歉了,这为其右翼势力的生存与发展创造了有利条件。其次,自 20 世纪 90 年代以来,牵制日本的所谓三大法律保障,即"和平宪法"、"非核政策"和"专守防卫"也早已在日本右翼势力的操弄下名存实亡了。② 最后,在日本错误的历史教育和因泡沫经济破灭而导致的持续多年的经济低迷事实的双重作用下,日本这些年来对战争史观的扭曲已渐成气候,并非仅局限于少数右翼分子。例如,民意调查显示,对于安倍 2013 年参拜靖国神社的行为,竟有高达 84.1% 的日本国民予以认同。③ 而公然为日本军国主义招魂的影片《永远的零》的一炮走红,与日本为极端军国主义分子神风特攻队队员的遗物向联合国教科文组织申遗的行为,同样证明了"日益右倾的日本"。④ 至于日本网络右翼化的情形就更令人担忧了。按照日本媒体人秋山惣一郎的说法,所谓"网络右翼",就是"一群讨厌韩国或讨厌中国大陆、只局限于幻想、坚信日本正被韩国支配的这样一群人"。让他觉得可怕的是,网络右翼的主张正逐渐赢得普通民众的理解。⑤ 另一日本媒体人小田嶋隆亦认为,"网路政治化的倾向在日

---

① 即 1982 年的"宫泽谈话"、1995 年的"村山谈话"和 1993 年的"河野谈话"。
② 日本右翼势力为何猖獗[N/OL].学习时报,2014-09-24,http://news.xinhuanet.com/world/2012-09/24/c_123754877.htm.
③ 佚名.大陆北京青年报专文[N/OL].(台北)"中央日报"网路报,2014-01-12.http://www.cdnews.biz/cdnews_site/docDetail.jsp? coluid=110&docid=102607432.
④ 黄信怡.应该反制为军国主义招魂[N/OL].[菲]世界日报,2014-02-10.http://world-news.net.ph/post/907.
⑤ 日本朝日新闻专文——从东京都知事选举看网络右翼[N/OL].(台北)"中央日报"网路报,2014-02-12. http://www.cdnews.biz/cdnews_site/docDetail.jsp? coluid=110&docid=102640651.

本社会越发显著","只要表现出对中韩两国的坚决(强硬)态度,网上就会呈现出压倒性的拥护之声。"①长期致力于慰安妇等历史问题研究的明治大学特任教授大沼保昭在接受《朝日新闻》采访时,也谈到了日本人奇怪的"爱国心":"主张'爱国'和'日本人的骄傲'的人们却把反省过去日本发动战争的态度当成是一种'自虐',与之划清界限并摒弃这种反省倾向正在不断增强。"②《朝日新闻》则在一篇社论中感概道:"那个'多样化价值观互相理解的民主主义社会',如今已然摇摇欲坠",日本正呈现出"排他性言论充斥整个社会之势"。③ 在这样的社会大背景下,日本媒体的日渐右倾堕落是不可避免的,更何况安倍政权还有计划、有目的地采取了种种策略来推动日本媒体的右倾化。

2.媒体与政府的关系

安倍重返政坛的最大目标就是要实现日本"告别战后体制"的使命,④为此,安倍内阁必须努力营造适宜的舆论氛围,这自然离不开日本媒体的配合。而安倍也的确是个高度重视媒体和舆论,且善于宣传的日本首相。自重新上台以来,面对日本与周边国家的领土纠葛,安倍政府采取了一系列争取国内外舆论的举措,诸如在2013年8月1日宣布设立加强外宣的跨部委工作组;⑤2013年8月27日拨款10亿日元(约合1 000万美元)用

---

① 日本朝日新闻专文——安倍沉醉于"赞!"过度自信招致"失望"[N/OL].(台北)"中央日报"网路报,2014-01-06. http://www.cdnews.biz/cdnews_site/docDetail.jsp? coluid＝110&docid＝102599010.

② 佚名.日本朝日新闻专文——日本的爱国心[N/OL].(台北)"中央日报"网路报,2014-05-11. http://www.cdnews.biz/cdnews_site/docDetail.jsp? coluid＝110&docid＝102752187.

③ 佚名.日本朝日新闻社论——朝日记者受袭事件勿忘言论自由初衷[N/OL].(台北)"中央日报"网路报,2014-05-03.http://www.cdnews.biz/cdnews_site/docDetail.jsp? coluid＝110&docid＝102742677.(注:原文刊登在5月2日的《朝日新闻》上,原标题为《朝日支局袭撃「排他」に立ち向かう 》)

④ 卓南生.中日关系出了什么问题?(下)[N/OL].[菲]世界日报,2014-03-14. http://worldnews.net.ph/post/3700.

⑤ 佚名.安倍曾致信多名美议员敦促通过对华施压决议[N/OL].[菲]世界日报,2013-08-03. http://www.worldnewsph.net/6/i_images/i15.html.

于宣传钓鱼岛等争议岛屿为其"固有领土";①在其二度掌权的前14个月里,高达17亿日元的"官方机密费"中有相当一部分投到了媒体高层和意见领袖身上。他不但与较为听话的读卖集团、富士电视台等媒体领导层常见面,也与不那么听话的《朝日新闻》、《每日新闻》高层进行餐叙。而备受其推崇的《特定秘密保护法案》在国会的强行通过,更是使得"日本的言论自由和公众知情权被关进了'安倍笼子'"。在安倍的直接操控下,日本公共媒体NHK迅速右倾化,俨然成了"安倍的NHK",其他新闻媒体的批判声音也变得越来越弱,②即便有时仍不乏一些媒体发出相对客观、理性的声音,但大多是出自这些媒体对日本国家利益和日本外交可能受损的担忧,而非真正的反省。上述大沼保昭教授曾把造成日本现阶段扭曲爱国心的原因在很大程度上归咎于日本媒体的不当言论,他批评道:"宣扬'爱国'、'荣耀'的论客与'反省'历史的论客相互对立的'激变'模式不断被媒体渲染,对人们的思考持续产生影响。"③卓南生教授亦认为:"日本民众从'反战'、'恐战'、'厌战'到逐步'认可'或对安倍政府急速向右转感到'无奈',正是保守阵营战后长期以来营造的'舆论空气'的结果。"④日本民众对宪法态度的极大转变,是"日本鹰派政客与主流大众传媒长期以来携手合作、不懈努力的结果"。⑤ 当然,在南海领土争端中,日本媒体之所以愿意配合日本政府进行舆论宣传的一个关键因素,即在于南海对日本不言而喻的重要性,这在本章一开始就已论及。

---

① 佚名.日媒:日拨10亿日元宣传钓鱼岛等"领土主权"[N/OL].2013-08-29. http://world.cankaoxiaoxi.com/2013/0829/263361.shtml.
② 金赢.安倍政权推动日本媒体右倾化[J/OL].环球,2014(5),http://news.xinhuanet.com/globe/2014-02/28/c_133150645.htm,20140821.
③ 日本朝日新闻专文——日本的爱国心[N/OL].(台北)"中央日报"网路报,2014-05-11. http://www.cdnews.biz/cdnews_site/docDetail.jsp? coluid=110&docid=102752187.
④ 中日关系出了什么问题?(下)[N/OL].[菲]世界日报,2014-03-14.http://worldnews.net.ph/post/3700.
⑤ 如何辨析日本的乱象与真相——兼论"从安倍到安倍"的日本走向[N/OL].[菲]世界日报,2013-06-28.http://www.worldnewoph.net/5/w_inages/wol.htmt.

3. 中日实力对比的此消彼长

自20世纪90年代日本经济泡沫破灭以来，日本已长期处于经济停滞状态，即便是曾经呼声极高的"安倍经济学"似乎也挽救不了日本眼下的经济颓势，日本国民的普遍失落、迷茫心态可想而知。反观中国，自改革开放以来，中国抓住难得的发展机遇，成功实现和平崛起，不但经济总量于2010年超越日本，达到世界第二的水平，而且综合国力也大大提升，这更加剧了日本社会的集体危机感，从而在一定程度上使得日本政客中盛行的历史虚无主义思潮①得以滋生蔓延，日本右翼势力和媒体则借机散布"中国威胁论"，煽动狭隘民族主义和爱国主义情绪，并极力挑起中国与周边国家的矛盾和分歧。据卓南生教授的分析，当1996年日本试探性地抛出否定钓鱼岛搁置争议共识牌时，尚有四张王牌可对付中国，即"中国威胁论"、"两岸分裂"牌、"经济"牌和"北京怕乱"牌，然而，时至今日，日本当局所剩下的，恐怕就只有"中国威胁论"了。② 这就不难理解安倍内阁和部分日本媒体为何如此热衷于鼓吹"中国威胁论"了。应该说，借助东海、南海问题着力渲染"中国威胁论"，不仅能引爆日本国内的民粹情绪，还可能混淆视听、误导国际舆论，以唤起国际社会对日本的同情和对中国的谴责与提防，从而达到安倍政府不可告人的政治目的。冲绳主流媒体《琉球新报》就曾在2013年10月25日的社论中一针见血地指出："目前日本最大的威胁并非来自中国，而是以中国威胁论为幌子，企图颠覆日本和平主义的，以扩大军备为目的的政治趋势。"③

---

① 按照香港中评社评论员郭至君的说法，"当前日本政客中泛滥的历史虚无主义思潮的主要方向，就是彻底否定日本在二战犯下的战争罪行，否定军国主义的危害性，否定人类正义成果。" 详见郭至君.社评:日本大使反扣伏地魔帽子玩虚无主义[N/OL].2014-01-08.http://bj.crntt.com/doc/1029/6/6/4/102966449.html? coluid=93&kindid=3051&docid=102966449,20140108.

② 中日关系出了什么问题？（下）[N/OL].[菲]世界日报,2014-03-14, http://worldnews.net.ph/post/3700.

③ 佚名.日在宫古岛部署反舰导弹部队见此地为中国海军出入太平洋必经之地[N/OL].[菲]世界日报.2013-11-07. http://www.worldnewsph.net/4/i_images/i02.html.

4.日美联手对华

日本之所以敢冒天下之大不韪,越来越大胆地公开挑战战后国际秩序,与美国的撑腰不无关系。其实,早在 1996 年 4 月 17 日发布的旨在重新定义美日安保的"日美安全保障联合宣言"中,两国就已确定了三大重点:(1)双方的"假想敌"由苏联转向中国;(2)重申美国奉行"以日制中"的策略;(3)将两国安保条约范围由远东扩大至亚太。① 也就是说,冷战结束后,中国就已取代苏联,成为美日共同的"假想敌"。近年来,今非昔比的美国国力,更让日本看出了美国若想牵制中国,就免不了让日本扮演更重要角色的事实。而多年来内政外交一筹莫展的奥巴马前政府,也极力想使重返亚太、牵制中国发展成为其外交亮点。就在 2014 年 11 月 16 日结束的二十国集团(G20)峰会上,奥巴马再次强调了美国在亚太地区的领导力,表示美国将加深对该区域的介入,并宣称这将是其"外交政策的根本焦点",同时重申"无人应当质疑我们(指美国)对盟友的决心和承诺"。② 可想而知,面对综合实力日趋增强的中国,日美两国难免焦虑不安、烦恼不已,双方联手对华自在情理之中。一方面,美国既然推行"以日制中"的政策,在自身国防预算大幅削减的情况下,必然会允准日本采取主动防御措施,这将涉及修宪以使日本获得集体自卫权等,因此,奥巴马公开表示支持日本修改宪法解释的做法也就不足为奇了;③ 另一方面,一心想恢复日本昔日"辉煌"的安倍内阁也希望能在美日同盟的荫蔽下实现"强大日本"的战略,故而对日美同盟极其重视,更何况因中国日渐强大而引爆的日本民

---

① 中日关系出了什么问题?(下)[N/OL].[菲]世界日报,2014-03-14,http://worldnews.net.ph/post/3700.

② 佚名.奥巴马放话美当老大抗俄指出俄入侵乌对世界造成威胁[N/OL].[菲]世界日报,2014-11-16. http://worldnews.net.ph/post/23119.

③ Alliance to lead Asia-Pacific[N]. The Japan News,2014-04-25. See also Expanded role in strengthened alliance[N]. The Japan News,2014-04-25;Statement:Article 5 covers Senkakus[N]. The Japan News,2014-04-26.

粹情绪也使日本民意拥护亲美路线,①这便是"国益至上"的日本媒体为何如此关注美方动态,并努力倡导加强日美同盟关系的重要原因。

(四)日媒南海问题相关报道存在的问题

接下来我们再分析一下日本媒体在南海问题相关报道中明显存在的一些问题。

1.滥用匿名消息来源

在相关报道中,日本媒体大量使用匿名消息来源,甚至已达到了滥用的地步。经统计,在本研究所涉及的25篇报道中,至少有13篇文章的30处地方使用了匿名消息来源,比例之高,数量之多,令人瞠目结舌。诸如"据中国高级军官和其他消息来源称"、"中国一名高级军官称"②、"观察家们认为"③、"一位资深的外交部官员指出"④、"据日本官员称"⑤、"专家们指出"⑥、"根据一美国政府消息来源"⑦、"据消息人士透露"⑧等字眼比比皆是。众所周知,消息来源是新闻制作过程中的一个重要环节,在众多的消息来源中,匿名消息来源最具争议性,也最容易让人对新闻的真实性和媒体的公信力质疑。虽说匿名消息来源的使用有时是难以避免的,但在使用之时却要慎之又慎,因为它向受众隐匿了可信性这一重要的新闻要素,而按照职业新闻记者协会(SPJ)的规定,"公众应该有尽可能多的信息来判断消息来源的可靠性"。正是基于消息来源可在很大程度上决定传媒的声

---

① 佚名.美日深层战略矛盾浮现[N/OL].(台北)"中央日报"网路报,2014-03-16.http://www.cdnews.biz/cdnews_site/docDetail.jsp? coluid=110&docid=102680560.
② China plans military reform to enhance its readiness[N]. The Japan News,2014-01-03.
③ China to increase defense spending by 12.2% in '14[N].The Japan News,2014-03-06.
④ Japan-China COLD WAR / China media fabricates "victory" over Japan[N]. The Japan News,2014-03-14.
⑤ Vietnamese leader welcomes fresh aid from Japan[N]. The Japan Times, 2014-03-19.
⑥ Japan-China COLD WAR / CPC decisions made under layers of veiled obscurity[N]. The Japan News,2014-03-20.
⑦ U.S. struggles to offer single voice in Asia policy[N]. The Japan News,2014-03-23.
⑧ Kishida:Japan backs Philippine lawsuit[N]. The Japan News,2014-04-13.

誉这一事实,故西方主流媒体往往对消息来源,特别是匿名消息来源的使用极其慎重,且制定了具体可操作的规范。如路透社明文规定:"不要用'可靠人士'、'消息灵通人士'、'圈内人士'等作为消息来源。"法新社要求:"通讯社的一切消息必须有来源。"英国《金融时报》指出:"可靠信息源和准确地交代出处对树立报纸的权威性至关重要。"很难想象,日本媒体会在相关报道中如此频繁地使用匿名消息来源,这不由得让人对其报道的真实性和报道动机质疑,因为据法新社,"'观察家'一词及其类似称呼(专家、主管人员)带有主观色彩,容易叫人怀疑这种所谓的观察家、专家……就是消息作者本人"。另据《金融时报》,"一篇报道若充斥着'消息灵通者'、'可靠消息'等含糊表述,容易使读者产生报纸肯定在隐瞒真相的联想"①。据此推断,日本媒体如此喜好隐匿消息来源,如若不是不懂得消息来源的使用规范的话,就应该是有其不可告人的用意吧。

2.散布不实言论和信息

中国国际问题专家华益文把日本搅局南海的惯用伎俩形象地归纳为"无理狡三分,睁眼说瞎话"。② 在南海问题有关报道中,日本媒体也采用了这一伎俩。举几例来说,日本媒体常常毫无事实根据地指责中国"对周边国家使用军事和商业胁迫"、③"对那些对其利益构成威胁的国家施加了毫不留情的政治和经济压力"④;中国政府公务船在中国固有领土钓鱼岛和南海诸岛周边海域巡航,以宣示主权的正当行为,被日本媒体诬蔑为对

---

① 朱彦荣.国外知名媒体有关"消息来源"的使用规范[J/OL].2005-08-17. http://news.xinhuanet.com/newmedia/2005-08/17/content_3366355.htm.

② 华益文.人民日报:日本搅局南海祸心昭彰[N/OL].2014-06-13. http://news.xinhuanet.com/world/2014-06/13/c_126614176.htm.

③ Japan-China COLD WAR / Tacics using WWII imagery should not go unanswered[N]. The Japan News,2014-03-13.

④ Japan-China COLD WAR 6 / After policy shift, China puts "core interests" to forefront[N].The Japan News,2014-03-18.

南海领土争议中的媒体角色研究

他国领海的入侵;①尽管包括习近平主席在内的中国领导层不断在多个国际场合强调中国坚持走和平发展道路的决心和意志,日本媒体对此却置若罔闻,一再宣称"中国正试图通过武力改变亚太地区的现状"。② 事实上,恰恰是日本将钓鱼岛"国有化"的不当行径导致了中日关系现状的改变;对中国划设东海防空识别区一直愤愤不平的《日本新闻》在报道中散布中国像对待领空一样对待防空识别区的谣言;③《日本新闻》还不怀好意地把中国正常的军队建设说成是"为了在亚太地区争霸";④日本媒体也以《公约》"没有对专属经济区内的军事活动进行限制,包括没有对在该区域内从事信息收集的军舰航行进行限制"为依据,抨击中国阻止美军在中国专属经济区内执行侦察任务的行为。其实,《公约》第五十八条"其他国家在专属经济区内的权利和义务"规定,"第八十八至第一一五条以及其他国际法有关规则,只要与本部分不相抵触,均适用于专属经济区",而据《公约》第八十八条规定,"公海应只用于和平目的"。因此,对于美军在中国专属经济区内侦察这种近似挑衅的行为,中国是有权予以制止的,这完全合乎国际法的规定。日本媒体这种歪曲事实、混淆视听的行为,只能以其法律知识贫乏或居心叵测来予以解释。至于日媒对中菲黄岩岛对峙事件中中方行为的抹黑,则是比菲律宾媒体有过之而无不及。黄岩岛事件系由菲律宾最大海军军舰非法袭扰中国正常作业的渔船所引起的,但在日媒的笔下,却

---

① Japan-China COLD WAR / Tacics using WWII imagery should not go unanswered[N]. The Japan News,2014-03-13. See also EDITORIAL. China's blatant military buildup threatens peace in Asia-Pacific region[N]. The Japan News,2014-03-07; Japan-China COLD WAR 6 / After policy shift, China puts "core interests" to forefront[N]. The Japan News,2014-03-18.

② Deal with economy, China to ensure Japan can rise again[N]. The Japan News,2014-01-01. See also EDITORIAL. China's blatant military buildup threatens peace in Asia-Pacific region[N]. The Japan News,2014-03-07.

③ Deal with economy, China to ensure Japan can rise again[N]. The Japan News,2014-01-01.

④ EDITORIAL. China's blatant military buildup threatens peace in Asia-Pacific region[N]. The Japan News,2014-03-07.

变成了是中国精心策划的。在整个事件的始末,中国并未派出任何军舰,始终保持自我克制,这与日媒的如下报道明显不符:"2012年,中国通过派遣渔船赴该海域(即黄岩岛海域——笔者注)而使该有争议领土置于其有效控制中。接着这些渔船被渔业巡逻船、近海巡逻舰和海军舰艇所包围,中国声称这些船是被派去保护渔船,以此来捍卫自己的行动。"①近年来,中日关系因钓鱼岛问题每况愈下,其责任全然在于日方,这是连美国前总统卡特都认同的,他在接受媒体采访时谈道:"其实问题的根源就在于前东京都知事石原慎太郎。他'买'下钓鱼岛的举动,破坏了中日之间某种相对和平的关系。他当时要'买'岛,并将岛变成日本的观光胜地,使得紧张关系由此开始。"②不过,日本媒体对此却闭口不谈,反将矛头指向中国,不断诋毁中国在钓鱼岛周边海域的所谓"挑衅"、"霸道"行为。③

3.存在片面偏颇的报道

通过片面偏颇的报道来歪曲事实,这同样是日本媒体相关报道中存在的不容忽视的问题。以2013年12月5日发生的所谓中美军舰南海对峙事件为例,这原本是因美国军舰"考本斯号"无视中国海事局网站发布的禁航令,抵近侦察在南海执行训练任务的中国航母编队引起的,④但《日本新闻》不知出于何种目的,直至2014年3月19日还在炒冷饭。报道通过片面引述美国官方的一面之词和刻意盘点历史上发生的类似事件,来极力鼓

---

① Japan-China COLD WAR / China's maritime aggression distorts international norms[N]. The Japan News,2014-03-19.

② 美国前总统卡特:中日关系恶化因日本挑起争端[N/OL].[菲]世界日报,2014-09-10.http://worldnews.net.ph/post/17912.

③ Japan-China COLD WAR / CPC decisions made under layers of veiled obscurity[N]. The Japan News,2014-03-20. See also Kishida:Japan backs Philippine lawsuit[N]. The Japan News,2014-04-13;Expanded role in strengthened alliance[N]. The Japan News,2014-04-25;EDITORIAL. Stronger Tokyo-Washington alliance key as a check on ambitious China[N].The Japan News,2014-04-26;Statement:Article 5 covers Senkakus[N]. The Japan News,2014-04-26.

④ 佚名.中美舰船南海对峙:美方舰长曾与辽宁舰舰长进行沟通[N/OL].环球时报,2013-12-17. http://news.ifeng.com/mainland/special/zhongmeinanhaiduizhi/content-5/detail_2013_12/17/32187849_0.shtml.

南海领土争议中的媒体角色研究

噪中国海军之"冒险行径和好斗行为",并将其列入中日关系恶化系列报道之七。同样的,在关于中国设立东海防空识别区和中菲黄岩岛对峙事件的报道中,日媒闭口不提日本将钓鱼岛"国有化"及菲律宾军舰对中国渔船的挑衅行为等前提因素,而是一味地谴责中国。① 至于有关中国国防预算方面的报道,日媒的报道更是偏颇,这在前文已提及,这里不再赘述。日本媒体的种种片面偏颇报道,严重地损害了中国的国际形象,应当引起有关当局的重视和应对。

三、研究结论

本书以日本最大的英文报纸《日本新闻》和最古老的英文报纸《日本时报》为例,采定性的文本分析法为主,定量的内容分析法为辅的混合研究方法,对上述日媒有关南海问题报道进行了较为系统深入的研究,以揭示日本媒体在南海有关争议中扮演的角色,剖析其背后的原因和动机,并指出相关报道中存在的问题。研究发现,在南海有关争议背景下,日本媒体既是重要的信息源,又是"中国威胁论"的鼓吹者和中国不良形象的捏造者;相关报道既充斥着对中国的批评和不满言论,又不乏美化日本、维护安倍政权之言论;日媒既试图破坏中外关系,挑动地区对立,又极力渲染紧张气氛;既对美方动态高度关注,又冀拉拢东盟来对抗中国。在日本社会迅速右倾化、安倍政权软硬兼施、中日实力对比此消彼长,以及日美携手制华等多重因素的作用下,日本媒体扮演了上述角色。由于报道主题敏感复杂,报道立场鲜明,日媒相关报道中存在着一些违背新闻专业主义精神的问题,如滥用匿名消息来源,传播不实言论和信息,充斥片面偏颇报道等。这些虽对日本媒体自身的声誉和形象有损,但基于日媒丰富的舆论资源、较强的舆论引导力和影响力,其相关报道对中国国际形象的破坏不可等闲视之。

---

① Japan-China COLD WAR / China's maritime aggression distorts international norms[N]. The Japan News,2014-03-19.

第3章

南海领土争议中的菲律宾媒体角色研究

南海领土争议中的媒体角色研究

一、引言:研究背景和研究对象

在 2010 年伊始的新一轮南海风波中,菲律宾一直充当对抗中国的"急先锋"。尽管中菲两国在国力、军力等硬实力方面存在着巨大的差异,甚至有媒体调侃道,菲律宾若想与中国抗衡,恰似"蚂蚁战大象一般"不自量力,①但多年来从未放弃窃据中国南沙某些岛礁的菲律宾阿基诺三世前政府还是一直利用包括大众传媒在内的多种渠道向中国发难,企图通过营造国际舆论来达到搅浑南海局势,伺机捞取更多实惠的目的。由于近些年来,国际形势风云变幻,特别是受美国全球战略重心东移的影响,南海问题日益成为国际社会的关注焦点之一,加之菲律宾主流媒体具有在语言、文化、意识形态等方面与西方媒体较为相似的天然优势,又得到了美国和日本等域外大国的撑腰,故菲媒有关南海问题的报道在国际舆论界所产生的影响不容小觑。

鉴于《菲律宾每日问询者报》(*The Philippine Daily Inquirer*,下文简称《问询者报》)是菲律宾最具影响力的头号英文报纸,不但拥有菲律宾报业市场一半的份额,其网站据称还是"世界最热门的新闻网站",日均网页浏览量达到了 100 万,②且《问询者报》还是与菲律宾阿基诺三世前政府步调高度契合的英文大报,因此,本章拟以该报为例,探讨菲律宾主流媒体是如何利用话语来影响与操控舆论,并在此基础上总结菲媒在南海领土争议中饰演的各种角色。

二、研究方法:批评性话语分析法

本研究将采用以批评性话语分析法(critical discourse analysis)为主的定性研究方法。在当今的媒介与文化研究领域,尤其是在欧洲学术界,学者对使用批评性话语分析法来分析文本和口语的兴趣越来越浓厚。批

---

① 周旭.菲媒批阿基诺挑衅性言辞恐将激化中菲矛盾[EB/OL].2014-08-08. http://world.huanqiu.com/exclusive/2013-08/4222325.html.

② About us[EB/OL].http://www.inquirer.com.ph/about-us-2/.

评性话语分析法是基于语言学的一种研究方法,其总体目标为把语言分析(linguistic analysis)和社会分析(social analysis)联系起来。① 使用这种研究方法,可以对文本和语言进行更系统的分析,可以更精确地揭示说话人和作者是如何利用语言和语法特点来创造意思,说服人们以特定的方式思考,有时甚至试图操控受众的想法,同时将自身的意图巧妙地隐藏起来。② 批评性话语分析法认为,"语言是权力的媒介,可用来积淀权力的不平等,并使极不公正的社会关系合法化","语言的使用可能是意识形态的","话语是历史性的,只有放在与其相关的语境中才能理解"。③ 借助批评性话语分析法的多种工具,本章将对《问询者报》南海问题相关报道的标题和正文进行深层次剖析,以揭示语篇中潜在的意图和隐含的意识形态,并以此为基础归纳菲媒在南海岛礁争端中发挥的作用。

通过相关数据库,本章以"South China Sea"(南中国海)或"Spratly"(南沙群岛)或所谓的"West Philippine Sea"(西菲律宾海)为关键词,随机抽取了《问询者报》在 2014 年 11 月刊载的有关南海的新闻报道,经过人工筛选,共获得 21 篇报道,作为本章的研究对象。

三、探讨与分析

(一)对标题的分析

众所周知,对一篇新闻报道而言,标题的重要性不言而喻,它恰似新闻的"眼睛",是新闻内容和中心思想的高度浓缩与概括,承担着向读者提供新闻中最具价值、最为重要的事实和观点的任务。好的新闻标题,能吸引读者的注意,使其产生继续阅读新闻其他部分内容的冲动。而对于无暇阅

---

① RICHARDSON J E. Analysing newspapers:An approach from critical discourse analysis[M]. New York:Palgrave Macmillan,2007:26.

② HANSEN A, MACHIN D. Media & communication research methods[M]. New York:Palgrave Macmillan,2013:115.

③ RICHARDSON J E.Analysing Newspapers:An approach from critical discourse analysis[M].New York:palgrave Mocmillar.2007:13-14,27.

南海领土争议中的媒体角色研究

读新闻正文的读者来说,新闻标题则是其了解新闻内容的窗口,特别是在注意力越来越稀缺的当今时代,新闻标题的重要性越发凸现出来。因此,一般来说,标题是非常需要新闻工作者多下苦功的。事实上,新闻标题不仅发挥着负载新闻、传递信息的作用,有时还能在某种程度上揭示媒体或记者对新闻事件的立场和观点。也就是说,透过对新闻标题的解读,多少能了解媒体或记者的报道意图,尤其是对于类似南海问题这种高度敏感的政治议题而言,更是如此。

为便于分析,本章把所选的 21 篇报道的标题及其中文翻译按照见报时间的先后顺序排列出来,详见表 3-1。

表 3-1　21 篇报道的标题

序号	见报日期	标题
1	2014-11-7	Poaching continues in disputed territory "偷猎行为"在争议海域继续进行
2	2014-11-8	Aquino to meet ASEAN, Apec leaders next week 阿基诺将于下周会见东盟和亚太经贸合作组织领导人
3	2014-11-10	More Chinese visited PH in first 7 months of 2014 than in 2013-Senate 2014 年前 7 个月到访菲律宾的中国人比 2013 年多,参议院说
4	2014-11-11	Aquino, secretaries learn from China, eye successful Apec in PH 阿基诺和秘书们正向中国学习,目光瞄准将在菲律宾召开的亚太经合组织会议
5	2014-11-11	China plays gracious host to PH delegation 中国热情款待菲律宾代表
6	2014-11-14	Aquino dares China: Act 阿基诺向中国挑战
7	2014-11-17	Electoral losses undercut Obama clout in Asia 选举失利削弱了奥巴马在亚洲的影响力
8	2014-11-18	Philippines offers to help Turkey fight IS 菲律宾提出要帮助土耳其抵抗"伊斯兰国"
9	2014-11-19	SC justices: Senate Edca's proper forum 最高法院法官:参议院是"加强防务合作协议"的合适论坛

续表

序号	见报日期	标题
10	2014-11-24	DFA to verify reports China building airstrip, naval base on disputed reef 外交部将核实中国在争议岛礁上建设飞机跑道和海军基地的报道
11	2014-11-24	Palawan RTC convicts 9 Chinese of poaching off Palawan 巴拉望地区法庭宣告9名在巴拉望外"偷捕鱼"的中国人有罪
12	2014-11-25	Gov't lawyer:"Edca not the answer to all our problems" 政府律师:"'加强防务合作协议'不是解决我们所有问题的答案"
13	2014-11-25	2 Vietnamese ships in Manila amid sea tension 在海洋形势紧张之际,2艘越南船只在马尼拉
14	2014-11-25	DFA confirms China reclaiming land on Kagitingan Reef 外交部证实中国在永暑礁填海
15	2014-11-26	PH helpless in stopping China's reclamation work in disputed seas 菲律宾无力制止中国在争议海域的填海活动
16	2014-11-26	SolGen:Not sure of US defense of PH vs China 副检察长说:不确定美国是否会在中菲对抗时保护菲律宾
17	2014-11-27	Bill filed reviving ROTC for college students 提交在大学生中恢复强制性后备役军官训练军团的议案
18	2014-11-27	Beijing defies PH court ruling on Chinese poachers 北京藐视菲律宾法院对中国"偷捕鱼者"的裁决
19	2014-11-27	PH to Chinese poachers:Pay fines 菲律宾对中国"偷捕鱼者"的惩处:支付罚金
20	2014-11-27	PH protest won't affect ties with China-DFA 外交部认为:菲律宾的抗议不会影响对华关系
21	2014-11-28	China urged to respect PH justice system 敦促中国应尊重菲律宾的司法体系

1.对主语的分析

基于上述英文标题绝大部分是以句子的形式呈现,这里将从分析标题的主语入手。按照从左到右的阅读习惯,此类标题的主语通常是读者最先看到、印象最深刻的部分,故而也往往是作者强调或关注的重点。如在标题1[Poaching continues in disputed territory("偷捕鱼行为"正在争议海域继续进行)]中,主语"Poaching"(偷捕鱼行为)应该是记者有意突出并希望引起读者注意的首要对象。按照批评性话语分析法,将"偷捕鱼行为"作为主语,其实是采用了客体化/拟人化(objectification/personification)的手法,即通过"将人的特质或能力赋予抽象或无生命的东西",而隐藏了"真正的代理人或进程"①。也就是说,通过将"偷捕鱼行为"作为主语,回避了在标题中说明谁是"偷捕鱼者",因为从本则新闻的内容来看,海龟的真正"偷捕鱼者"其实是菲律宾人,中国商人只不过是购买者而已。可以想象,倘若中国人是偷捕鱼者的话,记者极有可能早已将"中国人"作为主语或至少在标题其他地方呈现了。这点可以从标题11[Palawan RTC convicts 9 Chinese of poaching off Palawan(巴拉望地区法庭宣告9名在巴拉望外"偷捕鱼"的中国人有罪)]那得到印证,由于这是一则关于9名涉嫌所谓"偷捕鱼罪"的中国人被定罪的消息,故而作者在标题中点出了"9 Chinese"(9个中国人)。但至于为何不是将"9 Chinese"(9个中国人),而是把"Palawan RTC"(巴拉望地区法庭)作为主语,则可能意在强调中国"偷捕鱼者"是被菲律宾"权威法律机构"判定为有罪的,由此显示菲律宾是在依法办事。此外,在同样涉及"偷捕鱼"的标题19[PH to Chinese poachers: Pay fines(菲律宾对中国"偷捕鱼者"的惩处:支付罚金)]中,记者也不忘指出是"Chinese poachers"(中国"偷捕鱼者")。采用客体化/拟人化手法的还有标题7[Electoral losses undercut Obama clout in Asia(选举失利削弱了奥巴马在亚洲的影响力)],通过将"Electoral losses"(选举失利)作为主语,记者也许意在强调是选举失利导致奥巴马前总统在亚洲的影响力被削弱,这其实是在某种程度上减轻了奥巴马本人所应承担的责任。

标题3、4、5、15均采用了主动而非被动语态,但用意有所不同。例如,同样提到中国与菲律宾,标题3[More Chinese visited PH in first 7

---

① HANSEN A, MACHIND. Media & communication research methods[M]. New York: Palgrave Macmillan,2013:143.

months of 2014 than in 2013-Senate(参议院说,2014 年前 7 个月到访菲律宾的中国人比 2013 年多)]将"More Chinese"(更多中国人)置于主语位置,似乎旨在显示尽管中菲关系因南海问题日趋紧张,但并未影响到更多中国游客主动到访菲律宾,2014 年前 7 个月前往菲律宾的中国游客甚至超过了 2013 年的总人数;标题 15[PH helpless in stopping China's reclamation work in disputed seas(菲律宾无力制止中国在争议海域的填海活动)]则把"PH"(菲律宾)作为主语,意在塑造菲律宾面对中国填海活动之无能为力的所谓"弱者"形象,希望以此"扮可怜"来谋求国际舆论之同情,这是菲律宾的惯用伎俩。标题 4[(Aquino, secretaries learn from China, eye successful Apec in PH)阿基诺和秘书们正向中国学习,目光瞄准将在菲律宾召开的亚太经合组织会议]和标题 5[China plays gracious host to PH delegation(中国热情款待菲律宾代表)]均是关于 2014 年在中国召开的亚太经合组织会议,但标题 4 将菲律宾代表,即"Aquino, secretaries"(阿基诺和秘书们)作为主语,而将"China"(中国)作为宾语,而标题 5 则相反。可以推测,标题 4 是为了强调阿基诺三世及其秘书们积极主动地向中国取经;而标题 5 则意在突出中国的主动性,似有中国主动要与菲律宾改善关系之含义,以此来满足菲媒及其部分读者的虚荣心理。与标题 4、5 相类似的是标题 6[Aquino dares China:Act(埃基诺向中国挑战:行动)]和标题 18[Beijing defies PH court ruling on Chinese poachers(北京藐视菲律宾法院对中国"偷捕鱼者"的裁决)]:标题 6 将"Aquino"(阿基诺)作为主语,而把"China"(中国)作为宾语,意在凸显阿基诺三世敢于挑战中国的"不畏强暴"的"个人英雄"形象;与之相反,标题 18 将"Beijing"(北京)作为主语,而把"PH court ruling on Chinese poachers(菲律宾法院对中国"偷捕鱼者"的裁决)"作为宾语,旨在突显中国对菲律宾法律的"藐视"。

在这些标题中,仅有两个用到了被动语态,即标题 17[Bill filed reviving ROTC for college students(提交在大学生中恢复强制性后备役军官训练军团的议案)]和标题 21[China urged to respect PH justice system

(敦促中国应尊重菲律宾的司法体系)]。采用被动语态的好处在于,首先,无须在标题中述及施事者,以免标题过于冗长;其次,对标题17而言,将受事者"Bill"(议案)作为主语,可以避免头重脚轻,而对标题21而言,将受事者"China"(中国)置于句首,故意塑造中国不尊重菲律宾司法体系之形象。

2.对谓语的分析

接下来再分析一下标题的谓语动词。标题中谓语动词的使用同样能对意思的表达起到关键的作用,例如,标题1将"continues"(继续)这个动词用作谓语,意在强调"偷捕鱼"行为长期存在,持续不断,屡禁不止,让人反感。标题6的谓语动词"dares"兼有"敢于"和"向……挑战"之含义,以凸显前总统阿基诺三世敢于向中国挑战的"硬汉"形象。标题8[Philippines offers to help Turkey fight IS(菲律宾提出要帮助土耳其抵抗伊斯兰国)]的谓语动词"offers"(提出)的使用,说明了是菲律宾主动要求的,不论菲方是否真有能力做到,至少表明了菲律宾主动协助反恐的态度。标题14[DFA confirms China reclaiming land on Kagitingan Reef(外交部证实中国在永暑礁填海)]的谓语动词"confirms"(证实)表明中国在永暑礁的填海活动已得到了菲外交部的确认,是确有其事。在标题18中,谓语动词"defies"(藐视)一词的使用,突显中国不把菲律宾法院的裁决放在眼里,让人产生中国不尊重菲律宾司法体系,一味偏袒中国"偷捕鱼者"的感觉。

在英文标题中,有时会用到情态动词,因为"情态动词表达了肯定的程度",而那些"表达高肯定程度的情态动词可能可以用来说服人们"[①]。在表3-1所列的21个标题中,只有标题20[PH protest won't affect ties with China-DFA(外交部认为:菲律宾的抗议不会影响对华关系)]用到情态动词"won't",似乎意在说服读者:菲律宾对中国的抗议,一定不会影响到中菲关系。但问题是,这是否也是菲媒或菲外交部的自我安慰或自欺欺人呢?

---

① HANSEN A, MACHIND. Media & communication research methods[M]. New York: Palgrave Macmillan, 2013: 134.

3.对引语的分析

标题中若含有引语的话,将说话者置于所说内容的前面或后面也颇能说明问题。比如,标题 3 把话语的出处"Senate"(参议院)搁在所说话语的后面,表明话语的内容比说话者更重要。而标题 9[SC justices: Senate Edca's proper forum(最高法院法官:参议院是"加强防务合作协议"的合适论坛)]和标题 12[Gov't lawyer:"Edca not the answer to all our problems"(政府律师:"'加强防御合作协议'不是解决我们所有问题的答案")]均把说话者置于所说内容的前面,意在突出是权威人士或专家的说法,从而可能使其话语内容更具权威性和说服力。标题 20 也是将话语搁在前面,而把话语来源"DFA"(菲外交部)置于后面,一方面凸显所说话语的重要性,另一方面则弱化了说话者的角色,使人不那么注意说话者是谁,以避免菲外交部一厢情愿的感觉,但由此透露出来的另一种信息则可能是,菲媒其实是颇在意菲律宾的抗议是否会影响到对华关系的。

(二)对正文的分析

按照批评性话语分析法支持者的观点,在使用语言呈现或描述现实社会时,并无所谓的中立形式,因为人们在选用词语时是有动机的,且这些词总承载着某种意义和价值。即便有人说,"这是酷热难耐的一天",他们所选择的形容词也是经过主观评估的。不过,对于那些未曾接受过专门培训的受众来说,他们则可能难以准确察觉到这一过程是如何在其日常碰到的语言中进行的,即便他们或许经常感觉自己受到了以某种特定的方式来思考的鼓励。在这些情况下,人们可能会意识到说话者或文本生产者正在做的是什么,但却不确定他们是如何做到的,而批评性话语分析法所要做的,就是研究说话者或文本生产者是如何应用语言来巧妙地传达想法和价值。①

批评性话语分析法拥有一系列工具来揭示语篇中的想法、价值和观

---

① HANSEN A, MACHIND. Media & communication research methods[M]. New York: Palgrave Macmillan, 2013:116-117.

点,这些在初次阅读文本时,可能并不明显,其意思往往被"隐埋"在文本中,因其生产者试图隐瞒,或尽量使其不露声色。① 接下来笔者将借助这些工具,对所选新闻报道的正文进行深入分析。

1.过度词汇化(over-lexicalisation)

所谓过度词汇化,是指文中大量使用特定词语及其同义词,或有过渡描述之嫌,这往往是表明某事或某物"有问题或存在意识形态上争议的证据"。当然,此类词语也常用来隐藏真正的行动。② 例如,在有关"偷捕鱼"的两则新闻③中,记者故意采用了一系列词语来形容捕获海龟之濒危、数量之多及其状态之堪忧:

①rare, threatened or endangered species 稀有的、受威胁的或濒危的物种

② They yielded 216 live turtles, like Green Sea and Hawks Bill considered all critically endangered species of wildlife, and 381 assorted dead turtles.他们(指渔民——笔者注)捕获了 216 只活海龟,诸如绿海龟和玳瑁均被视为极危野生物种,还有 381 只各类死海龟。

③Endangered marine turtles believed to be ready to be sold live to Chinese traders …濒危海龟被认为准备活卖给中国商人……

④Fortynine turtles, mostly adults with some weighing over 200 kilograms 40 只海龟,大部分是成年的,一些重达 200 千克以上

⑤The poached green sea turtles, classified as endangered species…遭非法捕获的绿海龟,被列为濒危物种……

---

① HANSEN A, MACHIN D. Media & communication research methods[M]. New York: Palgrave Macmillan,2013:116.

② HANSEN A, MACHIN D. Media & communication research methods[M]. New York: Palgrave Macmillan,2013:123.

③ TORRES-TUPAS T. Palawan RTC convicts 9 Chinese of poaching off Palawan[N]. Philippines Daily Inquirer,2014-11-24.See also ANDA R. Poaching continues in disputed territory[N]. Philippines Daily Inquirer,2014-11-07.

毋庸置疑,作者之所以如此不惜笔墨大肆渲染,其意应在于突显遭捕获的动物品种之珍稀、数量之庞大,以此引起读者对这些动物处境的同情和担心,并进而对"偷捕鱼者"产生反感,甚至予以谴责。而透过一再将中国人与"偷捕鱼者"联系起来,菲媒希望将读者对"偷捕鱼者"的反感引向对中国人或中国文化的反感,从而达到破坏中国国际形象的目的。同时通过反复强调事件发生的地点是在所谓的"争议海域",而把"偷捕鱼"行为与南海争议联系在一起,由此可能使人由中国人所谓的"非法采购或捕获濒危动物的行为"联想到中国对南海声索正当性的质疑,甚至可能让人联想到,一旦中国拥有南海岛礁,对其中的珍稀野生动物来说,将是灾难性的。

2.命名与指称(naming and reference)

学者克雷斯(Kress)和费尔克拉夫(Fairclough)认为,人们在语篇或演讲中被命名的方式可对其如何被看待产生重要的影响。当我们指称某人时,有一系列的命名选择,这使我们能突出希望引人关注的某些特点,而对其他特点保持缄默。另一学者冯·戴伊克(Van Dijk)指出,新闻通过他所谓的"意识形态棱角"(ideological squaring)使我们或与人结盟,或反对他们。他揭示了语篇是如何借助指称的选择来创造对立面,以使事件和问题简单化,且往往是出于控制意思之目的。① 在本章所选报道中,当指称中国时,《问询者报》常用的词语有:aggressive intrusion(积极的入侵),giant neighbour(大块头邻居),bellicose approach(好战方式),China's aggression(中国的挑衅),incursion(侵入),China's aggressive territorial claims(中国咄咄逼人的领土声索),China's aggressive pursuit(中国咄咄逼人的追求),Chinese encroachment(中国的蚕食)。有些词汇虽然没有明说是指中国,但根据语境,显然就是指中国,如 coercion or intimidation(胁迫或恫吓),bully the small(欺负小国),fatal hazing activities(致命的欺凌活动)。

---

① HANSEN A, MACHIND. Media & communication research methods[M]. New York: Palgrave Macmillan,2013:124-125.

通过选用这些相当负面的词汇,菲媒塑造了一个"野心勃勃、咄咄逼人、恃强凌弱、侵犯他国领土、体积庞大"的中国形象。尽管在两篇关于菲律宾高层赴华参加亚太经合组织会议的新闻①中,菲媒高度肯定了中国作为东道主的和蔼可亲和热情好客的正面形象,但鉴于其所占比例太小,故而无法从根本上撼动菲媒长期以来所刻画的极其负面的中国形象。显而易见,菲媒之所以如此直截了当地透过其"意识形态棱角"来尽力抹黑中国形象,意在煽动"中国威胁论"、"中国侵略论"、"大国欺负小国"等,以博取国际社会对菲律宾的同情,并向中国施压。至于中国政府针对周边国家所采取的"坚持与邻为善、以邻为伴,坚持睦邻、安邻、富邻,突出体现亲、诚、惠、容的理念",和以"维护周边和平稳定"为周边外交的重要目标,②以及李克强总理所强调的"中国无论是从自身发展需要出发,还是从东亚地区的利益出发,都始终是和平与安全的坚定维护者"③的关键事实,菲媒均避而不谈。其实,就连菲律宾前总统、现任马尼拉市长埃斯特拉达都认为"中国从来不是一个占领者"。④ 然而,经过菲媒和其他西方媒体长期不遗余力的丑化,现在一提到南海问题,中国就常以所谓的"恫吓或武力方式侵占他国领土"的形象出现。

3.社会行动者的分类(classification of social actors)

为了使指称选择(referential choices)的描述更具系统性,有学者专门列出了一个综合清单,其分类方式包括:使人格化/使不具人格(personalised/impersonalised)、个人或集体化(individuals or collectivised)、个别的或通用的(specific or generic)、名义化或功能化(nominalised or func-

---

① SABILLO K A. Aquino, secretaries learn from China, eye successful Apec in PH[N]. Philippines Daily Inquirer, 2014-11-11. See also ESGUERRA C. China plays gracious host to PH delegation[N]. Philippines Daily Inquirer, 2014-11-11.

② 钱彤.习近平:让命运共同体意识在周边国家落地生根[N/OL]. 2013-10-25. http://news.xinhuanet.com/2013/10/25/c_117878944.htm.

③ 李克强:南海航行自由有保障[N/OL].[菲]世界日报,2013-10-10.http://www.world-newsph.net/4/p_images/p01.html.

④ 佚名.埃纳主张南海问题友好解决[N/OL].[菲]世界日报,2013-11-03.http://www.worldnewsph.net/0/p_images/p01.html.

tionalised)、匿名化(anonymised)、合计的(aggregated)、代词/名词:"我们"和"他们"的分割(pronoun/noun:the "us" and "them" division)。① 这些基本上都可以在本章所研究的对象中找着,这里特别要运用"个别的或通用的"、"匿名化"和"合计的"这三种方式来对菲媒的意图进行分析。

(1)个别的或通用的,即指参与者是作为特定的个人或是作为一类人来呈现的。例如:

①Endangered marine turtles believed to be ready to be sold live to <u>Chinese traders</u>.据称,濒危海龟将被活卖给<u>中国商人</u>。

②Philippine law enforcement officials have also identified it as a regular trading point of <u>Chinese traders</u> who buy marine turtles from local illegal fishers.菲律宾执法官员也将其(半月礁——笔者注)认定为<u>中国商人</u>从当地非法渔民手中购买海龟的固定交易点。

在这两个例子中,当记者提到从菲律宾非法渔民手中采购濒危海龟的极个别中国商人时,是以不带定冠词的复数形式来指称他们的,即把这些极少数的中国商人作为全部中国商人来呈现,这很可能给读者留下中国商人都是如此的坏印象。

(2)匿名化,即以匿名方式来处理消息来源或有意使参与者匿名化。举几个例子来看:

①<u>Diplomatic sources from the Philippines</u> reacted coolly to China's treaty proposal <u>菲律宾外交消息人士</u>对中国的条约提议反应冷淡

②<u>Some analysts</u> have pointed out that the rebalance or the pivot to Asia has very high support in the region.<u>一些分析家</u>指出,再平衡或重返亚洲在本地区拥有相当高的支持度。

---

① HANSEN A, MACHIND. Media & communication research methods[M]. New York: Palgrave Macmillan,2013:126-130.

③According to media reports, China has reclaimed land at Kagitingan Reef, also known as the Fiery Cross Reef. 据媒体报道,中国已在永暑礁进行填海。

消息来源不仅关乎新闻的真实性和准确性,也关乎媒体的声誉,故西方主流媒体通常对消息来源,特别是匿名消息来源的使用慎之又慎,且制定了详细的操作规范。如路透社规定:"所有容易引起争议的说法必须严格交代消息来源。"法新社要求:"通讯社的消息都要说明来源。"美联社指出:"如果没有不披露消息来源的清晰理由,消息来源应该被披露。当有必要保护消息来源的秘密时,其原因应该得到解释。"《纽约时报》承诺:"时报不隐瞒其消息来源,例如不称某个人为'消息人士'。"《金融时报》认为:"事实或言论越有杀伤力或争论,越要求标明出处。一篇报道若充斥着'消息灵通者'、'可靠消息'等含糊表述,容易使读者产生报纸肯定在隐瞒真相的联想。"①按照这些西方知名媒体的说法,在报道诸如南海问题这类高度敏感的议题时,媒体更应慎重对待消息来源,然而,在上述三个例子中,记者却将参与者或消息来源匿名化了,这不由得让人怀疑其报道的准确性,或对其真实动机产生疑问。

(3)合计的,即以"统计"的方式来量化或对待参与者。采用此类统计数据,给人以经过研究、科学可靠的感觉,但其实并未给出确切的数字。②例如:

①During the past few months, Vietnam and the Philippines have clashed with China in a number of violent incidents springing from increasing incursions of Chinese vessels…在过去几个月里,越南和菲律宾与中国在许多暴力事件中发生冲突,这些事件均起源于中国

---

① 佚名.国外知名媒体有关"消息来源"的使用规范[J/OL].中国记者,2015-08-17. http://news.xinhuanet.com/newmedia/2005-08/17/content_3366355.htm

② HANSEN A, MACHIND. Media & communication research methods[M]. New York: Palgrave Macmillan.2013:129.

船只与日俱增的侵略行为。

②<u>Many</u> Asians are looking for further proof that the policy is real.许多亚洲人都在寻找进一步证实这一政策(即美国的"重返亚洲"政策——笔者注)是否真实的证据。

③The Chinese fishermen were fined ＄102,000 each after they were found with <u>hundreds of</u> sea turtles off the coast of Palawan in the West Philippine Sea.中国商人因被发现在所谓的"西菲律宾海"的巴拉望海岸外捕获<u>数以百计</u>的海龟,而每人罚款10.2万美元。

在这三个句子中,作者以合计的方式说明了暴力事件、亚洲人和海龟的数量,但"许多"究竟指的是多少呢?"数以百计"又是多少只呢?记者并未给出具体的数字,那为何不给呢?用意何在?颇耐人寻味。

4.没有施事者的被动动词(passivated verbs without agents)

在撰写新闻时,记者有时会倾向于使用没有施事者的被动语态,以避开说明施事者是谁,以及该由谁来承担责任,这是隐瞒(suppression)的一种方式。① 例如:

①Randy Suelo, head of Bantay Palawan, told the Inquirer on Thursday that investigation results showed that the turtles <u>were being prepared for transport</u> "possibly in the area around HasaHasa, which is the known trading post for turtles."巴拉望省政府执法部门负责人 Randy Suelo 周四告诉《问询者报》,调查结果表明,海龟<u>正准备运往</u>"大概是以海龟交易点著称的 HasaHasa 附近区域"。

②The treaty <u>is seen as</u> an attempt by Beijing to dispel any notion it is a threat.这一条约(即李克强总理提出的中国将与东盟签订的友好合作条约——笔者注)<u>被看作是</u>北京试图消除视其为威胁的任何想法。

---

① HANSEN A, MACHIND. Media & communication research methods[M]. New York: Palgrave Macmillan.2013:131.

南海领土争议中的媒体角色研究

在上述两个例子中,施事者是缺失的。第一个例子,记者没有说明准备运送海龟的是谁,是否因为系其国人所为而有意避开呢?第二个例子,作者没有点明是谁的看法,仅用了不含施事者的被动语态来含糊其辞,其实很可能就是媒体本身的观点,因为菲媒常常倾向于负面解读中国的善意。

不过,在本书所研究的报道中,带有施事者的被动语态也有不少,碍于篇幅所限,这里仅举几例来看:

①HasaHasa Shoal, known internationally as Half Moon Shoal, is part of the disputed Spratly Islands jointly claimed by China, the Philippines and Vietnam. 在国际上以半月礁(Half Moon Shoal)著称的HasaHasa Shoal,属于有争议的南沙群岛的一部分,南沙群岛为中国、菲律宾和越南所共同声索。

②The President said the dispute was not the "beall and endall" of PhilippineChina relations, echoing a statement made by former Chinese President Hu Jintao when he went on a state visit to Beijing three years ago. 总统说,争端并非菲中关系的"全部",重复三年前他前往北京进行国事访问时,中国前国家主席胡锦涛所说的话。

③Buoyed by support from other ASEAN leaders for the Philippines' arbitration case against China in the United Nations, President Aquino …受到了东盟其他领导人对菲律宾向联合国起诉中国仲裁案件支持的激励,阿基诺总统……

④In May, China sent an oil drilling rig to waters claimed by the Vietnamese. 5月,中国将一套石油钻井设备运至越南声称的海域。

⑤During the past few months, Vietnam and the Philippines have clashed with China in a number of violent incidents springing from increasing incursions of Chinese vessels, escorted by gunboats of China's coast guard, into Philippine and Vietnamese exclusive economic zones demarcated by the UN Convention of the Law of the Sea.在过去的几个月里,越南、菲律宾与中国在许多暴力事件中发生冲突,这些事件均起源于中国船只不断增加的"侵略行为",中国船只在中国海岸警卫队炮艇的护卫下,进入由联合国海洋法公约所划定的菲律宾和越南的专属经济区内。

⑥Carpio produced maps of the Philippines showing its territories supposedly recognized by the United States but were being claimed by China…法官加彪(Carpio)给出菲律宾地图,显示据称为美国所承认的菲律宾领土正被中国所声索……

⑦He said the dollar amount of the fine was brought by the fact that "the Philippines has adopted the provision of the United Nation Convention on the Law of the Seas or UNCLOS" when it comes to poaching.他说,罚金总数是基于"菲律宾援引联合国海洋法公约"中有关"偷捕鱼""条款"的事实提出来的。

在上述这些采用被动动词的例子中,作者均提供了施事者的信息,且有些非常详细,这其实在很大程度上是受到意识形态驱使的。现分析如下:第1个例子的用意在于强调南沙群岛是有争议的,为中、菲、越三国所共同声索;第2个例子的目的在于说明这是中国前国家主席胡锦涛的话,阿基诺三世前总统只不过重复了他的说法;第3个例子意在显示阿基诺三世前总统获得了东盟其他领导人的所谓支持;第4个例子特意指出是在越南声索的海域,这一不实言论既含偏袒越南之意,又有挑拨中越关系之嫌;第5个例子的两个被动动词均带有施事者,其意图在于渲染中国的武力威胁,塑造中国侵犯他国领土的形象,同时表明菲、越两国的所谓专属经济区是由《公约》所划定的,故而是"合法"的;第6个例子凸显中国正声索的领土是经由美国认可的菲律宾领土,其动机无非就是拉美国来压中国;第7个例子用了很长的篇幅来介绍施事者,希图说明菲律宾对中国所谓"偷捕鱼者"所处的罚款金额是有根有据的。

类似的例子在菲媒的相关报道中比比皆是,可见,在使用被动动词时,是否提及施事者是有讲究的,且往往受到了意识形态的支配。

5.假设(presupposition)

假设是指文本生产者有时会以想当然但事实并非如此的方式来运用一些概念,且通常情况下,作者不会在文中对这些概念的真实含义加以说明。① 假设现象在本章的研究对象中并非罕见。例如,菲媒一而再再而三地提到南海部分岛礁是在《公约》所规定的菲律宾所谓的专属经济区内,因而就是菲律宾的领土了,并以此为依据来谴责中方所谓的"侵略行为",以及要求南海仲裁庭裁定中国的南海断续线非法。事实上,仔细查阅《公约》相关规定,便可知道菲媒是以想当然的方式曲解了《公约》关于专属经济区的规定,因为《公约》在序言中即明白指出:要"在妥为顾及所有国家主权的情形下,为海洋建立一种法律秩序"。也就是说,《公约》确实规定了沿海国家设立专属经济区的标准,但《公约》并没有说可以把在经济区内的所有岛礁据为己有,特别是对那些主权早有归属的岛礁,更不可随心所欲地说是自己的就是自己的。其实,通读《公约》的所有规定,没有一条意在否定缔约国的固有领土。如果只是因为《公约》的缔结就必须改变某些岛屿的原有归属,那整个世界岂不乱了套?② 再说,菲媒似乎忘了,中国也有自己的专属经济区,据《公约》第 74 条的规定:"海岸相向或相邻的国家间专属经济区的界限,应在国际法院规约第三十八条所指国际法的基础上以协议划定,以便得到公平解决。"意即两国的专属经济区若有重叠的,须以协商方式解决。然而,在菲媒的相关报道中,几乎找不到其对专属经济区真实含义的完整清晰的阐述,这对于那些不熟悉《公约》内容的受众来说,确实极易造成误导。实际上,在笔者看来,菲媒之所以频繁提及专属经济区,目的就在于说

---

① HANSEN A, MACHIND. Media & communication research methods[M]. New York: Palgrave Macmillan.2013:133.

② 李德霞.菲律宾主流英文媒体对黄岩岛事件的报道分析——以《菲律宾每日问询者报》为例[J].当代亚太,2013(4):119.

明菲律宾对南海领土的声索是"有法可依"的,希望借此引起重视法律的西方读者的共鸣,同时塑造中国"违反国际法规定侵犯他国领土"的不良形象。

6.模棱两可的言语(hedging)

有时为了使其所声明的能达到策略性的含糊效果,作者会使用模棱两可的言语。所谓模棱两可的言语,是指使用言词(words)来软化所说的话,或使自己远离某个词语所表达的含义,或避免具体说明。① 在相关报道中,此类现象可不少见,特举几例来看:

①Buoyed by support from other ASEAN leaders for the Philippines' arbitration case against China in the United Nations, President Aquino…受到了东盟其他领导人对菲律宾向联合国起诉中国仲裁案件支持的激励,阿基诺总统……

②Late on Wednesday, President Aquino told reporters that he had received support from other ASEAN leaders, some publicly speaking and others in private, for the Philippine case in a UN arbitration tribunal challenging China's claim to almost the entire South China Sea.周三晚些时候,阿基诺总统告诉记者们,他已得到东盟其他领导人的支持,一些是公开的,其他的是私下的,支持菲律宾以向联合国仲裁法庭起诉的方式来挑战中国对几乎整个南海的声索。

在上述这两个出自同一则新闻的例子中,不论是记者还是阿基诺三世前总统,应该都是有意采用"其他"、"有些"、"其他的"等模棱两可的说法,以期达到至少如下两个目的:一是避开明说是哪些东盟国家领导人给予了菲律宾支持,因为这是一个相当敏感的话题;二是制造多个东盟国家支持菲律宾的假象。基于在第一个例子中,记者并未说明所谓的东盟其他领导人是何时表达对菲律宾的支持,而这句话的背景又是阿基诺三世前总统在第25届东盟

---

① HANSEN A, MACHIND. Media & communication research methods[M]. New York: Palgrave Macmillan,2013:137.

南海领土争议中的媒体角色研究

峰会接近尾声时,在东盟"10+1(中国)"对话中发言,故而很有可能让人误以为菲方所获"支持"就是在本届峰会召开期间,这是否正是记者希望通过闪烁其词来达到的效果呢?换句话说,记者是否有意让东盟其他领导人在不同时候、不同场合表达的所谓支持在同一时候、同一场合呈现,以表明阿基诺三世获得了多个东盟领导人的支持呢?然而,诚如有学者指出的那样:"记者如果根据自己的需要随意选择调配使用材料,有时也同样会产生造假的效果。"①

③Some analysts have pointed out that the rebalance or the pivot to Asia has very high support in the region. 一些分析家指出,再平衡或重返亚洲在本地区拥有非常高的支持度。

这里的"一些分析家"到底指的是哪些?记者显然并不想明说,但如此含糊的消息来源无疑降低了报道的可信度,且使读者有理由怀疑是否是记者本人的见解。

④Douglas Paal, Asia program director at the Carnegie Endowment for International Peace in Washington, said that the Chinese "have concluded that Obama's attention to IS(Islamic State), to Ukraine and some extent to Ebola, is taking him away from rebalance to Asia." 华盛顿卡内基国际和平基金会亚洲项目负责人包道格(Douglas Paal)说,中国人"断定,奥巴马将注意力转向伊斯兰国(IS)、乌克兰和(一定程度上的)埃博拉,这将减少其对亚洲再平衡的注意力"。

该句通过使用"中国人"这一如此宽泛的概念,而回避了具体阐明是哪些中国人的想法。

⑤Jose also said that incidents like these made a code of conduct in the South China Sea, where there are overlapping claims by many

---

① 北风.全面性与真实性[N/OL].[菲]世界日报,2013-03-12. http://worldnews.net.ph/post/31723.

countries,"all the more pressing and urgent."何塞(Jose)[菲律宾外交部前发言人兼助理部长查尔斯·何塞(Charles Jose)——笔者注]也说,诸如此类的事件,使得制定南海行为准则"更加迫在眉睫",南海存在诸多国家的重叠声索。

南海声索方有多少个,菲方再清楚不过了,但却故意采用"诸多国家"这一夸大其词的说法,无非是要渲染南海问题之复杂、涉及国家之多,以此强调制定行为准则之迫切。

7.引述动词(quoting verbs)

在文本中,研究作者使用何种动词来表述参与者的发言,是很有必要的,因为这能在很大程度上透露出作者的立场或情感,及其期望取得的效果。① 例如:

President Aquino on Thursday challenged China to take "concrete action" in the South China Sea to match its diplomatic overtures in the Southeast Asian region.周四,阿基诺总统向中国挑战,要求它在南海问题上采取"具体行动",以与其在东南亚地区的外交姿态相匹配。

在这段话中,记者精心选用了"挑战"这个较具情感色彩的引述动词,以彰显前总统阿基诺三世"不畏强权",敢于向中国挑战的"光辉"形象。

又如:

He insisted that the US strategic policy to "pivot" it back to Asia was real and "here to stay."他(奥巴马前总统——笔者注)坚持说,美国将战略方针"转"回亚洲是真实的,且"将停留于此"。

……

He pledged that,"day in and day out, steadily we will continue

---

① HANSEN A, MACHIND. Media & communication research methods[M]. New York: Palgrave Macmillan,2013:140.

to deepen our engagement(with the region) using every element of our power diplomacy, military, economic, development and the power of our values."他保证道:"我们将尽一切所能,包括外交、军事、经济、发展和价值力量,来夜以继日、坚定不移地继续深化我们(对该地区)的承诺。"

上述这两段话的背景是,奥巴马前总统因美国中期选举失利而削弱了其在亚洲的影响力,为此,他极力安慰其在亚太地区焦虑不安的盟友。记者选用了"坚持"和"保证"这两个引述动词来表明奥巴马的坚定决心,似乎意在使受众放心。这两个动词的使用,再次表露出了菲律宾记者亲奥巴马的情感。

8.修辞比喻(rhetorical tropes)

修辞比喻涵盖夸张、暗喻、转喻、双关等,这些均为政治修辞之典型。修辞比喻是文本中的常见现象,且往往是作者希冀达到说服与抽象效果之标志。① 在本研究所选新闻中,夸张(hyerbole)是较常使用的修辞手法,一个典型的例子为菲媒极尽夸张之能事,极力渲染中国声索南海面积之庞大。尽管中国外交部发言人已多次声明:"中国对南海诸岛及其附近海域拥有无可争辩的主权",即中国没有也不可能声称拥有整个南海,但出于种种目的之考量,菲媒动不动就把"中国声索南海的90%或几乎整个南海"之类的谎言挂在嘴上。在本章所研究的对象中,至少有8篇报道涉及这一议题,尤其是在《阿基诺向中国挑战:行动》(*Aquino dares China:Act*)一文中,作者居然不厌其烦地几次谈到了中国声索南海面积之庞大:

①The Philippines has previously irked Beijing by seeking international arbitration over China's claims to nearly all of the South China Sea.此前,菲律宾通过国际仲裁起诉中国对几乎整个南海的声索已使北京烦恼不已。

---

① HANSEN A, MACHIND. Media & communication research methods[M]. New York:Palgrave Macmillan,2013:141.

②Late on Wednesday, President Aquino told reporters that he had received support from other ASEAN leaders, some publicly speaking and others in private, for the Philippine case in a UN arbitration tribunal challenging <u>China's claim to almost the entire South China Sea</u>.周三晚些时候,阿基诺总统告诉记者们,他已得到东盟其他领导人或公开或私下的支持,他们支持菲律宾以向联合国仲裁法庭起诉的方式来挑战<u>中国对几乎整个南海的声索</u>。

联系上下文可以看出,作者第一次提到中国声索南海面积之大,一方面是为了表明菲律宾不会接受中国倡导的以谈判协商方式解决南海争端,因为并非只有菲律宾与中国存在领土纠纷;另一方面则是为了离间中国与南海其他声索方的关系,并妄图引起国际社会对中国之"野心"和"贪心"及其对邻国的"霸凌"之防备与公愤。其他两次则是为了证明菲律宾就南海问题寻求国际仲裁的"正当性",且炫耀其赢得的所谓其他东盟国家领导人的支持。毫无疑问,别有用心地反复夸大中国声索的南海面积之大,是菲媒推动南海问题国际化的手段之一。正是在囊括菲媒在内的外媒的不断鼓噪下,现在国际社会有关中国声索几乎整个南海的谬论甚嚣尘上,这对中方解决南海问题十分不利。其实,正如有学者指出的那样,菲律宾之所以不遗余力地坚持以多边机制解决南海争议,主要是因为双边机制"可能将合法地从战略上破坏马尼拉的领土声索"。①

四、菲媒扮演的角色

通过上述对相关新闻的标题和正文的批评性话语分析,现将阿基诺三世时期《问询者报》在南海问题报道中充当的角色概括如下:

第一,极力抹黑中国,刻画中国所谓的"非法偷捕鱼者"、"濒危野生动

---

① TRAJANO J C I. Japan-Philippines strategic partnership: converging threat perceptions [J/OL]. RSIS Commentary, 2013-08-05, http://www.rsis.edu.sg/rsis-pullicatim/rsis/2034-japan-phippines-strategic-pa/#.VxBb-l97IV.

物破坏者"、"《公约》违法者"、"菲律宾司法体系藐视者"等不良形象,企图以此引起国际社会对中国人和中国文化的反感,并质疑中国声索南海领土主权的正当性和合法性,甚至于可能对中国拥有南海岛礁之后果产生忧虑。

第二,一再渲染"中国威胁论"、"中国侵略论"、"大国欺负小国"等,通过刻意选用大量极为负面的词汇,来塑造一个野心勃勃、咄咄逼人、恃强凌弱、侵犯他国领土、体积庞大的中国形象,以此向国际社会扮可怜、求同情,从而争取从道义上战胜中国,并引起域内外国家对中国的警觉与防范。

第三,着力美化前总统阿基诺三世和菲律宾形象,突现前者"不畏强暴",敢于同中国叫板的"高大"形象;宣扬后者是依法办事、遵纪守法的国家,并努力表明菲律宾对南海领土的声索是"合理合法"的。

第四,竭力为菲律宾将南海问题诉诸国际仲裁的正当性辩护,为此特意营造并炫耀多个东盟国家领导人支持菲律宾的假象。

第五,尽力推动南海问题国际化、复杂化、多边化,一再呼吁以多边机制而非中国倡导的双轨机制来解决南海问题,且不时催促尽早制定"南海行为准则",将其视为解决南海争端的灵丹妙药。

第六,对于那些担心中菲关系尤其是两国经贸往来因南海争议而受到冲击的受众,菲媒予以了说服和慰藉,同时也是自我安慰,认为中菲关系不会因此受影响。

第七,积极拉拢越南,不惜颠倒是非,把 2014 年 5 月发生在越南境内的排华暴力事件全然归咎于中国。在倾力渲染中国声索南海面积之庞大时,对声索范围与中国不相上下的越南视而不见,对菲越两国同样存在南海纠纷的事实只字未提。在大力倡导菲越联美抗华的同时,不忘挑拨中越关系。

第八,亲近美国,偏袒奥巴马前政府,在一定程度上为其开脱责任。

五、研究结论

本章以有菲律宾第一大报之称的《问询者报》为例,以随机抽取的该报在2014年11月的南海问题相关报道为研究对象,应用批评性话语分析法中的"过度词汇化"、"命名与指称"、"社会行动者的分类"、"没有施事者的被动动词"、"假设"、"模棱两可的言语"、"引述动词"、"修辞比喻"等八种工具,对有关新闻报道的标题和正文进行了深层次的剖析,以揭示语篇中潜在的意图和隐含的意识形态,并探讨了菲媒是如何利用语言和语法特点来创造意思、传达想法与价值,同时将自身的意图巧妙地隐藏起来。在此基础上,本章总结了阿基诺三世时期菲媒在南海领土争议中扮演的八大角色。希望本研究能有助于更好地解读外媒对南海问题的报道。

第4章

南海领土争议中的越南媒体角色研究

第四章　南海领土争议中的越南媒体角色研究

一、导言：研究背景、研究意义和研究对象

在南海有关争议中，中越争议持续的时间最长，强度最大，情况也最复杂。自20世纪60年代末联合国的一个机构宣布在南海发现大量油气资源以来，越南于70年代初即开始非法侵占中国的西沙和南沙群岛，迄今仍占据着中国的29个南沙岛礁，且声称连西沙群岛也是他们的。作为南海争端最大的既得利益者，越南为了长期霸占南海巨大的经济利益，甚至幻想攫取更多的好处，可谓费尽心机。越南不但在占领的南沙岛礁上部署军事设施，强化基础建设，鼓励移民，招徕域外国家合作开采能源，还利用包括媒体在内的多种渠道对外积极开展外交和公关活动，对内持续煽动民意。在美国推行亚太"再平衡"战略，极力怂恿越南和菲律宾等国向中国发难，其他域外大国亦在种种利益驱使下纷纷涉足南海问题的大背景下，越南的公关战和舆论战所取得的成效不容忽视。以2014年5月中越因"981"钻井平台引发的有关事件来看，明明是中国在自己主权范围内的西沙群岛从事正常、合法的钻探作业，全球许多评论却支持越南的声索，认为中国的钻探活动是"非法"的。难怪越媒不无得意地宣称："（2014年）5月7日，世界各地的媒体，如美联社、法新社、路透社、德新社、《纽约时报》、《华尔街日报》、德国之声和《海峡时报》，均报道了河内的一则国际新闻。此后称中国的侵略向其他地区国家发出了警报，他们还把中国的活动描述为本地区很长一段时间以来最具挑衅性的行动，称这一行动可能招致更危险的冲突。"①至于2014年5月中旬在越南境内发生的排华暴动，更是与越南媒体连续不断的煽动性报道脱不了干系。诚如有学者指出的那样："尽管以前一个国家的经济力量或军事实力即可能决定成功，但今天一个国家的成功与否却可能是由谁的新闻报道更具说

---

① ANON. World media supports Vietnam in East Sea incident[N]. Vietnam News Agency Bulletin, 2014-05-09.

服力来决定的。"①因此,在有关各方尽量避免动用武力,尤其是中国一再倡导和平解决南海问题的当下,研究南海声索方,特别是越南媒体的相关报道具有重要的现实意义。然而,现有成果中对越媒南海问题报道的研究似乎较少,故冀本章能有所弥补。

笔者虽然不懂越南语,但鉴于英语作为国际通用语言在全球具有广泛影响力,且越通社是目前在越南承担最多对外传播任务的媒体机构之考量,本章拟以"越南通讯社公告"(Vietnam News Agency Bulletin,下文简称"越通社公告")的南海问题英文报道为研究对象,以2014年5月发生的中越南海冲突事件为个案,深入探讨越媒是如何报道南海问题,相关报道具有哪些特点,越媒采取了怎样的报道策略,尤其是如何利用话语来传达想法和价值观并试图影响和操控舆论。在此基础上,本章将总结越媒在南海有关争端中扮演的各种角色。

二、研究方法

本章拟采用定性为主、定量为辅的混合研究方法,即首先通过对相关新闻的报道时间和报道数量、报道地点、消息来源、标题高频词等的量化统计,来考察越通社公告对南海问题报道的特点,然后再借助批评性话语分析法(critical discourse analysis,简称CDA)的一系列工具,对所选新闻正文进行细致深入的剖析,最后再归纳出越媒在南海领土争议中发挥的作用。值得一提的是,本章虽然是对新闻报道的分析,但侧重的是对越媒如何报道南海问题,而非报道了什么内容的研究,而这正是批评性话语分析法所要解决的关键问题。

本章以"South China Sea"(南中国海)、"Spratly"(西沙群岛)、"East Sea"(东海,越南对南海的称呼)、"Hoang Sa"(黄沙,越南对西沙群岛的称呼)、"Truong Sa"(长沙,越南对南沙群岛的称呼)为关键词,在相关数据库中搜索

---

① HOLLIHAN T A, ZHANG Z. Media diplomacy and U.S.-China military-to-military cooperation[M].Los Angeles:Figueroa Press,2012:6.

了越通社公告于2014年5月初发布的南海相关报道,经过人工筛选,共获得37篇文章,作为本章的研究对象。由于2014年5月越通社公告发表的南海相关报道数量极其庞大,而该月第一篇南海相关报道的发布时间是5月4日,故本研究以此日期为起点,搜索了之后一周的有关新闻来进行分析。

三、探讨与分析

(一)量化统计

首先,从越通社公告南海相关报道发表的时间和数量来看,尽管事件的起因应从2014年5月2日中国企业所属的"981"钻井平台开始在中国西沙群岛毗连区内从事钻探活动算起,但在2日、3日这两天,越通社公告并未见任何相关消息,4—7日期间,也只有零星的报道出现,5日又不见动静。不过,自8日起,报道数量开始大幅攀升,9日甚至达到了14篇之多,10日和11日虽然是周末,也各有10篇和12篇之多。此后除了周末(17日、18日、24日、25日、31日)之外,日报道量均达到了2位数(见图4-1)。这说明作为国家控制的媒体,越通社可能在刚开始时把握不准可否报道,以及报道的尺度和数量,后来应该是在有关当局的授意下,开始大规模报

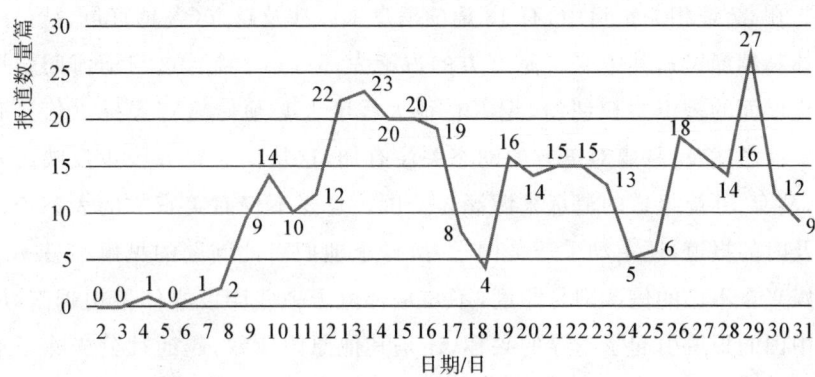

图 4-1 报道数量

资料来源:根据有关数据库中的数据制作而成。

道,着手展开舆论攻势。

其次,就报道地点而言,37篇新闻发自10个不同的地方(见表4-1),说明越通社公告的报道范围相对较广。不足为奇的是,大部分新闻稿发自越南境内,其中首都河内占了近6成(22篇)。接下来是来自美国纽约和华盛顿的报道,共5篇(13.5%),其中除了1篇是关于联合国秘书长的呼吁之外,其余的均为美国学者、参议员和众议员对南海问题的解读和对中方的批评,由此可以推断越南媒体对美方的反应甚为在乎,并以此作为国际社会声援越南、声讨中国的重要标志。此外,越南媒体也颇在意印度方面的看法,因有3篇报道发自新德里。不过,发自另一重要当事方北京的报道则只有1篇,难道越南不关心北京方面的动态吗?还是另有打算呢?对此,我们还将在下文分析。

表4-1　37篇新闻的报道地点

地点	北京	河内	莫斯科	内比都	新德里	纽约	广义	罗马	新加坡	华盛顿
篇数	1	22	1	1	3	2	2	1	1	3

再次,倘若把消息来源亦考虑在内的话,上述特点就会表现得更加明显。在37篇相关报道中,有13篇的消息来源涉及越方(含越官员、越民间团体和越渔民),其中采自越官方的占绝大部分(10篇),这与南海问题属外交层面的领土主权纠纷,记者在很大程度上必须倚靠官方提供信息有关。前已述及,越媒对美方的动态关注有加,这从消息来源中也反映出来了,共有10篇报道的消息来源涵盖美国。越媒不仅对美官方的表态予以了及时的报道,还主动采访美国学者,寻求他们对此问题的见解。另一让越媒兴奋不已的信源则是印度,不知是否由于一些印度媒体偏袒越南、斥责中国的报道引起了越媒的兴趣,还是其他原因所致,越通社公告除了迫不及待地转引印媒的相关报道之外,同样以采访方式来主动获取印度官员和学者的观点。在本章的研究对象中,共有3篇报道的消息来源囊括印度。只是以中方为信源的只有2篇,这难免让人质疑越媒的报道质量。因

为消息来源的使用会直接影响到新闻报道的平衡性、公正性和真实性。特别是报道类似南海问题这类争议性话题,照理更须尽量为争议双方提供同等的辩护机会,以从中看出合乎事理的观点。然而,与越媒对中方的信息有意无意地过度疏忽形成对比的是,为了彰显国际舆论对中方行动的关切与谴责,或对越方的支持和同情,越通社公告还采用了如下一些消息来源:德国(2篇)、日本(2篇)、东盟(2篇)、新加坡(2篇)、联合国(2篇)、欧盟(1篇)、意大利(1篇)、墨西哥(1篇)、斯里兰卡(1篇)等。

(二)对标题的分析

作为新闻的"文眼",标题的重要性毋庸置疑。新闻标题不但是对新闻内容的高度概括,亦是对新闻意义的扼要评价,故能在相当程度上揭示出记者或媒体对新闻事实的立场和观点,并能多少透露出其报道意图。研究新闻报道,不能不首先剖析其标题。

为研究之便,本章将所选的37篇报道的标题按照发表时间的先后顺序列表如下:

表4-2　37篇报道的标题

序号	报道日期	篇名
1	2014年5月4日	Vietnam opposes illegal foreign activities in its waters 越南反对在其海域的外国非法活动
2	2014年5月6日	Vietnam demands China withdraw from territorial waters 越南要求中国从其领海撤出
3	2014年5月7日	China's moving of oil rig into East Sea provocative: US 美国称:中国将石油钻井平台移至南海是挑衅行为
4	2014年5月7日	China's oil rig violates Vietnam's sovereignty 中国的石油钻井平台侵犯了越南的主权
5	2014年5月8日	US Senator criticises China's acts in East Sea 美国参议员批评中国在南海的行为
6	2014年5月8日	US concerned about Chinese vessels' acts in East Sea 美国关注中国船只在南海的行为

续表

序号	报道日期	篇名
7	2014年5月8日	Italian scholars condemn China's territorial violations 意大利学者们谴责中国侵犯领土
8	2014年5月8日	Singapore concerned about recent developments in East Sea 新加坡关注南海的最新发展
9	2014年5月8日	Japan "strongly concerned" about China's acts in East Sea 日本"强烈关注"中国在南海的行动
10	2014年5月8日	US scholar:China violates Vietnam's waters 美国学者:中国侵犯越南海域
11	2014年5月8日	World media highlights China's provocative acts in Vietnam's waters 国际媒体聚焦中国在越南海域的挑衅行为
12	2014年5月8日	Historical truth on Vietnam's side:Mexican party leader 历史事实在越南这一边:墨西哥政党领导人
13	2014年5月8日	US calls for restraint in East Sea 美国要求在南海保持克制
14	2014年5月9日	US Congressman condemns China for violating VN's sovereignty 美国国会议员谴责中国侵犯越南的主权
15	2014年5月9日	Indian media slams China's illegal acts in Vietnamese waters 印度媒体猛烈抨击中国在越南海域的非法行径
16	2014年5月9日	China condemned for escalating East Sea tensions 中国因加剧南海紧张局势而受到谴责
17	2014年5月9日	Int'l opinion condemns China's escalation of tensions in East Sea 国际舆论谴责中国加剧南海紧张局势
18	2014年5月9日	World media supports Vietnam in East Sea incident 在南海事件中,国际媒体支持越南
19	2014年5月9日	Fishermen stand strong in face of Chinese actions 面对中国的行动,渔民们坚定不移
20	2014年5月9日	EU concerned about China's unilateral act in East Sea 欧盟关注中国在南海的单边行动
21	2014年5月9日	Japan describes China's drilling operations as provocative 日本称中国的钻井作业具挑衅性

续表

序号	报道日期	篇名
22	2014年5月9日	Top legal body:China must remove illegal oil rig 最高法律机构:中国必须将非法石油钻塔移走
23	2014年5月9日	PM receives Sri Lankan counterpart 越南总理阮晋勇接见斯里兰卡总理
24	2014年5月9日	China's illegal moves contrary to int'l practice:Vietnamese petroleum body 越南石油组织称:中国的非法举动与国际惯例背道而驰
25	2014年5月9日	Vietnam resolves to safeguard rights, interests in East Sea: official 官员称:越南决定捍卫其在南海的权利和利益
26	2014年5月9日	Chinese ships attack Vietnamese fishing boats again 中国船只再次攻击越南渔船
27	2014年5月9日	ASEAN senior officials meet in preparation for 24th Summit 东盟高级官员会面,为第24届峰会做准备
28	2014年5月10日	India worried about developments in East Sea 印度担忧南海的发展
29	2014年5月10日	Indian scholar:China's acts in Vietnam's waters provocative 印度学者称:中国在越南海域的行为具挑衅性
30	2014年5月10日	UN concerned about escalating tensions in East Sea 联合国关注南海不断加剧的紧张局势
31	2014年5月10日	ASEAN foreign ministers concerned over East Sea tension 东盟外长们关注南海紧张局势
32	2014年5月10日	Former border chief rejects China's drilling excuses 前边界主任拒绝中国的钻井借口
33	2014年5月10日	US senators condemn China's actions in East Sea 美国参议员谴责中国在南海的行动
34	2014年5月10日	Vietnam coast guards vow to safeguard sovereignty 越南海岸警卫队发誓要捍卫主权
35	2014年5月10日	Vietnamese living in Russia vow to support sovereignty 生活在俄罗斯的越南人发誓要维护主权

续表

序号	报道日期	篇名
36	2014年5月10日	Vietnamese organisations oppose China's violations of sovereignty 越南团体反对中国侵犯主权
37	2014年5月10日	China's rig placement for political purpose:US scholar 美国学者称:中国放置钻井平台是出于政治目的

首先,对这些标题中高频词汇的统计,排名第一的是"China/Chinese"(中国/中国的),达24次之多,正好与上述极少呈现中方观点形成鲜明对比,说明中国是越媒的重点报道对象。其他出现次数较多的词汇依次是"Vietnam/Vietnamese"(越南/越南的,15次)、"East Sea"(南海,15次)、"US"(美国,8次)、"criticise/condemn/slam"(批评/谴责/猛烈抨击,共7次)、"concern"(关注,6次)、"waters"(海域,6次)、"sovereignty"(主权,5次)、"violate/violation"(侵犯,5次)。在8个标题中提及"美国",再次证明了越媒对美方的高度重视。至于其他高频词的使用,则意在突出中方对越南所谓的"东海"、"海域"和"主权"的"侵犯"行为,遭到了国际社会的"谴责"乃至"猛烈抨击",并引起了广泛的关注。

其次,除了两个当事国(中国和越南)之外,从这些标题中也提到多个域内外国家、媒体和组织,以及越南境内一些机构、团体等事实来看,越媒的用意大概有三:(1)凸显越南的"得道多助"和中国的"失道寡助";(2)表明南海问题引起了国际社会的广泛关注;(3)表现越南人民众志成城、共同捍卫"越南主权"的坚定决心。

再次,引语类标题的大量使用,是这些新闻报道的一大特点。在37个标题中,共有23个引语类标题,其中9个标题的引导语和引语是明确分开的,即编号为3、5、10、12、22、24、25、29、37的标题。越通社公告如此青睐引语类标题的原因应该在于,此类标题既能满足新闻客观性的要求,又能将记者或媒体不便直接表达的立场或观点借他人之口呈现出来。值得注意的是,在这23个引语类标题中,"中国/中国的"一词虽然依旧是出现频率最高的词汇(在17个标题中出现),却从未作为引导语,说明越媒只是把中国作为挞伐的对象,而不愿给予它申辩的机会。

(三)对正文的分析

按照批评性话语分析法支持者的观点,在使用语言呈现或描述现实社会时,并无所谓的中立形式,因为人们在选用词汇时是有动机的,且这些词汇总承载着某种意义和价值观。即便有人说,"这是酷热难耐的一天",他们所选择的形容词也是经过主观评估的。不过,对于那些未曾接受过专门培训的受众来说,他们则可能难以准确察觉到这一过程是如何在其日常碰到的语言中进行的,即便他们或许经常感觉自己受到了以某种特定的方式来思考的鼓励。在这些情况下,人们可能会意识到说话者或文本生产者正在做的是什么,但却不确定他们是如何做到的,而批评性话语分析法所要做的,就是研究说话者或文本生产者是如何应用语言来巧妙地传达想法和价值观的。①

批评性话语分析法拥有一系列工具来揭示语篇中的想法、价值和观点,这些在初次阅读文本时,可能并不明显,其意思往往被"隐埋"在文本中,因其生产者试图隐瞒,或尽量使其不露声色。② 接下来笔者将借助这些工具,对所选新闻报道的正文进行深入分析。

1.词汇的分析(lexical analysis)

通过对文本生产者所选择使用的词汇的分析,我们发现在这些报道中,占主导地位的是用来指责中国的大量负面的词汇,如 unilateral actions ("单方面行动")、illegal acts("非法行径")、seriously violated Vietnam's sovereignty/seriously infringe("严重侵犯越南主权")、deliberately escalating tension("故意使紧张局势升级")、aggressive("好斗的")、provocative("挑衅的")、brazenly("厚颜无耻地")、heavy-handed("粗暴的")、irra-

---

① HANSEN A, MACHIN D. Media & communication research methods[M]. New York: Palgrave Macmillan, 2013:116-117.

② HANSEN A, MACHIN D. Media & communication research methods[M]. New York: Palgrave Macmillan, 2013:116.

tional("非理性的")、a serious violation of international law("严重违反国际法")、threatens local fishermen's operation("威胁当地渔民的作业")、coercive and brinkmanship behaviour("强制与外交冒险行为")、a grave threat to Southeast Asia's security and stability("对东南亚安全和稳定构成严重威胁")、the expansionist and hegemonic policy of the Chinese Government("中国政府的扩张主义与霸权主义政策")、intimidation("恫吓")、bully the neighboring countries("欺侮邻国")等等。诚然,南海问题是涉及领土主权、海洋权益和国家利益的高度敏感的话题,新闻工作者在报道此类新闻时,难免带有倾向性。然而,看到如此多的感情色彩浓厚、立场鲜明,个别甚至是谩骂式(如称中国官员为"厚颜无耻的"[①])的用语,不能不让人怀疑这到底是新闻报道,还是新闻宣传?这符合新闻界倡导的客观性原则吗?因为一般而言,为避免主观倾向,要求记者在撰写新闻时,应谨慎使用形容词,尤其是尽量不用具情感偏向的形容词。此外,新闻的客观性也要求记者多用事实说话,少发议论和感慨,但上述词汇中不少是对中国"行为"的严厉批判和斥责。通读上下文,并参考其他媒体的相关报道,不难发现越媒的报道存在相当偏颇乃至失实的现象,因为它一味指责中国,却丝毫没有检讨越南方面的行为;它一直在控诉中国,却未能列出多少事实来加以佐证;它极力营造多方支持越南、批判中国的假象,却基本不给中方陈述其观点的机会,更不用说呈现支持中国的国际舆论了。

2.隐瞒(suppression)

对普通受众而言,通常注意到的可能只是新闻文本的显性内容。作为新闻传播常用的研究方法之一,量化的内容分析法考察的也只是"传播的显性内容"。[②] 但事实上,新闻文本中没有提及或体现或缺失的内容同样

---

① ANON. China condemned for escalating East Sea tensions[N]. Vietnam News Agency Bulletin, 2014-05-09.

② RICHARDSON J E.Analysing newspapers:An approach from critical discourse analysis[M].New York:Palgrave Macmillan,2007:17.

重要,有时甚至更加重要,因为这类缺失往往是记者有意隐瞒或试图转移读者注意力的一种征兆。① 下面我们将用批评性话语分析法中的隐瞒(suppression)这一工具来剖析越通社公告中的相关报道。

第一,当提到越南对南海岛礁的声索依据时,这些新闻往往以"越南拥有充分的历史和法理依据来证实其对'长沙'和'黄沙'群岛的主权,以及对依据1982年《联合国海洋法公约》划定的专属经济区和大陆架的主权权利和管辖权"②来一语带过,却没有具体阐述其所谓的历史和法理依据究竟是什么,没有说明越南是在何时以何种方式获得这些岛屿的主权的,而这恐怕正是越媒不想谈及的部分吧,因为若要追溯历史的话,大批中国史料已清楚表明,中国是南海诸岛无可争辩的主人,不少中国学者亦在其著作中予以了充分的论证,这里不再赘述。即便是因受新闻篇幅限制而无法对其所谓的声索依据展开论述的话,那也还有一些历史事实是越媒极力想掩盖的,即自1950年中越建交之后的长达二十几年的时间里,越南不同级别的官员、在越南公开出版的地图和官方教科书均承认过包括西沙和南沙群岛在内的南海诸岛是中国的领土。③ 尽管在越方长期别有用心的错误历史教育下,绝大多数越南年轻一代并不知道越南政府曾支持中国对南海岛礁的主权声称这一史实,但一些研究南海问题的较具正义感的西方学者还是愿意撰文来澄清事实真相的,山姆·贝特曼(Sam Bateman)就是一例。他是南洋理工大学拉惹勒南国际关系研究院海事安全项目顾问与高级研究员,也是澳大利亚皇家海军前准将。他在2014年5月14日发表的《南海新紧张局势:谁拥有西沙群岛主权?》(*New tensions in the South China*

---

① HANSEN A, MACHIND. Media & communication research methods[M]. New York: Palgrave Macmillan,2013:130.
② China condemned for escalating East Sea tensions[N]. Vietnam News Agency Bulletin, 2014-05-09. See also Vietnam opposes illegal foreign activities in its waters[N]. Vietnam News Agency Bulletin, 2014-05-04; Vietnam resolves to safeguard rights, interests in East Sea:Official [N]. Vietnam News Agency Bulletin, 2014-05-09.
③ 李金明.中国南海疆域研究[M].哈尔滨:黑龙江教育出版社,2014:293-294.

Sea：Whose sovereignty over Paracels?)一文中写道:"北越于 1958 年承认中国拥有西沙群岛主权,并在 1958—1975 年间都没有提出抗议,这大大削弱了越南目前的立场。"他进一步指出:"许多国家的政府,包括美国政府在内,已直接或间接地承认中国拥有这些岛屿中的部分或全部主权。"①

第二,越媒一再宣称,中国的勘探行为是非法的,"违背了国际法和国际惯例"②,但到底违背了什么样的国际法或国际惯例却不得而知。

第三,在 37 篇报道中,至少有 24 篇提及专属经济区和大陆架,认为中国在西沙群岛的勘探行为侵犯了越南依据《联合国海洋法公约》(下文简称为《公约》)所享有的 200 海里专属经济区和大陆架,因为中国的钻井平台距离越南的理山岛(Ly Son Island)约 120 海里。对于不了解《公约》相关规定的受众来说,这一说法似乎合法合理,但至少有如下两个事实是越媒不愿触及的。一是根据贝特曼的观察,虽然钻井平台距离中国海南岛约 180 海里,但距离中国在西沙群岛海域拥有主权的一个小岛仅 14 海里,距离二战以来即为中国所实际占有,连美国都承认中国拥有主权的面积约 500 公顷的永兴岛也只有 80 海里。③ 因此,贝特曼指出:按照《公约》的规定,永兴岛无疑是个享有专属经济区和大陆架的岛屿,尽管国际评论意见不一,但"就算减少中国对该区域岛屿主权声索的分量,经过谈判的海域划界大概也会把钻探设备列入中国的专属经济区内"。二是即便诚如越方所言,钻井平台距离越南的海岸线比距离中国的近,然而,"单凭地理位置上的接近,并不能成为声索主权或主权权利的明确基础。世界上有大量的例

---

① BATEMAN S. New tensions in the South China Sea：Whose sovereignty over Paracels？[J/OL]. RSIS Commentary, 2014-05-14. http://www.rsis.edu.sg/rsis-publocaton/idss/2253-new-tensicns-in-the-sacth-china/#.VxBey-l97IU.

② Vietnam demands China withdraw from territorial waters[N]. Vietnam News Agency Bulletin, 2014-05-06.

③ 据中国外交部网站的报道,"981"钻井平台前后作业海域距离中国西沙群岛中建岛和西沙群岛领海基线均17海里,距离越南大陆海岸133～156海里。佚名."981"钻井平台作业:越南的挑衅和中国的立场[EB/OL]. 2014-06-08. http://www.fmprc.gov.cn/mfa_chn/zyxw_602251/t1163255.shtml.

子显示,一些国家拥有另一些国家专属经济区内的岛礁;在两个国家间,专属经济区的界限也可能更接近其中的一个"①。

第四,在有关报道中,越媒反复炒作中国护卫钻井平台的船只数量之大、种类之多,中国船只的"好斗"行为,及其对越南船只和船员造成的"重大损伤",但对中国为何出动越来越多的船只去防护钻井平台,为何会与越南船只发生冲突,越船采取了哪些挑衅行为,是谁先动武的等关键信息却只字未提,对当时在现场的越南船只的数量、种类、是否配备武器等也基本不提。其实,据越南海岸警卫队副司令兼参谋长 Ngo Ngoc Thu 在 2014 年 5 月 7 日召开的新闻发布会上的发言,中国刚开始时不过派了 3 艘油气服役船对"981"深海钻井平台进行护送。② 而越方却从一开始就派出了 6 艘武装船只③,后又不断增派船只,据统计,"截至 6 月 7 日 17 时,越方现场船只最多时达 63 艘"。为破坏中国的钻井作业,越船不仅最先连续冲撞中国政府公务船④,还派遣水下特工"蛙人"布放了大量渔网、漂浮物等障碍物,这些均可以从中国外交部公布的视频中得到证实。⑤ 作为回应,中方只能调遣更多的船只加以保护。随着双方船数的增多,冲突也就不可避免地于 5 月 7 日发生了。⑥ 然而,越媒在大肆渲染越方"损失"以突出其"受害者"形象的同时,

---

① BATEMAN S. New tensions in the South China Sea:Whose sovereignty over Paracels? [J/OL]. RSIS Commentary,2014-05-14.http://www.rsis.edu.sg/rsis-publocaton/idss/2253-new-tensicns-in-the-sacth-china/#.VxBey-l97IU.

② World media highlights China's provocative acts in Vietnam's waters[N]. Vietnam News Agency Bulletin,2014-05-08.

③ Anon.China requires Vietnam to stop any form of disruptions of Chinese company's operations[N]. Xinhua General News Service,2014-05-08.

④ 经统计,截至 2014 年 6 月 7 日 17 时,越船"冲闯中方警戒区及冲撞中方公务船累计达 1416 艘次"。"981"钻井平台作业:越南的挑衅和中国的立场[EB/OL].2014-06-08.http://www.fmprc.gov.cn/mfa-chn/zyxw-602251/tl163255.shtml.

⑤ 佚名.中方首公布越船在西沙撞击我海警船完整视频[Z/OL].2015-08-07. http://www.chinanews.com/shipin/cnstv/2014/06-14/news443500.shtml.

⑥ BATEMAN S. New tensions in the South China Sea:Whose sovereignty over paracels? [J/OL]. RSIS Commentary,2014-05-14.http://www.rsis.edu.sg/rsis-publocaton/idss/2253-new-tensicns-in-the-sacth-china/#.VxBey-l97IU.

却对中国因越方野蛮行径所面临的危险和蒙受的损失视而不见。

第五,越媒还多次批判中国违反了2002年与东盟签订的《南海各方行为宣言》(下文简称《宣言》),言下之意似可解读为越南对此宣言甚为尊重并严格遵守,这里暂且不对中国在自己的主权和管辖权范围内开展钻探活动是否有违《宣言》进行置评,只想指出的是,越南方面在相关海域以撞击中国船只等暴力方式来对抗中国是否与《宣言》倡导的以和平方式解决南海争议相符?此外,南海的"现状"这些年来一直在被人改变,其中动作幅度最大、持续时间最长的莫过于越南了。自《宣言》签署以来,越南在其非法占据的29个中国南海岛礁上的填海造陆行动,连美国媒体《国家利益》杂志都看不过去,认为"在南海纠纷水域声索国中,越南的填海造陆工程最为明显",为此美媒也不得不承认,越南的行动"在一定程度上削弱了其谴责中国造岛行为的道德权威"[1]。

总之,隐瞒现象在越媒的报道中并非罕见,这里仅举几例而已。

3.社会行动者的分类(classification of social actors)

为了使指称选择(referential choices)的描述更具系统性,有学者专门列出了一个综合清单,其分类方式包括:使人格化/使不具人格(personalised/impersonalised)、个人或集体化(individuals or collectivised)、个别的或通用的(specific or generic)、名义化或功能化(nominalised or functionalised)、匿名化(anonymised)、合计的(aggregated)、代词/名词——"我们"和"他们"的分割(pronoun/noun:the "us" and "them" division)[2]。这些基本上都可以在本章所研究的对象中找着例子,这里特别要运用"个人或集体化"、"匿名化"、"合计的"这三种方式来对越媒的意图进行分析。

(1)个人或集体化(individuals or collectivised)

在文本中,参与者是作为个人或集体的一部分来呈现,对此问题的思考有助于了解作者的用意。请看下面这个例子:

---

[1] 佚名.哨所比中国多四十个 美媒称越南才是南海侵略者[N].[菲]世界日报,2015-07-11.http://worldnews.net.ph/post/40865.

[2] HANSEN A,MACHIND.Media & communication research methods[M].New York:Palgrave Macmillan,2013:126-130.

World media highlights China's provocative acts in Vietnam's waters 国际媒体聚焦中国在越南海域的挑衅行为

这是上述表格中的第 18 个标题,尽管标题中含"国际媒体"字样,但文中提到的媒体其实只有新加坡的《海峡时报》和没有提供报纸名称的所谓的"德国多家报纸"。通过把个别国家的媒体冠上"国际媒体"这一集体名词来作为标题的主语,越媒可能意在:一是突显中国所谓的"挑衅行为"引起了国际媒体的关注,而这正好符合越南当局希望将南海问题国际化的意愿;二是塑造中国"挑衅者"、越南"受害者"的形象。尤其是对于那些仅看标题、无暇顾及新闻正文内容的受众来说,此类标题极易产生这样的误解。

(2) 匿名化(anonymised)

即以匿名方式来处理消息来源或有意使参与者匿名化。在新闻实践活动中,尽管匿名消息来源的使用有时不可避免,但若使用不当,极易成为假新闻的温床,故不少西方主流媒体均强调慎用匿名消息,并对其制定了详细的操作规则。① 不过,从越媒有关报道来看,越通社公告对匿名消息的使用似乎随意了些。例如:

①Many Italian scholars have slammed China's recent moving of an oil rig into Vietnam's waters, stating that Beijing is deliberately escalating tension that will threaten peace, security, stability and maritime safety in the region. 许多意大利学者抨击中国最近将一石油钻井平台移入越南海域的行为,认为北京有意使紧张局势升级,并称这将威胁到该地区的和平、安全、稳定及海上安全。

不知这里的"许多意大利学者"指的是哪些人?越媒没有交代,是无法交代?不好交代?还是越媒在夸大其词?不得而知。

---

① 国外知名媒体有关"消息来源"的使用规范[J/OL].中国记者.2005-08-17,http://news.xinhuanet.com/newmedia/2005-08/17/content_3366355.htm.

②Turning a deaf year① to the resultant outcry across Vietnam and the world, including from many people within China, <u>a Chinese official</u> brazenly described the rig as "a Chinese border within the mobile national territory of China". 对由此产生的来自越南全国、全世界,乃至中国国内许多人的强烈抗议充耳不闻,<u>一名中国官员厚颜无耻地把钻井平台说成是位于中国非固定国土内的中国边界</u>②。

不知这名中国官员究竟是谁?他在什么时候、什么场合做了这样的发言?笔者相当好奇,但显然难以从这则新闻中觅得答案。可越媒为何不愿公开这位官员的姓名呢?其真实性又有多大呢?

③On May 7, media around the world, such as AP, AFP, Reuters, DPA, New York Times, Wall Street Journal, Deutsche Welle and Strait Times, covered <u>a Hanoi international press</u> and later said that China's aggression raises the alarm to other regional nations. 5月7日,世界各地的媒体,如美联社、法新社、路透社、德新社、《纽约时报》、《华尔街日报》、德国之声和《海峡时报》,均报道了<u>河内的一则国际新闻</u>。此后称中国的侵略对其他区域国家发出了警报。

这里的问题在于,首先,不知是怎样的一则新闻竟获得了如此多媒体的报道?其次,这些媒体分别在何时何则新闻中报道了此则消息?如果不交代清楚的话,人们应有理由质疑其真实性。

(3) 合计的(aggregated)

即以统计的方式来量化或对待参与者。采用此类统计数据,给人以经过研究、科学可靠的感觉,但事实上并未告知确切的数字。③ 合计现象在

---

① 这里的"year"应为"ear"。
② 这里只是根据字面意思进行的翻译,笔者也不清楚最后一段话是什么意思。
③ HANSEN A, MACHIND. Media & communication research methods[M]. New York: Palgrave Macmillan, 2013: 129.

本章的研究对象中比比皆是,其中一个典型的例子为,作者常用"a large number of"(大量的)、"many"(许多)、"dozens of"(非常多的)等合计词来大肆炒作中国护卫钻井平台的船只和飞机数量之多,且往往会刻意加上"包括军用船只"等字样。下面再举一些其他例子:

①The same day, <u>many</u> major newspapers in Germany also ran articles and photos on the aggressive attitude of China in the East Sea, underscoring that China's stationing of its oil rig in Vietnam's waters is part of a series of provocative acts from Beijing. 同一天,德国<u>许多</u>主流报纸也以文章和图片方式对中国咄咄逼人的态度予以了报道,强调中国在越南海域放置石油钻井平台的行为,是北京一系列挑衅行为中的一部分。

②Turning a deaf year to the resultant outcry across Vietnam and the world, including from <u>many</u> people within China, a Chinese official brazenly described the rig as "a Chinese border within the mobile national territory of China". 对由此产生的来自越南全国、全世界,乃至中国国内<u>许多</u>人的强烈抗议充耳不闻,一名中国官员厚颜无耻地把钻井平台说成是位于中国非固定国土内的中国边界。

③<u>Numerous</u> countries from around the world, including Japan, Singapore and the US, have voiced their concern over the escalation, describing the move as a provocation and a threat to regional stability. 全世界<u>很多</u>国家,包括日本、新加坡和美国,均对事态的升级表示担忧,他们将此举称作是对地区稳定的挑衅和威胁。

④On the morning of May 9, <u>thousands of</u> people in Ly Son Islandsurrounding areas strongly protested China's illegal act in the East Sea. 5月9日上午,<u>成千上万</u>来自理山岛及其周边地区的民众强烈抗议中国在南海的非法行径。

⑤Noting that Chinese ships intentionally rammed into and used watercannons on Vietnamese ships, damaging <u>many</u> of them and inflicting injuries on crew members, Deputy FM Minh underlined that the situation is serious, harming peace, stability, security and marine safety in the regionas well as trust-building efforts in the region. 注意到中国船只蓄意冲撞越南船只,并用高压水炮来射击他们,造成了<u>很多船只受损</u>、船员受伤,副外长①范平明强调道,形势很严峻,破坏了本地区的和平、稳定、安全和海上安全,也伤害了在该地区建立信任所做的努力。

在上述例子中,作者以合计的方式说明了德国主流报纸、表达强烈抗议的中国人、对事态升级表示担忧的国家、越南抗议民众与越南受损船只的数量之多,但"许多"、"很多"、"成千上万"究竟指的是多少?记者并未给出具体的数字,为何不给呢?用意何在?颇耐人寻味。一般而言,新闻的准确性和真实性要求新闻工作者尽可能提供翔实的数据,尤其是对那些极易获得的数据,如第5例中的受损船只的数量。然而,越媒却选择以相当粗糙的统计方式来一笔带过,其背后的动机至少应是,为了极力渲染中国的行为引起了国际舆论的普遍"谴责",甚至连中国国内的"许多人"都感到不满,更不用说越南国内大批民众的抗议了。至于对受损船数的随意夸大,无非是为了凸现越南"受害者"的形象。

4.模棱两可的言语(hedging)

所谓模棱两可的言语,是指使用言词(words)来软化所说的话,或使自己远离某个词语所表达的含义,或避免详细说明。通常来说,作者使用模棱两可的言语,目的在于使其所声明的能达到策略性的含糊效果。② 现举几例来看:

①<u>Some</u> voiced that as a member of the G7 group linking seven

---

① 这里应该是指"副总理"(Deputy PM),而非"副外长"(Deputy FM)。
② HANSEN A, MACHIND. Media & communication research methods[M]. New York: Palgrave Macmillan, 2013:137.

industrialised nations, Italy should take a certain role in easing the tension in the East Sea, along with the international community. 有人表示,作为联系七个工业化国家的七国集团成员之一,意大利应该连同其他国际团体在缓和南海紧张局势方面发挥一定的作用。

这里通过使用"有人"这一模糊信源,来避开说出持此见解的学者的名字,但并不符合新闻专业主义要求消息来源应尽可能翔实的规定,从而在一定程度上降低了报道的可信度,人们甚至可以认为这其实是记者本人的观点。

②Almost agreed that the European nation should further exert its positive influence in the world political life and the Asia-Pacific in particular, from economics, culture to trade. 几乎一致认为,欧洲国家应从经济、文化到贸易方面进一步发挥其在世界政治生活,特别是亚太地区的积极影响。

采用"几乎一致认为"这一模棱两可的言语,记者无疑是想表达意大利学者们的意见基本一致,即欧洲国家应对亚太地区施加更多的影响,但此类说法是否严谨,值得商榷。

③Among many others, it made headlines in the US newswire *Foreign Policy* and the major German newspapers *Die Welt*, *Die Zeit* and *Der Spiegel*. 它(南海争议——笔者注)成为美国《外交政策》杂志和德国主流报纸《世界报》、《时代周报》和《明镜周刊》,还有其他许多媒体的头条新闻。

记者无意明说"其他许多媒体"到底指的是哪些媒体,只不过以此来突显南海争议已成为全球许多媒体的焦点议题。然而,仅以美国和德国的四家报刊为例,夸大的迹象还是比较明显的。

④It poses a threat to the ongoing negotiations for a Code of Conduct of the Parties in the East Sea(COC), which other nations are working tirelessly to finalise.它(指北京的行为——笔者注)对正在磋商的《南海各方行为准则》构成了威胁,其他国家正为最终达成准则而孜孜不倦地努力着。

⑤Other ASEAN countries expressed deep concern over the situation, which they said affected peace, security and marine safety in the region.其他东盟国家对局势深表担忧,他们说这影响了本地区的和平、安全和海上安全。

上述这两个例子虽然都因记者不愿阐明具体是哪些国家而选用了"其他"这一模糊的说法,但两者的言下之意应不尽相同:前者仿佛意在强调与那些为达成准则而"不懈努力"的国家不同,中国的行动对磋商中的"南海行为准则""构成了威胁",以此全盘否定了中国自2013年以来为促成"南海行为准则"的制订所做出的种种让步和一切努力;后者既有可能是基于敏感原因而没有详细说明是哪些国家,但更有可能是因为记者希望读者认为除越南之外的其他东盟国家都持同样的看法。

⑥Over recent time, there were many cases in which fishing boats from Ly Son Island were chased and harassed by Chinese ships in Hoang Sa waters and fishermen were taken captive illegally by the Chinese side, while their properties and catches as well as equipment on their boats seized.近来,出现了理山岛渔船在西沙海域遭中国船只追逐和骚扰的多个案例,渔民们被中方非法抓捕,其船上的财产、捕获物和设备被没收。

大概是为了强调越南渔船遭受中国船只所谓的追逐和骚扰的次数之多吧,记者用了"多个案例"一词来描述之,然而由于缺乏具体的案例和数据说明,仅以此来笼统概括,恐难令人信服吧。

5.互为话语性(interdiscursivity)

所谓互为话语性,是指"把与机构、社会意义相关联的不同的体裁、语篇或风格混合在一个文本中"①。"例如,有关失业的语篇常常提到其他语篇的主题,如性别或种族;有关妇女或移民的系统性较低工资的论据可能包含在关于就业的语篇中。"②在本章的研究对象中,一个较为突出的互为话语性的例子为,越媒对中国在自己固有的西沙群岛海域从事勘探行动横加指责,上纲上线,无限放大。比如说,在2014年5月7日发表的《中国石油钻井平台侵犯了越南的主权》一文中,越媒引述越南官员的话,称中国的行为"违反了越南对其专属经济区和大陆架的主权权利和管辖权,这与越南法律和国际法严重背道而驰,也违反了东盟国家与中国达成的《南海各方行为宣言》";"严重威胁到了海上安全,也影响到了本地区各个国家乃至全世界";"中国的违法行为损害了越中关系和两国高层达成的协议,破坏了越南和国际社会的信任"。在2014年5月9日的一则题为《美国国会议员谴责中国侵犯越南主权》的新闻中,越通社公告详细转述了美国国务院的一篇新闻稿,历数了中国自2009年至2014年的一系列所谓的南海"挑衅"行为,内容涵括升级对断续线的声索、切断越船电缆、设立三沙市、强制执行渔业法、加强在争议地区的石油钻探、袭击越南渔船、派出巡逻艇、进行军演等。其他报道还提到了1974年的中越海战,以及南海的航行、飞行自由对美国的繁荣与整个区域的安全的重要性等等。通过采用互为话语性,越媒把其他语篇的多个主题混合进来,竭力妖魔化中国,尽力散布"南海危机论",妄图使中国成为众矢之的,并企盼美国的介入。

6.转义修辞(rhetorical tropes)

夸张、暗喻、转喻、双关等,均属转义修辞之范畴,亦为政治修辞之典范。使用转义修辞的目的在于表达对形势的理解,而非用具体的术语来描

---

① WU J. Understanding interdiscursivity: A pragmatic model[J]. Journal of Cambridge Studies,2011,6(2-3):96.

② KELSEY D. Defining the sick society: Discourses of class and morality in British, right wing newspapers during the 2011 England Riots[J]. Journal of Capital & Class, 2015,39(2):36.

述之，转义修辞也常常是作者希冀达到说服与抽象效果之标志。① 鉴于越媒似乎对夸张法钟爱有加，这里将着重考察夸张法，先略举几例来看：

①The site of the clash is on an international shipping line running through Vietnam's exclusive economic zone, thus seriously threatening maritime security and safety, and <u>affecting countries in the region and the world</u>. 冲突的现场是在一条穿过越南专属经济区的国际航线上，因此严重威胁到了海上安全，<u>也影响到了本地区和世界各国</u>。

②The East Sea dispute has also become a hot topic <u>in all corners of the world</u>. 南海争议也已成为<u>遍布世界各个角落</u>的热点话题。

③"In any circumstance and from any angle, China's move of bringing the oil rig and <u>dozens of vessels of all kinds</u> into Vietnam's waters is unlawful and runs counter to provisions of international law, and Vietnam strongly protests these acts," Hai said."不论是在任何情况下，或从任何角度来说，中国将石油钻井平台和<u>非常多的各类船只</u>移入越南海域的行为都是非法的，违背了国际法的规定，越南强烈抗议这些举动。"海[越南国家边界委员会副主任陈维海（Tran Duy Hai）——笔者注]称。

④It is also a wake-up call for ASEAN to come alive and united to cope with the <u>"China Threat"</u> which is likely to engulf the whole of Southeast Asia, the scholar added. 这也对东盟敲响了警钟，提醒他们警觉起来、联合起来应对很可能吞没整个东南亚的<u>"中国威胁"</u>，这名学者补充道。

⑤Truc called on other countries to add their voices against Chinese aggression if they want to keep this "giant octopus" from deeply

---

① HANSEN A，MACHIND.media & communication research methods[M].New York：Palgrave Macmillan，2013：141.

penetrating into the waters, sucking dry natural resources and breaking off the livelihoods of regional countries. 轴[越南外交部边境委员会前主任委员陈功轴（Tran Cong Truc）——笔者注]呼吁其他国家提高反对中国侵略的嗓门，如果他们想阻止这只"巨型章鱼"深深地渗透到这一海域，吸干自然资源，且破坏区域国家生计的话。

冯·戴伊克把夸张法定义为"用强烈夸张的术语来描述某一事件或行动"，为的是夸大其严重性，或证明作为回应的特定行为是合法的。① 在上述五个例子中，不论是越通社公告的记者本身，还是报道中所提到的官员和学者，均极尽夸张之能事，极力渲染夸大"中国威胁论"和"中国危害论"，其用意无非是无限放大中国勘探活动的严重性。不可否认，若使用得当的话，夸张法（Hyperbole）应可达到增强表达效果，引起受众共鸣之目的。然而，夸张法的应用是有条件限制的：首先夸张不等同于浮夸，而应以客观事实为依据；其次，运用夸张法，应注意文体特征。特别是对于强调客观真实的新闻文体来说，更应慎重使用，以避免歪曲事实。很难想象，充斥极端情绪化言辞的新闻还是新闻吗？其可信度或说服力会高吗？

7. 引述动词（quoting verbs）

新闻文体的特点决定了新闻语篇中往往存在着大量的转述引语，以增强新闻之客观性、准确性和真实性。所谓引述动词，即连接说话者及其引语之间的动词。由于选择什么样的词语来作为引述动词能在较大程度上揭示作者的立场、情感，及其期待取得的效果，因此，很有必要对文本中的引述动词加以研究。② 就本章的研究对象而言，越媒除了使用诸如"say"（说）、"suggest"（提议）、"reiterate"（重申）、"propose/advise"（建议）、"explain"（解释）、"describe"（描述）、"recall"（回忆道）、"indicate"（指出）等中

---

① DIJK T A V. Ideological discourse analysis[EB/OL].1995. http://www.discourses.org/OldArticles/Ideological%20discourse%20analysis.pdf.
② HANSEN A, MACHIND. Media & communication research methods[M]. New York: Palgrave Macmillan,2013:140.

性转述动词之外,亦使用了不少情感色彩较浓、立场较鲜明的引述动词。例如:

①He affirmed that Vietnam has full legal and historical evidence attesting its sovereignty over the Hoang Sa and the Truong Sa (Spratly) archipelagos and the sovereign right and jurisdiction over the country's exclusive economic zone and continental shelf in accordance with regulations in the 1982 UN Convention on the Law of the Sea(UNCLOS).他[越南副总理兼外长范平明(Pham Binh Minh)——笔者注]断言,越南有充分的法律和历史依据来证明其对黄沙(西沙群岛)和长沙(南沙群岛)拥有主权,及按照1982年的《联合国海洋法公约》(UNCLOS)的规定,对越南的专属经济区和大陆架拥有主权权利和管辖权。

根据《柯林斯英汉双解大词典》的释义,"affirm"一词具有"公开肯定"之意。在本句中,记者以"affirm"为引述动词,来表明范平明关于越南拥有西沙和南沙群岛的声明是坚定且公开的。事实上,在越媒的相关报道中,"affirm"一词用得很频繁,不下20次(含名词"affirmation"一次)。

②US Congressman Eni Faleomavaega has strongly condemned China for violating Vietnam's sovereignty in the East Sea and called upon the US to make a clear and decisive response to China's acts.美国国会议员埃尼·法列欧马瓦埃加强烈谴责中国侵犯越南的南海主权,并呼吁美国对中国的行为做出明确和果断的回应。

③In his press release issued on May 8, Eni Faleomavaega, ranking member of the House Foreign Affairs Subcommittee on Asia and the Pacific …strongly criticised China for its May 2 placement of an oil drilling rig in Vietnamese waters and deployment of dozens of naval vessels to support this provocative action.在5月8日的新闻稿

中,众议院外交事务委员会亚太区高级委员埃尼·法列欧马瓦埃<u>加强烈批评</u>了中国于5月2日将一石油钻井平台放置在越南海域,且部署了多艘海军舰艇来支持其挑衅行为。

在上述出自同一则新闻的两段话中,记者不但选用了感情色彩浓郁的积极动词"condemned"(谴责)和"criticised"(批评)来作为引述动词,还特意加上了"strongly"(强烈地)这一副词来作为修饰,其用意无疑是强调中国的行为惹恼了这位美国国会议员。而另一引述动词"called upon"(呼吁)的使用,则体现了盼望美国尽快做出回应之意。其实,对于越南和菲律宾等与中国存在南海领土主权和海洋管辖权争议的国家来说,美国的表态至关重要,他们也一直期盼着能借美国之力来压制中国。

④ The same day, the Italy-Vietnam Friendship Organisation <u>slammed</u> China's unilateral moving of the oil rig as a serious violation of international law, causing tension and threatening security and peace in the region. 同一天,意大利-越南友好组织<u>猛烈抨击</u>了中国移动石油钻井平台的单边行为,称其严重违反了国际法,导致紧张,并对该区域的安全与和平构成威胁。

"slam"一词具有"猛烈抨击/严厉批评"之意,以此为本句的引述动词,记者意在突显意大利-越南友好组织对中方活动的"义愤填膺"。

⑤At an international press briefing in Beijing on May 8, Deputy Director-General of the Chinese Foreign Ministry's Department of Boundary and Ocean Affairs Yi Xianliang <u>tried to justify</u> its illegal act by arguing that the location of the rig is within China's waters. 5月8日在北京召开的新闻发布会上,中国外交部边界与海洋事务司副司长易先良<u>试图</u>为中国的非法行径辩解,称钻井平台所在位置是在中国海域内。

⑥He further <u>claimed</u> that China's deployment of dozens of vessels and planes, including military, police and fishing vessels, to the site is for self-defence to keep the rig running. 他(指易先良——笔者注)进一步<u>宣称</u>,中国将许多船只和飞机(包括军船、警船和渔船)部署在现场,是为了保持平台运行的自卫行动。

如前所述,37篇报道中,以中方为信源的只有2篇。上述这两段话即来自其中的一篇——《在"南海"事件中,国际媒体支持越南》。那越通社记者又是以怎样的引述动词来转述中方的说法呢? 从两段话中所使用的两个引述动词——"tried to justify"(试图辩解)和"claimed"(声称)来看,两者均含削弱中国官员所说话语之可信度和影响力之意图。原本"justify"的意思是"证明……有理",加上"tried to"(试图)之后,中国官员的话仿佛就变成狡辩了。至于"claim"一词,《柯林斯英汉双解大词典》的解释是:"如果你说某人声称某事是真实的,那你的意思就是,虽然他们说那是真实的,但你不确定他们是否在说真话。"因此,采用"声称"这一引述动词之后,中国官员之解释的真实性可能也要打些折扣了。

8.情态副词(modal adverbs/modal adjuncts)

情态副词有助于表达说话人或作者对某事或某物的主观态度或评价,因此,在以报道事实而非评判为主要任务的消息写作中,本应尽量少用或慎用情态副词。然而,在越媒的报道中,情态副词却频频出现。下面我们根据西方语言学家哈利迪(M. A. K. Halliday)对情态副词的部分分类①来举例说明:

(1)表频率的情态副词:总是/始终(always);从未(never);曾经(ever)

①Minh declared that Vietnam <u>always</u> patiently shows willingness to satisfactorily solve differences through talks, dialogues and peaceful measures following the common perceptions of the two

---

① HALLIDAY M A K. An introduction to functional grammar[M]. London: Hodder Arnold, 2004:82.

countries' high-ranking leaders. He added that Vietnam always follows the agreement on fundamental principles guiding the settlement of issues at sea in line with regulations and realities of international law, especially the UNCLOS, preventing the problem from damaging the political trust and cooperation between the two sides. 范平明宣布,越南总是耐心地表明愿意在遵循两国高层领导人共同看法的基础上,通过谈判、对话与和平措施来圆满解决分歧。他补充道,越南始终遵循按照国际法的法规和事实,尤其是《联合国海洋法公约》来指导解决海上问题的基本原则协议,防止出现的问题损害双边的政治互信与合作。

②The Vietnamese nation has never knelt down before any hegemonic forces. 越南这个国家从未屈服于任何霸权力量。

③There has been an outcry around the world ever since China illegally positioned an oil rig,…自从中国非法放置石油钻井平台以来,世界各地的抗议声就不断…

上述三个频率情态副词透露出说话人或记者强烈的感情色彩,记者选用它们的原因在于加强美化越南、丑化中国形象的效果,其中第 2 例带有显而易见的煽动民族主义的迹象。

(2)表显著性的情态副词:明显地/无疑地(clearly),显然地/明显地(obviously)

①The acts taken by China over the past days clearly have a negative effect on the political trust between the two countries and hurt Vietnamese people. 中国在过去几天所采取的行动,无疑对两国间的政治互信产生了负面影响,且对越南人民造成了伤害。

②China's move defies international law and obviously violated Vietnam's sovereignty as well as the 1982 UNCLOS(Articles 58 and

77) of which China itself is a member, the VLA said. 中国的举动违反了国际法,明显侵犯了越南的主权,且违背了中国亦为成员之一的1982年的《联合国海洋法公约》(第58和77条)。

通过采用以上带显著倾向性的情态副词,记者旨在强调中方举动造成的"严重后果"。

(3)表推测情态副词:毫无疑问地/确实地(no doubt)

①Chinese ships have swarmed and rammed Vietnamese coast-guard vessels in yet another instance of aggressive maritime harassment. There should be no doubt that China bears full responsibility for this unilateral attempt to change the status quo. 中国船只蜂拥而上且冲撞越南巡逻艇,这是咄咄逼人的海上骚扰的又一实例。毫无疑问,中国应对此单方面改变现状的企图负全部责任。

作者以"毫无疑问"一词来强化其观点的确定无疑。

(四)越媒扮演的角色

基于上述分析的结果,再结合报道内容,现拟总结一下越媒在南海领土争议中扮演的角色。

第一,凭借庞大的报道数量来展开大规模的舆论攻势。在2014年5月爆发的中越南海冲突事件中,越通社公告发布了数量极其庞大的英文报道,仅5月份的相关报道就多达345篇以上,其中最多时的一天(5月27日)竟达27篇之多。尽管多数报道与其说是新闻,不如说是宣传,但越媒的以量取胜策略,仍为其争得了不少国际舆论的支持。

第二,高度重视国际社会的反应,对亲越言论予以了及时的报道,极力营造多方声讨中国、声援越南的假象,并试图使南海问题国际化、东盟化。在各方舆论中,越媒最在乎的是美国的表态,幻想借助美方的力量来制衡中国。

第三,在对美国、印度和日本等域外大国的相关动态关注有加的情况下，却对另一争议方中国的言论视而不见、听而不闻，不愿在其报道中呈现中方的观点。

第四，以不实和偏颇的报道来竭力丑化、抹黑中国形象，大肆渲染"中国威胁论"、"中国危害论"和"南海危机论"，同时尽力美化越南，将其装扮成"弱者"和"受害者"的形象。

第五，对中国在自己主权管辖范围内的海域进行勘探活动大加挞伐、上纲上线、无限放大，但对越南自身的错误和挑衅行为却毫无检讨之意，对历史的真相则努力掩盖。

第六，持续煽动民族主义，宣扬狭隘的爱国主义，不时彰显越南人民众志成城、共同捍卫"越南主权"的坚定决心。正是由于越媒和越当局不遗余力地挑动民意，导致后来发生了严重的反华暴力事件。

四、研究结论

综上所述，本章以越南国家媒体《越通社公告》为例，以2014年5月爆发的中越南海冲突事件为个案，采用定量与定性相结合的混合研究方法，尤其是借助批评性话语分析法的8种工具，对《越通社公告》2014年5月初的南海问题报道进行了细致深入的考察，以研究越媒的报道特点、报道目的、报道策略、报道手段，及其如何利用话语来达到或强化报道效果，来传达想法与价值观，并试图影响和操控舆论。本章也指出了越媒报道中存在的有违新闻专业主义的做法。以此为基础，本章总结了越媒在南海领土争议中饰演的6种角色。鉴于现有成果中对越媒南海问题相关报道的研究似还较少，故冀本章能多少有点弥补，亦冀本研究能对有关部门知己知彼，正确应对越南舆论挑衅，以更好地维护我南海主权和权益有所裨益。

第5章

南海领土争议中的中国媒体角色研究

第五章　南海领土争议中的中国媒体角色研究

一、导言：研究背景、研究意义和研究对象

在2015年的政府工作报告中,李克强总理表示,中国要"坚决维护国家海洋权益,妥善处理海上纠纷,积极拓展双边和多边海洋合作,向海洋强国的目标迈进"①。就当前和未来较长一段时间的发展趋势来看,南海和东海问题,尤其是南海领土主权和海洋管辖权争议应当是中国面临的较为棘手的海上纠纷问题。南海纷争的妥善解决,不应只是包括外交部在内的政府相关部门和军方的事情,媒体的重要性同样不容小觑。放眼与中国存在争端的周边国家,特别是菲律宾、越南和日本三国,都极为重视运用和发挥媒体的作用。一些出于种种目的而涉足南海问题的域外大国,如美国和印度,也常常利用媒体说三道四、评头论足。在中国一再坚持要以和平方式解决海上纠纷的大背景下,如何充分利用包括新闻媒体在内的传播系统,以使国际社会更好、更全面地了解南海争端的来龙去脉和中国的主张依据等,从而提高中国在世界舞台的相应话语权,并争得更多的舆论支持和同情,是有关当局必须慎重考虑的课题之一。按照西方学者迈克尔·哈特和安东尼奥·内格雷的看法,"传播系统是与军事和金融力量并列的帝国的三股主要支撑力量之一"②。可见包括新闻媒体在内的传播系统的重要性。尤其是在当今的全媒体时代,媒体作为舆论的中坚力量在国际关系中所扮演的角色更是举足轻重。

由于新华社是当下中国承担最多对外传播任务的媒体机构,而2014年5月爆发的中越南海冲突事件一度成为国际社会的关注焦点,因此,本章拟以此事件为个案,以新华社关于此事件的英文报道为主,以其他中国媒体(含部分香港媒体)的南海问题中文报道为辅,结合笔者对南海问题的长期跟踪,探讨中国媒体在南海领土争议中饰演的角色,指出其存在的问

---

① 李克强.政府工作报告——2015年3月5日在第十二届全国人民代表大会第三次会议上[N/OL].2015-03-17. http://politics.people.com.cn/n/2015/0317/c1024-26702211.html.

② 毕研韬,王金岭.战略传播纲要[M].北京:中央编译出版社,2011:41.

题和不足,并提出一些较具针对性的建议和意见。鉴于在中越南海有关事件中,中越媒体均做了大量的报道,故本章将首先对新华社和越通社公告的相关英文报道进行对比,以考察中越两国媒体各自的报道特点。希望本研究能使有关当局更加重视发挥媒体的功效,并对改善中国媒体的南海问题报道有所裨益。

二、新华社与越通社公告有关中越南海冲突事件英文报道的对比研究

鉴于中越对南海及其岛礁的称呼有些不一致,本章对越通社公告以"South China Sea"(南中国海)、"Spratly"(南沙群岛)、"East Sea"(东海,越南对南海的称呼)、"Hoang Sa"(黄沙,越南对西沙群岛的称呼)、"Truong Sa"(长沙,越南对南沙群岛的称呼)为关键词,对新华社以"South China Sea"(南中国海)、"Spratly"(南沙群岛)、"Paracel"(西沙群岛)、"Xisha"(西沙,中国对西沙群岛的称呼)、"Nansha"(南沙,中国对南沙群岛的称呼)和"Vietnam"(越南)为关键词,借助数据库,搜索了两家媒体在2014年5月初关于中越南海冲突事件的英文报道。由于新华社第一篇相关报道的发表时间是2014年5月6日,而越通社是2014年5月4日,故本章分别以这两个日期为起点,搜索了两家媒体在此后一周的有关报道作为研究对象。

第一,从首篇报道的发表时间来看,新华社慢了2天。照理说,新华社的实力应在越通社之上,事件又是发生在中国的海域范围内,新华社应该更早知晓此事,但不知为何,新华社却比越通社迟了2天才开始报道这一事件。众所周知,对媒体来说,时效性至关重要,谁能在第一时间报道,谁就更具有主动权和影响力,也就在议程设置方面更占优势。特别是对牵涉两国领土纷争的南海问题这类极其敏感的政治议题来说,可能越早发声的那方越有机会占据舆论的制高点。据中国外交部边界与海洋事务司副司长易先良称,自2014年5月2日中国企业所属的"981"钻井平台抵达中国西沙群岛毗连区开始从事钻探活动起,越方就派遣了6艘船只,蓄意对在

现场作业的中国公务船进行主动的猛烈撞击,企图破坏中国的钻井作业。① 应该说,从这时起,中方最好就能将越方的种种主动挑衅和蓄意破坏的行为借助媒体或其他途径公之于众,让国际社会在第一时间了解事实的真相。然而,很遗憾,中国媒体未能及时发声,这在一定程度上使得原本是受害者的中方,反遭越方倒打一耙,在越南官方和媒体的极力渲染下,中国反而变成了"强力冲撞"越南船只、"伤害"越南船员的"好斗者"和"挑衅者"了。②

第二,从报道的篇数来看,同样是一周的时间,越通社公告发表了37篇相关报道,而新华社则只有13篇,且其中有3篇仅稍微提及南海问题。因此,就报道数量而言,新华社也是远远不如越通社公告的。虽然报道数量的多寡,不一定代表报道质量的高低,且越媒的多数报道的确与其说是新闻,倒不如说是宣传,但越媒的以量取胜策略,仍为其争得了不少国际舆论的支持。当时全球许多评论都支持越南的声索,认为中国的钻探活动是"非法"的。换言之,有时报道数量越多,报道频率越高,引起关注的概率可能也就越大。当然,中方亦有可能是出于希望低调处理等想法而刻意不愿多发表相关新闻。

第三,从报道提及的国家和地区来看,新华社以中国、越南和东盟为主要报道对象,而越通社公告则涵盖了越南、中国、美国、意大利、新加坡、日本、国际媒体、墨西哥、欧盟、斯里兰卡、东盟、联合国等。这一方面反映了中越两国对待南海问题的处理态度,即中国始终认为涉及领土主权和海洋管辖权的争端和纠纷,只能由当事方通过双边磋商和谈判来解决,而越南则迫切希望尽可能将南海问题多边化、复杂化、国际化;另一方面也说明了中国采取了相当克制的态度,不希望事态进一步扩大,而越南则极尽渲染夸大之能事,希望国际社会的广泛介入。

---

① China requires Vietnam to stop any form of disruptions of Chinese company's operations [N]. Xinhua General News Service,2014-05-08.
② ANON. China focus:China urges Vietnam to respect its sovereign rights over Xisha Islands[N]. Xinhua General News Service,2014-05-09.

第四,从报道的情感和立场的表露方式来看,两家媒体大相径庭。越通社公告的报道立场极其鲜明,情感色彩相当浓厚,甚至不惜以存在不少偏颇乃至失实的内容为代价。例如,它一味指责中国,却压根不提越方的主动挑衅和好斗行为;它一再控诉中国,却未能列出多少事实来加以佐证。反观新华社的报道,则似乎因为过于强调新闻的客观性,而未能更好地运用情感。其实,不论是业界还是学界,都有不少人认为,在尊重事实客观性的基础上,在新闻报道中投入情感,可增强新闻作品的传播效果,达到"以情纬文、以情感人"的目的。① 诚如有学者指出的那样:"在国际传播的语境中,观点胜于事实,当然这是建立在事实真实的基础之上的。……感性认识与理性思考结合的新闻,才是好新闻。"② 遗憾的是,在新华社的报道中,除了一篇评论文章之外,几乎看不到记者观点的直接表露,更多的是通过对新闻事实和报道角度的选择来间接反映其立场。总的来看,越通社公告因情感表露得过于直接而影响了新闻的真实性和客观性,而新华社则因情感表露的过于含蓄而可能较难达到更理想的传播效果。

第五,从报道的用语来看,越通社公告中充斥着大量批判和斥责中国的相当负面的词汇,个别甚至是谩骂式的用语,如称中国官员为"厚颜无耻的"③;而新华社的报道则显得冷静客观得多,基本上是对官员和发言人言论的引述。具体来看,且不说两家媒体在对具情感偏向的形容词的使用方面存在着显著的差异,即越通社公告频频使用此类形容词,而新华社则尽量避免用到它们,就连对引述动词的应用,两家媒体也大不相同。在越通社公告的报道中,引述动词繁多,既有诸如"say"(说)、"suggest"

---

① 北风.带着感情写新闻[N/OL].[菲]世界日报,2015-09-30. http://worldnews.net.ph/post/46872.另见张亚明.闻报道中的情感运用——与新闻的客观性关系浅说[Z/OL].2009-01-31. http://blog.sina.com.cn/s/blog_502d557d0100cead.html.

② 李国辉.做新闻,需要有感性认识和理性思考[N/OL].2013-03-14. http://www.baoye.net/News.aspx? ID=326698.

③ China condemned for escalating East Sea tensions[N]. Vietnam News Agency Bulletin, 2014-05-09.

(提议)、"reiterate"(重申)、"propose/advise"(建议)、"explain"(解释)、"describe"(描述)、"recall"(回忆道)、"indicate"(指出)、"state"(声明)等中性转述动词,亦有诸多情感色彩较浓、立场较鲜明的引述动词,如"affirm"(公开肯定)、"stress/highlight/underscore/emphasize/underline"(强调)、"demand"(强烈要求)、"warn"(警告)、"call for/request"(要求)、"call on"(呼吁)、"laud"(称赞)、"condemn/denounce"(谴责)、"criticize"(批评)、"blame"(指责)、"slam"(猛烈抨击)、"claim"(声称)、"assert"(断言)、"protest"(抗议)、"maintain"(坚持认为)、"reaffirm"(再次确认)、"vow"(发誓)、"assure"(保证)、"oppose"(反对)等。相比之下,新华社所用引述动词则显得很单一,大部分为中性的,如"say"(说)、"urge"(敦促)、"reiterate"(重申)、"express"(表达)、"tell"(告诉)、"note"(提到)、"add"(补充道)等,其中尤以"say"(说)一词使用最为频繁,其他较具情感色彩的引述动词为"demand"(强烈要求)、"criticize"(批评)、"stress"(强调)、"call on"(呼吁)、"warn"(警告)、"defend"(为……争辩)、"vow"(发誓)等。

第六,从传播策略来看,新华社注重从理性出发,通过具体的数据和不争的事实来进行有理有据的说明与反驳,阐释石油钻井平台为何是在中国自己的主权和管辖权范围内,揭露越方一再的主动挑衅和好斗行为,指出中方的高度克制和被迫防守,同时呈现中方对越方的苦口婆心,表达中国仍对中越关系寄予厚望等。而越通社公告则着重从感性出发,对中国在自己固有的西沙群岛海域从事勘探行动大加挞伐、上纲上线、无限放大;竭力丑化、抹黑中国形象,大肆渲染"中国威胁论"、"中国危害论"和"南海危机论",并尽力将越南装扮成"弱者"和"受害者"的形象;努力收集国际社会的反华亲越言论,营造多方声讨中国、声援越南的假象,企图使南海问题国际化、东盟化;反复炒作中国护卫钻井平台的船只数量之大、种类之多,指控中国船只的"好斗"行为,及其对越南船只和船员造成的"重大损伤";持续煽动民族主义、宣扬狭隘的爱国主义,不时彰显越南人民众志成城、共同捍卫"越南主权"的坚定决心。正是由于越南媒体和越当局不遗余力地挑动民意,导致后来发生了严重的反华暴力事件。

三、中国主流媒体在南海领土争议中扮演的角色

在愈演愈烈的南海岛礁争端中,中国媒体正扮演着如下一些角色:

第一,对内提供相关资讯,对外传递中国声音。南海问题由来已久,但在美国自2009年以来陆续推出"重返亚太"(Back to Asia)、"转向亚太"(Pivot to Asia)和"亚太再平衡"(Rebalanced Asia)战略的大背景下,南海问题愈加错综复杂,已成为域内外国家向中国发难、发力的极佳借口,也引起了越来越多国人的关注。然而,由于南海问题涉及多个学科领域,属典型的非强制性接触议题,因此,对于缺乏专业知识和海外背景的受众来说,要想比较清楚地了解这一问题的来龙去脉和后续发展,在很大程度上恐须倚靠对媒体相关报道的持续关注。而近年来南海问题的不断发酵,也的确令国内媒体对此问题的报道力度有增无减,无论是中央级媒体还是地方级媒体,无论是传统媒体还是新媒体,无论是沿海媒体还是内地媒体,均表现出了对报道南海问题的浓厚兴趣。媒体以多种方式呈现的新闻报道使得国人能及时跟进南海的最新动态,同时也是决策层或相关部门不可或缺的资讯来源之一。例如,2014年2月,《环球时报》记者通过实地探访菲律宾的苏比克湾,发现了驻菲美军及菲美交往之间的一些秘密[1],相信这些信息具有一定的参考价值。而参考消息网上的《南海》专栏和环球网上的《海外看中国》,均精选编译了外电外报中有关南海问题的最新消息和评论,既有助于读者了解海外对南海问题的看法和立场,对国内相关部门的参考意义亦是不言而喻的。尤其是当媒体刊载国外一些正义人士的相对客观公正的言论时,能多少起到对内激励、对外反驳的作用。比如,环球网

---

[1] 佚名.基地不许菲军进入美军秘密常驻菲律宾剑指中国[N/OL].[菲]世界日报,2014-02-25. http://worldnews.net.ph/post/2223.

《海外看中国》于2013年8月12日翻译刊载了马来西亚《新海峡时报》上发表的《不要总是把中国描绘成"坏蛋"》一文,作者哈姆扎以对比的方式,一针见血地指出某些西方媒体在报道南海问题时,对中国存在不公正、不客观、歪曲、失衡、以偏概全等问题,并指出此类报道可能带来的不良后果。[①] 毫无疑问,用第三方的观点来反驳对方,往往比自我反驳更具说服力。此外,媒体对精英们的观点和建议的传达,同样有助于政府政策的制定和实施。

在中国经济已大踏步进入国际舞台中心的同时,中国却没有相应的话语权,西方媒体依旧操控着国际舆论,"西强我弱"的舆论格局仍然没有改变。特别就南海问题而言,中国经常成为海外某些媒体口诛笔伐的对象。尽管如此,我们的媒体,尤其是肩负维护国家主权和国家利益的中央级媒体,还是一如既往地发挥着媒体在对外宣传和对外交往中的特殊作用,成为向世界传递中国声音、阐明中国立场的重要窗口,以增进国际社会对南海问题来龙去脉和中国声索理由的了解,尽可能消除国际社会对中国的误读和曲解。比如说,在本章所选的新华社关于中越南海冲突事件的报道中,相当一部分是关于中国官员(含外交部官员)和外交部发言人对中国勘探活动的正当性、合法性的阐述,对越方违法违规、主动挑衅行为的揭露,对越方行为将导致的严重后果的警告,对越方停止其干扰行为的呼吁等。在中央电视台中文国际频道CCTV 4的《今日亚洲》、《今日关注》、《中国新闻》等栏目,以及中央电视台英语新闻频道CCTV NEWS中,不时可以看到有关南海问题的最新报道和点评。

第二,对外媒的不实报道予以辟谣,对外界的质疑声予以回应。一些外媒在报道南海问题时,由于受多重利益的驱使和各种因素的影响,又往往戴着有色眼镜,持守刻板印象,故而在新闻报道中常出现不实或歪曲的

---

① 哈姆扎.不要总是把中国描绘成"坏蛋"[N/OL].汪北哲,译.2013-08-12. http://oversea.huanqiu.com/political/2013-08/4232655.html.

现象,若不予以及时辟谣的话,将既不利于南海问题的解决,亦不利于中国国家形象的塑造。尽管中国外交部或国防部发言人常就相关不实报道予以澄清,但为了达到更理想的传播效果,非常需要媒体的配合,而我们的媒体也的确在协力做好这项工作。例如,针对2013年年底发生的中美军舰南海相遇事件,中新社、中通社等均把中国国防部新闻事务局对部分外媒的不实报道的驳斥予以了及时的报道,多少挫败了一些媒体借机挑拨中美关系的企图。《环球时报》还着手披露了两舰对峙时的一些细节,以使受众更好地了解事实的真相。① 自2014年5月中国的"海洋石油981"钻井平台在西沙群岛施工伊始,越方即不遗余力地加以阻挠破坏,除了出动包括武装船只在内的大批船只进行强力干扰之外,还以大量不实、偏颇乃至歪曲的报道来对内煽动民族主义,对外散布"中国威胁论",对此,新华社的评论文章以确凿的证据戳穿了越南在现场的真实表现,指出中方行为的正当性、合法性,和越方行为的严重性与危害性。②

这些年来,随着中国国力的增强和南海维权意识的加强,中国在南海的一举一动均受到外界的高度关注和放大解读。例如,自中国南海捕鱼新规于2014年年初生效之后,包括美联社和路透社在内的不少外媒即质疑声四起,再次把"挑衅者"的帽子扣到中国的头上。针对此种情形,香港中评社发表了《中国为南海立新规 宣示决心》的社评,说明自2014年元旦开始,首先打破南海平静局面的是菲律宾,而美国和日本则自愿为其"站台喝彩"。文章阐述了中国加快南海维权步伐的正当性和必要性,指出此次出台的捕鱼新规其实只是对二十几年前通过的《海南省实施中华人民共和国渔业法办法》的修订,而非政策的改变,以此驳斥美、日认为中国此举是"蓄

---

① 佚名.中国响应中美军舰南海相遇双方国防部已进行有效沟通[N/OL].[菲]世界日报,2013-12-19. http://www.worldnewsph.net/4/i_images/i10.html.

② ANON. Commentary: Vietnamese harassment disrupts, complicates South China Sea situation[N]. Xinhua General News Service,2014-05-11.

第五章 南海领土争议中的中国媒体角色研究

意挑衅"的指责。①

第三，透过现象看本质，揭露事实的真相。国际政治、国际关系错综复杂、千变万化，有时真实的意图往往隐藏在冠冕堂皇的措辞背后，看似正当的行为其动机亦有可能是不可告人的，这就需要透过现象看本质，以揭露事实的真相，尤其是对于像南海问题这类牵扯多方利益的敏感议题，更须如此。相关媒体因为长期跟踪报道南海问题，对此议题较为熟悉，又具备向专业人士请教的相对便利的条件，故而常常扮演着分析、解读、评论等角色。现举几个例子来看，当菲律宾以所谓的政治与外交手段已"穷尽"，不得不诉诸法律手段为托词，于2014年3月底就南海问题向国际仲裁法庭起诉中国时，《人民日报》（海外版）即于2014年4月1日刊发了《菲律宾强推仲裁注定徒劳》一文，以有力的证据，包括《联合国海洋法公约》的有关规定和中菲达成的协议等，来揭穿菲律宾此举的真实意图，"是为了掩盖其非法侵占中国领土和在南海挑起事端的本质"②。对于越南在2014年5月爆发的中越南海冲突事件中的蛮横行为，多家中国媒体予以了解读，如新华社认为越方的真实用意在于"企图破坏中国的石油勘探"，"损毁中国在东南亚乃至全世界的形象"，制造恐慌情绪，并企盼外界势力的卷入等。③ 香港中评社写道，越方行为与其"对中国外交方略的误判有关"。④ 香港中通社分析道，越当局煽动民意，推动反华浪潮的意图"在于借此在南海问题

---

① 张迎春.香港中评社社评——中国为南海立新规宣示决心[N/OL].（台北）"中央日报"网路报，2014-01-21. http://www.cdnews.biz/cdnews_site/docDetail.jsp?coluid=110&docid=102617953.

② 佚名.大陆人民日报海外版专文——菲律宾强推仲裁注定徒劳[N/OL].（台北）"中央日报"网路报，2014-04-01. http://www.cdnews.biz/cdnews_site/docDetail.jsp?coluid=110&docid=102701754.

③ Commentary: Vietnamese harassment disrupts, complicates South China Sea situation[N]. Xinhua General News Service, 2014-05-11.

④ 余永胜.香港中评社专论——越南对中国有误判中国不应示弱[N/OL].（台北）"中央日报"网路报，2014-06-20. http://www.cdnews.biz/cdnews_site/docDetail.jsp?coluid=110&docid=102803558.

上同中国政府进行博弈和对抗,企图通过伤害在越中国企业和人员来向中国施压"①。至于美国的新亚太战略,《人民日报》(海外版)毫不客气地指出,正是这一战略,使得亚太地区"不再太平"。②

第四,对内发挥预警功能,对外发出警戒或忠告。"倘言一个国家是航行在大海上的船只,那么新闻记者就是站在船头的瞭望者。他要在一望无际的海面上观察一切,审视海上的不测风云和浅滩暗礁,及时发出警报。"普利策的这句经典名言,形象地说明了媒体的重要职责之一——充当瞭望者。随着南海领土争端的加剧和域外大国染指程度的加深,中国面临的挑战必然越来越多,也越来越迫切需要针对南海潜在的危机设立预警和管控机制。在预警方面,媒体发挥的作用不容低估。比如,在菲律宾和美国于2014年3月举行双边战略对话结束后的第二日,《环球时报》即通过采访广西社科院东南亚研究所研究员孙小迎而发出如下警报:"美菲驻军协议一旦达成,菲律宾将在南海有更多动作,中国需要警惕。"③2014年6月,中国南海研究院院长吴士存在接受中新社记者采访时,也提醒有关当局要注意日本的公开染指南海问题,将与美国相互呼应,从而增加中国南海维权的难度。④

对于域内外有关方面的过火言论或过激行为,媒体有时也会予以警戒或发出忠告。例如,2014年3月,在菲律宾因强行突破中国海警船封锁,向其坐滩仁爱礁的军舰提供补给而得意忘形时,《人民日报》(海外版)登载了《菲律宾得意忘形必自取其辱》一文,对菲律宾的"片面认识形势"和美国

---

① 佚名.如不能控制反华暴行越南将自食恶果[N/OL].[菲]世界日报,2014-05-19.http://worldnews.net.ph/post/8896.

② 佚名.官媒:美"再平衡"使亚太不太平[N/OL].[菲]世界日报,2014-06-02.http://worldnews.net.ph/post/10014.

③ 佚名.菲美对南海局势表示关切华媒:菲方下一步或有更多动作[N/OL].[菲]世界日报,2014-03-12.http://worldnews.net.ph/post/3538.

④ 佚名.中国南海研究院院长吴士存认为南海局势升温但总体可控[N/OL].[菲]世界日报,2014-06-05.http://worldnews.net.ph/post/10326.

第五章　南海领土争议中的中国媒体角色研究

对菲律宾的"摇旗呐喊、鼎力支持"发出了警戒。① 2014年4月7日,该报又劝告美国不要在南海"搅浑水",否则后果将会很严重。② 面对菲律宾和越南的一再挑衅,《环球时报》(英文版)在社论《外交风险伴随中国崛起而升高》中提议,"中方不应排除以'非和平'手段对付菲律宾与越南","南海争议应以和平手段解决,但这不代表中国在面对越南及菲律宾挑衅时,不能诉诸非和平措施"。③ 2014年5月越南出现暴力反华事件后,多家中国媒体相继发声,香港中通社告诫越方,"如不能控制反华暴行",将"自食其果"④;《人民日报》(海外版)义正词严地指出:无论越南在美国和日本等域外大国的撑持下如何胡闹,永远也不会得逞⑤;新华社提醒越南不要让海上争端成为中越两国人民利益的阻碍⑥。对于东盟一两个国家企图利用南海问题来绑架中国与东盟之间的关系,新华社援引中国外交部发言人华春莹的话,予以了警戒。⑦

第五,积极捍卫并努力塑造中国的良好国际形象。自19世纪中叶以来,"中国威胁论"的论调就层出不穷,新一轮的南海争议更成为某些外媒鼓吹"中国威胁论"的极佳借口,"中国威胁论"对中国各方面的危害显而易

---

①　佚名.大陆人民日报海外版专文——菲律宾得意忘形必自取其辱[N/OL].(台北)"中央日报"网路报,2014-03-31.http://www.cdnews.biz/cdnews_site/docDetail.jsp?coluid=110&docid=102700514.

②　佚名.大陆人民日报海外版专文——美在南海搅浑水捡不着便宜[N/OL].(台北)"中央日报"网路报,2014-04-07.http://www.cdnews.biz/cdnews_site/docDetail.jsp?coluid=110&docid=102708410.

③　佚名.总统府重申以外交化解争端对中国媒体强硬措辞不予置评[N/OL].[菲]世界日报,2014-05-17. http://worldnews.net.ph/post/8814.

④　如不能控制反华暴行越南将自食恶果[N/OL].香港中通社,2014-05-19,http://worldnews.net.ph/post/8896.

⑤　佚名.中国官媒批越再闹也不会得逞[N/OL].[菲]世界日报,2014-05-31.http://worldnews.net.ph/post/9901.

⑥　Commentary: Vietnamese harassment disrupts, complicates South China Sea situation[N]. Xinhua General News Service,2014-05-11.

⑦　Anon.ASEAN leaders vow to strengthen cooperation for full implementation of DOC[N]. Xinhua General News Service, 2014-05-11.

见,且与真实的中国严重不符。面对这一相当不利的现状,中国媒体总是不遗余力地坚决维护中国的良好形象,不厌其烦地解释中国的真实意图,尽其所能地消除外界对中国的不必要的担心。还以2014年发生的中越南海冲突为例,面对当时甚嚣尘上的"中国威胁论""大国欺负小国论",新华社严肃地指出:"中国作为世界第二大经济体,在地区与国际事务中,都是负责任的利益相关者,正如其邻国有目共睹的那样,中国一直致力于与他国分享其高速发展的红利,致力于建设一个和平、繁荣的亚洲;……中国的和平崛起攸关地区前景。……诚如在石油钻井平台事件中所显示的那样,中国始终保持最大限度的克制,不希望看到任何源于毫无根据的不信任而导致的不必要的冲突。"[1]

四、中国媒体在南海问题报道中存在的问题及可能的解决方案

毋庸讳言,中国媒体在南海岛礁争端中发挥着不可替代的重要作用,但也存在着一些亟待改善的不足之处。

第一,在报道的时效性和报道数量(这里主要指英文报道)方面有待加强。由于南海问题不但关乎中国的核心利益,还关涉域内外多个国家和地区的利益,故而极其敏感复杂,极易成为境外势力炒作、抹黑中国形象的话题和工具。因此,在报道南海问题时,既要力求审慎,又要注意把握时机。正如本章第二部分所论述的那样,倘若新华社及其他中国媒体当时能抢在越通社之前,将"981"钻井平台事件中越方的野蛮行径和挑衅行为等真相,以包括视频在内的各种方式公之于众,并能在报道数量方面有所增加的话,也许能在一定程度上减少外媒的炒作空间和影响程度,也多少能避免后来极力呈现事实真相的被动。

第二,某些报道的措辞有待改进。毫无疑问,媒体针对域内外相关方

---

[1] Commentary: Vietnamese harassment disrupts, complicates south China Sea situation [N]. Xinhua General News Service, 2014-05-11.

的一些过火或过激言行予以警戒或发出忠告,能在某种程度上发出官方不易或不能直接发出的声音,并可能成为试探他方反应的"气球",甚至还有可能影响到他国的舆论。然而,太过直接或强硬的措辞不仅起不到上述作用,反而可能适得其反,给那些"中国威胁论"的鼓吹者留下口实。例如,在 2013 年 5 月 29 日的一篇评论中,《人民日报》称:"如果菲律宾继续挑衅中国……反击将很难避免。"这一警戒为菲律宾当局猛烈攻击中国具"挑衅性"创造了机会,而菲官员亚牙包对此则不屑一顾,认为这不过是"武力威胁"而已,因为中国无法承担因发动战争而导致的"推动日本重新武装",以及给美国"加速其转移到亚洲的借口"。①

第三,部分媒体在种种利益的驱使下,存在不负责任的炒作之嫌。近些年来,受互联网和市场化大潮的冲击,媒体的生存环境发生了巨大的变化,有些媒体必须凭借吸引读者、服务读者来获取生存空间。于是,在"商业新闻学"的导向下,部分媒体在报道南海问题时,不惜以追逐耸人听闻的标题、迎合狭隘乃至极端民族主义的内容、揭秘所谓的内幕消息,或炫耀国力、军力、财力等来吸引眼球。如前所述,南海问题高度敏感又极其复杂,涉及多个学科领域,然而有些媒体在一知半解的情况下予以草率的报道或不负责任的炒作,由此造成的危害甚大。诚如针对近来发生的美国军舰"拉森号"(USS Lassen)未经中国政府许可,擅自闯入中国南沙群岛有关岛礁邻近海域一事,有学者指出的那样:"由于部分媒体长时间不负责任的炒作,大多数对于政府、军方的批评都是在误解的基础上发生的。"②至于一些可能涉及国家机密,或甚至是捕风捉影的内容,个别媒体为了追求轰动效应,在没有咨询有关当局的意见或征得其同意,或未经求证核实的情况下,就迫不及待地予以报道,由此带来的对国家利益的损害和可能产生的

---

① 佚名.众议员亚牙包认为中国不会对菲开战[N/OL].[菲]世界日报,2013-07-02. http://www.worldnewsph.net/2/p_images/p13.html.
② 储殷.南海问题中的内忧与外患[N/OL].2015-10-27. http://news.ifeng.com/a/20151027/46018513_0.shtml.

恶果是可想而知的。

第四，中国媒体的国际传播力与辐射力亟待加强，这恐怕是当前中国媒体面临的最大问题。尽管自20世纪90年代以来，中国传媒业经过市场化改革，已呈现出日新月异的面貌，甚至已成为"全球第三大传播业市场"[1]；尽管中国在加强本国媒体的国际传播力建设方面所付出的努力不可谓不大，但现实是，中国媒体在国际舞台上的声音还是不够响亮，国际传播力与辐射力均待增强。在国际舆论场上，我们不仅难以影响舆论的走向，反而常常被他国媒体设置的议程左右。当然，这其中意识形态所扮演的角色不容忽视。然而，同样受意识形态影响、2005年12月才正式开播的俄罗斯媒体"今日俄罗斯"（英文名称RussiaToday，简称RT）却在短短的几年时间里，已发展成为让西方胆战的航母级媒体[2]，这不能不让我们深思与借鉴。

针对上述存在的一些主要问题，现拟提出一些可能的解决方案：

第一，效仿"今日俄罗斯"的"独家"、"迅速"、"准确"的报道风格，努力提供时效性强、高水准的新闻产品。[3]

第二，针对南海问题的特殊性，在报道相关新闻时，以传播中国的声音、维护中国的利益为使命，既要审慎负责，注意措辞，又要主动出击，敢于触碰敏感议题，争取抢占先机，掌握议程设置的主动权。

第三，要善于通过制造于己有利的话题，来为国内其他部门缓解舆论压力、化解危机赢得时间。

第四，鉴于南海问题的复杂性，建议对相关记者进行系统培训，以提高报道的专业性。

---

[1] 报告精读|全球传媒发展报告(2014)[M/OL]//胡正荣.全球传媒蓝皮书:全球传媒发展报告(2014).2015-03-31. http://www.pishu.cn/zxzx/xwdt/219021.shtml.

[2] 徐蕾.我们向"今日俄罗斯"学什么？[N/OL].人民日报(海外版)，2014-09-19. http://paper.people.com.cn/rmrbhwb/html/2014-09/19/content_1479579.htm#.

[3] 徐蕾.我们向"今日俄罗斯"学什么？[N/OL].人民日报(海外版)，2014-09-19. http://paper.people.com.cn/rmrbhwb/html/2014-09/19/content_1479579.htm#.

第五,在提高国际传播力与辐射力方面,要注意以下几点:一是强化本土化工作,以贴近当地受众习惯的播报方式和节目风格来改变国际社会对中国媒体的固有印象。二是高度重视社交网络传播,借力社交媒体来影响那些较易受影响的人,这是"今日俄罗斯"的重要成功经验之一,也特别值得我们学习和借鉴。随着社交网络平台日渐成为传播的主要阵地,"未来,中国的国际传播应改变现有工作思路、业务流程,将社交网络的传播真正当作一项中心事业,要到舆论广场的中心地带去传播"①。三是"在尊重新闻传播规律、尊重信息技术传播演进规律的前提下,从思维方式、管理方式、技术方式上找原因,寻突破,在多元文化的国际传播阵列中树立本国的观察视角"②。

第六,这里还想引用《媒体在当前国际关系中如何动作?》一文中的一段话来作为可能的解决方案:

> 如果媒体的关注和相关报道更加全面、更加客观、更加深入,如果媒体的关注和相关报道在注重新闻性和商业效果的同时对其对对外关系可能产生的作用尤其是社会责任和政治责任有更多的考虑,如果媒体传递的意见领袖的声音多一些冷静和理性、少一些激动和极端,如果中国媒体对国外媒体多一些交锋而非论战、多一些有理有据的纠错而非简单的批评,那么中国面临的外部环境的复杂严峻程度也许会有所下降,应对诸多挑战的舆论环境会更加有利,有关的政策谋划也许会更加深思熟虑,政策调整和实施也许会更加从容,效果也相应地可能会更好。③

总而言之,本章以 2014 年 5 月发生的中越南海冲突事件为个案,以当下中国承担最多对外传播任务的新华社对此事件的英文报道为主,以其他

---

① 王磊."今日俄罗斯":让美国紧张的航母级媒体[J/OL].今传媒,2014-12-25.http://www.mediacircle.cn/? p=17382.

② 徐蕾.我们向"今日俄罗斯"学什么?[N/OL].人民日报(海外版),2014-09-19,http://paper.people.com.cn/rmrbhwb/html/2014-09/19/content_1479579.htm#.

③ 高祖贵.媒体在当前国际关系中如何动作?[N/OL].2010-11-23. http://media.people.com.cn/GB/22114/41180/207870/13294364.html

南海领土争议中的媒体角色研究

中国媒体的南海问题相关报道为辅,首先对新华社和越通社公告关于中越南海冲突事件的英文报道进行对比,以考察两国媒体的报道特点,然后探讨了中国媒体在南海领土争议中扮演的多种角色,指出其存在的问题和不足,并试图提出一些较具针对性的应对策略。基于域内外多方均深刻认识到了本国媒体在南海岛礁纷争中的重要作用,并想方设法地利用它们来为本国利益服务,因此,我们也要高度重视并充分发挥本国媒体的功效,使其更好地为维护我南海主权、提升国家"软实力"服务。

附录一

菲律宾主流英文媒体对黄岩岛事件的报道分析

——以《菲律宾每日问询者报》为例

内容提要：迄今仍悬而未决的黄岩岛事件虽曾激起不同领域学者的研究热潮，但从媒体报道的角度加以剖析的研究成果似乎很少。本文选择了有"菲律宾第一大报"之称、可在相当程度上代表菲主流英文媒体的《菲律宾每日问询者报》为例，从新闻传播学和国际关系学相结合的角度，采传播学中两种常用的研究方法——内容分析法和文本分析法为主要研究方法，从形式特征、内容特征和报道倾向三个方面阐析了《菲律宾每日问询者报》有关黄岩岛争端的报道，其中尤以内容特征为重点，深入挖掘了相关报道中具有理论和实际应用价值、可能引起国际问题学者关注或感兴趣的信息，例如，《菲律宾每日问询者报》对黄岩岛名称的处理；中菲双方关于对峙起因的各自说法；菲律宾对黄岩岛的声称依据及其倡导的解决方案，兼评菲方的声索理由是否合理合法；面对因黄岩岛危机而导致的中菲紧张关系，菲当局是如何应对的；相关报道中出现了哪些不实信息等。同时还以新闻专业主义为标准，衡量了有关报道的报道质量。希望本研究的展开能为黄岩岛问题的早日彻底解决有所裨益，或至少能对相关领域学者的学术研究有点参考价值。

关键词：《菲律宾每日问询者报》；黄岩岛事件；报道分析

一、研究背景和研究目的

党的十八大报告郑重提出，要"提高海洋资源开发能力，发展海洋经济，保护海洋生态环境，坚决维护国家海洋权益，建设海洋强国"，这充分体

南海领土争议中的媒体角色研究

现了新形势下党和国家对促进海洋开发和解决海洋问题的高度重视与坚强决心。中国虽然号称海洋大国——拥有1.8万公里的海岸线并对大约300万平方公里的海域主张有关权益,但中国远非海洋强国,原因之一即在于中国同周边国家存在着严峻的领土主权和海洋管辖权争端,其中尤以南海问题最为复杂。多年来,越南、菲律宾、马来西亚等东南亚国家对我南海资源大肆掠夺,对我南海岛礁蚕食鲸吞。以南沙群岛为例,200多个大小岛礁中,仅有8个是实际掌控在中国的手中。随着国际形势的风云变幻,特别是美国全球战略重心向亚太方向的东移,南海问题的国际化趋势越来越明显,意味着我国的南海维权难度也将越来越高。诚如中国国家海洋局局长刘赐贵所云:"预计在未来相当长的时间内,中国在维护国家海洋权益上面临的挑战将越来越多,海洋极有可能成为干扰中国发展战略机遇期和威胁国家安全的主要方向。"[①]因此,维护我南海海洋权益已到了刻不容缓的地步,不但考验着党和国家领导人的智慧与魄力,也必须引起社会各界的高度重视。本研究以菲律宾大报《菲律宾每日问询者报》(*Philippine Daily Inquirer*,以下简称《问询者报》)为例,从新闻传播学和国际关系学相结合的角度深入分析了该报有关黄岩岛对峙事件的报道内容,挖掘其中蕴涵的兼具理论和实际应用价值、可能引起国际关系领域学者感兴趣的信息,希望本研究的展开能为黄岩岛问题的早日彻底解决有所裨益。

盘点2012年发生的与南海有关的新闻时事,黄岩岛事件当列榜首。2012年4月,菲律宾和中国舰船在黄岩岛附近发生对峙,双方一度剑拔弩张,气氛紧张,后虽因菲船的撤出而使局势稍有缓解,但菲方并未就此罢休,乃是一再无理要求中国撤出船只,且几次威胁要将菲律宾公务船再派往黄岩岛。2013年伊始,菲律宾干脆一不做,二不休,不顾中方的劝告,单

---

① 佚名.中国海监编队钓岛巡航对非法入境日船只喊话[N/OL].[菲]世界日报,2012-11-21.http://www.worldnewsph.net/3/i_images/i03.html.

附录一 菲律宾主流英文媒体对黄岩岛事件的报道分析

方面就中菲南海有关争议提起南海仲裁案,从而使得南海局势再度紧张。据称,菲方已做好耗时三四年来打这场官司的打算。① 可见,黄岩岛风波可能远未平息,中菲仍须为找到妥善的解决方案而努力。尽管如此,黄岩岛纠纷的爆发,引起了不同领域学者的研究热潮,相关成果也已相继问世,然而迄今为止,从媒体报道的角度加以剖析的研究成果似乎少之又少。众所周知,在当今的信息社会,虽然人们获取信息的渠道不断增多,但大众媒体依旧是不容忽视的信息源和影响源,尤其是在"软实力"、"巧实力"、"媒体外交"、"公共外交"等概念日益受到重视和迅速普及的今天,新闻媒体作为国家实现"软实力"的一个重要组成部分,甚至已在某种程度上成为国际博弈的工具,比如说现任日本首相安倍晋三就相当重视并已多次利用媒体来达到其政治目的了。《战略传播纲要》一书的作者认为:"信息能力(包括信息的采集、分析、存贮、加工、运用、传递能力)是软实力中最基本的构成要素,是衡量一个人、一个组织、一个国家综合实力的重要指标。"美国前国防部长拉姆斯菲尔德直言道:"与恐怖主义的较量不仅是在战场上,更是在新闻媒体上。"② 曾任中共中央宣传部部长的刘云山亦曾感慨道:"当今世界是媒体世界,当今社会是信息社会,新闻媒体对社会影响太大了。"③ 的确,在信息大爆炸时代,虽然人们每天面对的信息可谓眼花缭乱、层出不穷,但真正能较易引起广泛而深刻影响的依旧是经由大众媒体传播的信息。传播学的"议程设置"(Agenda-Setting)理论也认为,公众对世界的认识和判断,主要还是以大众传媒为中介,而媒介的议程设置效果如何,则受到受众对媒介设置议题的经验程度和对媒介信息的接触量的影响,即一方面,受众对各种议题的经验越间接,受媒介的影响越大,议程设置的效果就

---

① 佚名.联合国吁中菲对话解决争端[N/OL].[菲]世界日报,2013-01-24. http://www.worldnewsph.net/4/p_images/p01.html.

② 毕研韬,王金岭.战略传播纲要[M].北京:中央编译出版社,2011:21, 40.

③ 佚名.60 外国使节走进中宣部[N/OL].(香港)大公报,2012-05-25. http://www.takung-pao.com/sy/2012-05/25/content_250518.htm.

越明显;另一方面,受众对媒介信息的接触量越大,受媒介影响也就越大。① 黄岩岛事件是牵扯多方利益、涉及多个学科领域、高度敏感而又错综复杂的重大国际突发事件,属典型的非强制性接触议题,对于缺乏专业知识和海外背景的受众来说,要想比较清晰地了解这一事件的来龙去脉及其后续发展,恐怕主要只能倚靠持续关注大众传媒的国际新闻报道了。也就是说,媒体如何报道这一事件,会在很大程度上影响受众的解读和舆论的走向。这一点也可以从西方学者鲍尔-罗基奇(Ball-Rokeach)和德福勒(Melvyn DeFleur)的"媒体依赖理论"(Media Dependency Theory)那得到验证:"受众对媒体的依赖性越强,媒体对受众在认知、情感和行为方面的影响就越大。"而新闻也确实是"主要通过影响人们对客观世界的认知来影响人们的态度和行为"②。不仅如此,新闻媒体披露出来的信息之快速和丰富,也使其必然成为人们了解国际时事、解决国际问题、改善国际关系的不可或缺的重要渠道。例如,美国长期对其关注国家和地区的媒体进行监测,从中获取了不少极具价值的情报。所以说,研究新闻媒体的相关报道意义重大。

二、研究对象的选择和说明

本研究之所以选择报纸新闻而非广播、电视新闻来作为研究对象,固然是有研究方面的便利性考量,但更重要的是基于不同媒介的议程设置功能效果不同来考虑的。研究表明,报纸对较长期议题所产生的效果较大,持续时间较长,而广播、电视则以"热点化效果"见长,短期效果强。③ 因此,对于黄岩岛事件这一至今仍然悬而未决的长期议题,最好还是以纸媒为研究对象。

---

① 董璐.传播学核心理论与概念[M].北京:北京大学出版社,2008:251.
② 郝晓鸣.新闻学理论[M]//鲁曙明,洪浚浩.传播学.北京:中国人民大学出版社,2007:15,12.
③ 董璐.传播学核心理论与概念[M].北京:北京大学出版社,2008:252.

有"菲律宾第一大报"之称的《问询者报》创办于 1985 年 12 月 9 日,历史虽然不算长,却是菲律宾发行量最大、获奖最多的报纸,拥有其国内市场 50% 的份额。《问询者报》自称是菲律宾"有影响力的新闻和无数报道的最值得信赖的报纸",也是"菲律宾主要的新闻声音",其网站据说是"世界上点击率最高的新闻网站之一",日均访问量达到 100 万[①],可见《问询者报》在菲律宾国内外可能产生的影响不容小觑。这也是本文选择该报纸作为研究对象的主要原因之一。媒介不但是人们了解世界的一个窗口,也是人们了解媒介所属国的一个窗口。《问询者报》虽然是私营媒介,但也是菲律宾政府的"朋友"。它在中菲黄岩岛对峙期间做了大量的报道,这些报道蕴涵的丰富内容有助于我们更好地理解和解释某些社会现实,故而值得研究。

三、研究方法和研究问题

本研究将主要采用内容分析法(content analysis)和文本分析法(textual analysis)这两种研究方法。内容分析法,又称非接触性研究,是一种对传播内容进行客观、系统、量化分析的社会科学研究方法,也是大众传播研究中最常使用的研究方法。[②] 文本分析法是与定量的内容分析法相对应的另一种研究媒介内容的主要方法,强调对媒介内容的深入理解,属定性的研究方法。两种研究方法各有自己的优缺点,但正好可以取长补短,达到定量与定性相结合、既相对客观又较深入阐释传播内容的目的。

本文拟从如下三个方面来进行研究:

(1)从形式特征、内容特征和报道倾向三个方面来阐析《问询者报》是如何报道黄岩岛对峙事件的;

---

① About us.http://www.inquirer.com.ph/about-us-2/.
② 柯惠新,王锡苓,王宁.传播研究方法[M].北京:中国传媒大学出版社,2010:164-186.

(2)透过重点揭示部分报道内容所蕴含的意义,来更好地理解和解释某些社会现实;

(3)以新闻专业主义为标准,来衡量《问询者报》相关报道的报道质量。

四、研究范围的确定

借助有关数据库,通过设定文中含有"黄岩岛"①的关键词,检索了黄岩岛事件发生后的一个月内(2012年4月11日—5月10日)《问询者报》上刊载的与此事件有关的报道,经过人工筛选,共有161篇文章符合要求。为尽量达到客观全面的目的,笔者努力克服了工作量极其庞大、烦琐、耗时等诸多困难,将这161篇文章全部作为研究对象。

五、类目建构与相关操作定义

如上所述,将选出的新闻报道从形式特征、内容特征和报道倾向三个方面加以分析。

1. 形式特征

"形式特征"是对所选新闻的报道数量、文章篇幅、报道类型、消息/信息来源等项目进行统计分析。具体类目建构如下:

(1)报道数量:指在分析单元的时间段内,《问询者报》对黄岩岛争端的日报道量(以篇为单位)。媒体对某一事件的报道数量,反映了该媒体对此事件的关注程度,故将此项列入分析范畴。

(2)文章篇幅:按字数的多少分成短篇、中篇和长篇,300字以下为短篇,301~1 000字为中篇,1 001字以上为长篇。一般情况下,报纸对所报道的主题越是重视,就越有可能使用篇幅较长的文章,所以,篇幅的大小可以作为衡量报纸对报道内容受重视程度的一个标准。

---

① 黄岩岛现有四个英文名称,即 Scarborough Shoal(国际通用称呼)、Huangyan Island(中国的称呼)、Panatag Shoal(菲律宾的称呼)和 Bajo de Masinloc(先是驻菲西班牙殖民者的称呼,现亦为菲律宾的称呼),文中只要出现任意一个即可。

(3)报道类型:大致分为消息、特稿、评论和其他四种。报道类型从一个侧面反映了媒体对报道主题的关注程度,相对而言,"评论"是最重要的类型,"消息"较为不那么重要,而"特稿"则介于两者之间。

(4)消息/信息来源:分成菲官方、菲军方、菲宗教界、菲学术界、菲商业界、中方(包括中国驻菲大使馆、中国媒体、中国官方等)、美方、未提及和其他九种。消息来源被视为是"记者生命的血液"①,它的使用会直接影响到报道的平衡性和客观真实性,故而是衡量报道质量的一项重要指标。

2.内容特征

"内容特征"揭示了部分报道内容所蕴含的意义,例如,《问询者报》对黄岩岛名称的处理;中菲双方关于对峙起因的各自说法;菲律宾对黄岩岛的声称依据及其倡导的解决方案,兼评菲方的声索理由是否合理合法;面对因黄岩岛危机而导致的中菲紧张关系,菲当局是如何应对的;相关报道中出现了哪些不实信息;等等。

3.报道倾向

"报道倾向"是在仔细阅读通篇报道的基础上,根据新闻报道的用词和内容,判断《问询者报》在黄岩岛事件上对中国的报道立场是正面、中性或负面,同时探讨该报透过此事件塑造的中国国家形象。

六、对报道的定量统计及定性分析

1.通过对《问询者报》上相关报道的"报道数量"、"文章篇幅"和"报道类型"等三项类目的统计可以看出,该报极其关注黄岩岛对峙的动态。首先,从报道数量来看,自黄岩岛事件爆发后,该报与此有关的整体报道数量急剧攀升,在本研究考察的时间段内,该报除了5月8日之外,每天都有数量不等的相关报道,最少时1篇(5月6日),最多时达10篇(4月17日)。其中,日报道量在5篇以上的竟有21天(详见图1),足见《问询者报》对黄

---

① 曼切尔.新闻报道与写作[M].艾丰,译.北京:广播出版社,1981:151.

岩岛冲突的重视及其跟踪报道之密集。从这点上来看,《问询者报》无疑具有新闻专业主义所要求的及时和速度的意识。

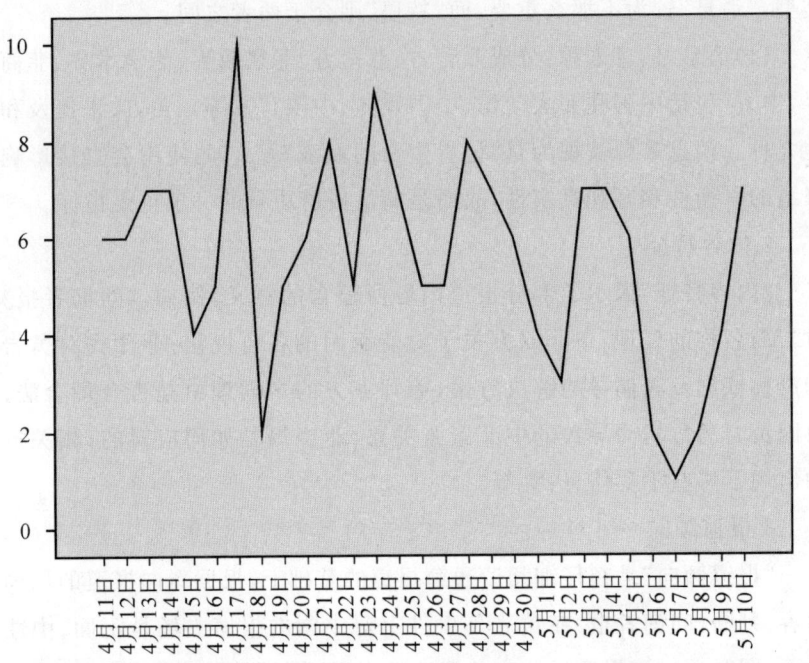

图 1　日报道量

其次,就文章篇幅而言,中篇报道明显唱主角,在 161 篇文章中,共有 106 篇属于中篇报道,如果加上长篇报道,则有 121 篇。也就是说,只有不到 1/4 的报道是采用短篇的形式(详见表 1)。由此可见,正是基于对黄岩岛冲突的高度重视,《问询者报》倾向于采用较长的篇幅。倘若把报道类型也一并考虑进去的话,那么这一倾向就更清晰了。通常来说,在国际新闻中,消息是最基本、最常用的一种文字报道形式,特别是在对国际重大和突发事件的报道中,消息尤为新闻媒体所钟爱。《问询者报》也不例外,大量使用了消息这种体裁(121 篇)。不过,不同于国际新闻中的消息往往以短见长的特点,《问询者报》中的消息大多篇幅较长,仅有 35 篇是短篇报道,其余的都是中篇(81篇)或长篇(5篇),这说明了《问询者报》希望能以篇幅较长的深度报道来与其他媒体进行较高层次的竞争。至于媒体一般颇为重视的评论,则有19篇之多,且篇幅都在700字以上,最长的竟达1 645字,这同样体现了黄岩岛事件的新闻价值之高。

表1 文章篇幅

	频率	百分比(%)
短篇(300字以内)	40	24.8
中篇(301~1 000字)	106	65.8
长篇(1 001字以上)	15	9.3
合计	161	100.0

2.通过对消息/信息来源的细致分析,发现有关报道的消息来源比较单一,且多数采自菲律宾方面,对于另一重要当事国——中国方面的信息则有意无意地过分疏忽了。在134篇考察对象(消息+特稿)中,扣除转载自通讯社的8篇和未提及信源的1篇以外,信源仅为1个的就有52篇之多,信源在3个以上(不含3个)的只有25篇(详见表2)。在本文所统计的8种信源中,菲官方是《问询者报》最主要的消息来源,共计93篇文章采纳了菲官方的信息,其余的分别是:菲军方38篇,菲宗教界4篇,菲学术界6篇,菲商业界2篇,中方24篇,美方7篇,其他17篇。综合起来看,以菲方为信源的竟然多达122篇,是以中方为信源的5倍。诚然,黄岩岛事件是属于外交纠纷、领土争端问题,记者在很大程度上不得不倚赖官方和军方提供的信息,这原本是可以理解的,然而,对于两个主要当事国的舆论呈现比例是如此之悬殊,未免让人怀疑其报道的质量,因为消息来源的使用将对新闻报道的平衡、公正和可信度产生影响。而根据新闻专业主义的理念,消息来源要尽可能多样化,才能达到坚持客观性原则的目的。正是由于在消息来源的把握方面存在着较大的缺陷,故从专业的角度来看,相当一部分文章让人感觉明显有失公允。当然,普通的受众也许不会有此感

受,而这大概是《问询者报》希望达到的效果吧。

表2 信源数量

		频率	百分比(%)
有效	1个	52	32.3
	2个	33	20.5
	3个	15	9.3
	4个	12	7.5
	5个	7	4.3
	6个	3	1.9
	7个	2	1.2
	7个以上	1	0.6
	转载自通讯社	8	5.0
	未提及	1	0.6
	合计	134	83.2
缺失	系统	27	16.8
	合计	161	100.0

3."内容特征"方面,本研究着重探讨如下几个方面的内容:

(1)《问询者报》对黄岩岛名称的处理

在考察的161篇报道中,有一半以上(83篇)存在着这样一个有趣的现象,即每当提到黄岩岛的国际通用英文名称"Scarborough Shoal"时,《问询者报》总是不忘强调说明菲律宾对黄岩岛的称呼是"Panatag Shoal"或"Bajo de Masinloc",尽管菲方事实上是在2012年5月才不顾中方反对,一意孤行地将黄岩岛正式改名为"帕纳塔格礁"(Panatag Shoal)。所谓名不正则言不顺,《问询者报》抢在菲官方正式为黄岩岛更名前,如此煞费苦心地不断为黄岩岛"正名",自然是希望一方面为菲官方日后的正式更名行动造舆论,另一方面则幻想以此作为菲方声称黄岩岛的凭据之一。这与

附录一　菲律宾主流英文媒体对黄岩岛事件的报道分析

2011年6月菲总统办公室罔顾南中国海（South China Sea）历来是国际社会通用地名的事实，宣称计划将其单方面篡改为"西菲律宾海"（West Philippine Sea），并与2012年9月5日通过颁布第29号行政命令来正式予以落实的可笑做法如出一辙。① 然而这暴露的，不正是菲律宾方面的底气不足吗？更滑稽的是，菲律宾一边别出心裁地杜撰出"西菲律宾海"这一名称，一边却又忙不迭地自我安慰道："中国海这个名字是由欧洲制图师虚构出来的，不应让人联想到整个海域都属于中国。同样地，整个印度洋也不会让人联想到是属于印度的。""我[指菲律宾参议长恩瑞尔（Enrile），笔者注]无法相信只不过因为南中国海是以中国命名，那里的一切就都将属于中国了。倘若该论点正确，那么整个印度洋是以印度命名的，印度就可以声称拥有印度洋内的所有岛屿了，阿拉伯海和波斯湾等也一样。在这个星球上，有那么多的水体是由最靠近的海岸区域，或靠近水体的较知名的海岸区域来命名的。"② 可见，仅地名这一项，就让菲律宾多么纠结啊。然而，问题的关键在于，只是自己一厢情愿地说改名就改名，却得不到国际社会的认同有用吗？人们可能不禁要问，为何"南中国海"这个长期为国际社会所接纳的名字，以前从来不会有什么问题，现在怎么就那么容易让人浮想联翩了呢？菲律宾为何如此在乎啊？

（2）中菲关于黄岩岛对峙起因的说法

从《问询者报》的相关报道可以看出，中菲两国对黄岩岛纠纷产生的原因是各执一词。中国驻菲大使馆称，"事件是由菲律宾海军旗舰的侵权行为引起的"，是菲律宾海军首先将其枪炮对准了在黄岩岛潟湖内躲避风暴的中国渔民，要求他们离开中国领土导致的，起因完全在于菲方。但菲方

---

① 佚名.菲正式命名"西菲律宾海"[N/OL].[菲]世界日报，2012-09-13.http://www.world-newsph.net/4/p_images/p01.html.

② BORDADORA N. Sison slams China over Scarborough issue Sison[N]. Philippine Daily Inquirer，2012-04-21；ESPLANADA J E, UBAC M L. Enrile calls on nation to rally round Aquino Enrile[N]. Philippine Daily Inquirer，2012-08-28.

南海领土争议中的媒体角色研究

则把责任全然推给中方,认为是因中国渔船在菲律宾认为是它的领土的黄岩岛从事"非法偷捕鱼"活动时被发现,从而导致了菲律宾海军军舰"德尔·皮尔"号(the BRP Gregorio del Pilar)和2艘中国海监船的对峙。明眼人应该看得出来,菲律宾在这件事上无论如何都是理亏的,因为首先,黄岩岛自古以来就是中国的领土,中国渔民在中国的海域捕鱼合情合法;其次,不妨借用菲律宾一有识之士的说法,他指出,菲方不应该以其国内唯一的一艘真正的战舰来对抗中国渔民,菲海军更不应该登上中国渔船,因为这会让菲律宾"成为使争端军事化的那一方",从而使中国在这场危机中占据"较高的道德制高点"。他认为阿基诺三世总统因此犯了一个大错,这个大错将导致菲律宾成为"世界笑柄"。① 不过,对于菲律宾从一开始就犯下的这一大错,《问询者报》不但不认同,反而颇有技巧地进行了处理。例如,从对峙发生后的第一篇报道开始,《问询者报》就将此事件定调为是由于中国渔船在黄岩岛的"非法捕捞活动"引起的,责任全然在于中方。据笔者统计,在54篇提及对峙缘由的文章中,只有1篇承认是菲律宾的错,且这篇文章的体裁是评论而非消息。有多达44篇的报道直接采用了"偷捕鱼"、"非法"这类字眼,塑造了中国渔民"偷捕鱼者"、"违法者"的形象。至于对峙产生原因的中方说法,则只有4篇文章提及。《问询者报》之所以如此不遗余力地把事件的责任者指向中国,是因为它晓得当两方发生争端时,首先挑起的那方更应该受到舆论的谴责,而被动应对的那方则较易赢得同情。除了一口咬定中方为争端的挑起者之外,《问询者报》还故意转移视线,模糊焦点,极力将中国人刻画成为令西方读者反感的濒危动物破坏者的形象。具体做法为:在43篇(26.7%)报道中不厌其烦地反复谈到,菲律

---

① PAZZIBUGAN D Z, ESPLANADA J E. China to Philippines: quit Scarborough Shoal [N]. Philippine Daily Inquirer, 2012-04-18; DORONILA A. Impasses on two fronts[N]. Philippine Daily Inquirer, 2012-04-12; ESPLANADA J E. China accuses Philippines of aggravating Tension in disputed shoal[N]. Philippine Daily Inquirer, 2012-04-22; TIGLAO R. Scarborough fail: how Aquino blew it[N]. Philippine Daily Inquirer, 2012-05-03; SANTOS M. Poaching triggers Scarborough standoff[N]. Philippine Daily Inquirer, 2012-04-11.

宾军舰在中国渔船上发现了大量"非法"捕捞的、受菲国法律保护的海洋生物，有巨型蛤蚌、活鲨鱼、珊瑚、海龟等，暗示菲海军拦阻中国渔船的行为是出于保护海洋生物之考量，以此来为菲律宾以其目前海军吨位最大、最先进的军舰来对付手无寸铁的中国渔船的不当行为开脱，同时博得国际社会的认可和同情，并营造不利于中国的国际舆论环境。

(3)菲律宾对黄岩岛的声称依据

黄岩岛纠纷的产生，根源在于中菲两国均声称拥有黄岩岛的主权。那么，他们各自的主张依据是什么呢？他们的声称理由能否站得住脚？了解这些对争端的解决至关重要。相信关注黄岩岛问题的中国人都已较了解中方的声索根据，这里将重点介绍菲方的声称缘由。在《问询者报》的相关报道中，共有89篇(55.28%)文章谈及菲律宾的声索依据，其中只有1篇发出了菲律宾应该先检讨其对黄岩岛的声称是否属实的理性声音，这就是伊尼格斯(Deogracias Iñiguez)主教的呼吁，他说："我们应该检讨我们对这岛屿的声称，如果证实是我们的，我们就有权坚持。"①其余的88篇报道中，有4篇②特别值得关注，因为它们颇为详细地阐述了菲方对黄岩岛提出主权声称的五大依据，现归纳如下：依据之一是《联合国海洋法公约》(以下简称《公约》)的规定，文章认为，按照《公约》，"海域管辖权必然是视毗邻该海域的陆地管辖权而定"；《公约》"承认菲律宾的200海里专属经济区，包括黄岩岛"，因为黄岩岛"位于三描礼士省西部124海里处，在菲律宾200海里专属经济区和大陆架内"。依据之二是国际法上的有效占领规则，文章认为，菲律宾在黄岩岛所在区域的活动已有很长的历史了，证据诸如这片海域一直是菲律宾的渔场，"菲律宾海军总是对侵入该区域的外国渔船

---

① UY J R. Bishops against asking help from US in shoal dispute[N]. Philippine Daily Inquirer, 2012-04-13.

② BERNAS J. Scarborough Shoal[N]. Philippine Daily Inquirer, 2012-04-22; ANON. Bajo de Masinloc[N]. Philippine Daily Inquirer, 2012-04-22; ROQUE H. Del Rosario's position is the wiser strategy[N]. Philippine Daily Inquirer, 2012-04-25; UBAC M. Scarborough belongs to PH, old maps show[N]. Philippine Daily Inquirer, 2012-04-23.

南海领土争议中的媒体角色研究

加以驱逐";"当美国在菲律宾还拥有基地时,菲律宾空军和美国飞机就使用这一区域进行打靶练习";"菲律宾一直对该区域实行有效的占领和管辖","1965年在那设立了一座灯塔"并加以管理,"1992年进行了翻修",曾有两面菲律宾国旗被竖立在黄岩岛上,一面于1965年插在一根高达8.3米的旗杆上,另一面是由众议员阿布兰(Rogue Ablan)和亚波(Jose Yap)于1997年插上的。依据之三是菲律宾国内法,文章认为,根据菲律宾首次制定的宪法,菲律宾领土包括菲律宾群岛"和其他菲律宾拥有主权或管辖权的所有领土",1973年的菲律宾宪法规定,其他领土为"依据历史权利或法定权利应属于菲律宾的领土"。菲律宾群岛的范围已由《巴黎条约》界定,但菲律宾拥有管辖权的"其他领土"在哪,宪法并未予以详细说明。也就是说,尽管黄岩岛不在《巴黎条约》规定的群岛范围之内,但在"其他领土"这一部分,菲律宾已按照其于2009年制定的第9522号共和国法案,即《菲律宾领海基线法》而"拥有黄岩岛"了。依据之四是地图,文章认为,在菲律宾、欧洲和美国印制的地图都认定黄岩岛是菲律宾领土的一部分;曾经参与起草菲律宾参议院第2181号法案[①]的安加拉(Angara),收集了一些菲律宾古地图,他告诉《问询者报》:早在西班牙殖民统治时期,黄岩岛就已在菲律宾地图上出现了,在他和另外两人于2009年合作出版的一本名为《绘制菲律宾地图:西班牙时期》(*Mapping the Philippines: The Spanish Period*)的书中,可以找到1734年绘制的地图原图,当时,黄岩岛已是菲律宾领土的一部分。在他看来,这些地图将是菲律宾拥有黄岩岛的强有力的证据。另外,在由菲律宾外交部发放给媒体的一份意见书(a position paper)中写道:1808年在西班牙出版的、由马拉斯皮纳(Alejandro Malaspina)远征队于1792年绘制的地图,表明黄岩岛属于菲律宾。这幅地图在1939年的菲律宾人口普查地图集中被复制。依据之五为黄岩岛的名称,文章认为,Bajo de Masinloc是西班牙殖民者给黄岩岛起的名字,译成

---

① 该法案确定了菲律宾的群岛基线。

英语就是"below Masinloc"(在马辛洛克之下),这是因为黄岩岛不是一个岛屿,而是一个由几块岩石环绕一个潟湖组成的浅滩,这些岩石中有些在高潮时会露出水面,有些不会,故以 Bajo de Masinloc 命名之,意即在马辛洛克(Masinloc)的水域"下"。由此可以推断,Bajo de Masinloc 是三描礼士省马辛洛克镇的一部分。除了这四篇报道之外,其他报道中提及的菲方所谓的拥有黄岩岛主权的"证据"还有:自 17 世纪以来,黄岩岛就一直在菲律宾的有效管辖之下;1965 年,菲律宾海军在靠近黄岩岛潟湖口处建造了一座铁塔;2011 年 3 月,马辛洛克镇通过了一项对黄岩岛的声索决议,该决议于 2011 年 6 月 6 日获得三描礼士省政府的背书,以"加强菲律宾对那个区域的声称"。① 这些均可归入上述五大依据之中。但还有 7 篇报道提到的菲方的声称理由居然是:因为菲当局[包括阿基诺三世总统、罗萨尼奥外长、北吕宋司令部司令官安东尼·阿尔坎塔拉(Anthony Alcantara)中将和宿务大主教若瑟·帕尔玛(Jose Palma)等]相信黄岩岛是他们的,所以就是他们的。② 参议员圣地亚哥(Santiago)甚至提议,按照国际习惯

---

① BURGONIO T. Fil-Am civic leader calls for May 11 protests before Chinese embassies[N]. Philippine Daily Inquirer, 2012-05-02; ANON. In the know: The Scarborough Shoal[N]. Philippine Daily Inquirer, 2012-04-12; SANTOS M. Zambales municipality claims ownership of Scarborough[N]. Philippine Daily Inquirer, 2012-05-02.

② 这七篇文章分别是 AVENDANO C O. Aquino: Philippines owns Scarborough Shoal, vessels to stay[N]. Philippine Daily Inquirer, 2012-04-23; TAP D, AVENDANO C O. Aquino: These are our waters[N]. Philippine Daily Inquirer, 2012-04-24; ANON. Battle, war[N]. Philippine Daily Inquirer, 2012-04-25; TUBEZA P. CBCP head backs move to ban or heavily tax Chinese products[N]. Philippine Daily Inquirer, 2012-04-28; ESPLANADA J E. DFA breaks overall plan on Scarborough dispute in 3 tracks[N]. Philippine Daily Inquirer, 2012-04-29; MACATUNO A, OREJAS T, ANDA R. Filipino fishers returning to Scarborough Shoal—AFP[N]. Philippine Daily Inquirer, 2012-04-29; ANON. Palma backs peaceful protests on Spratlys row[N]. Philippine Daily Inquirer, 2012-04-29. 此外,在 2012 年 4 月 21 日刊登的《西松就黄岩岛事件猛烈抨击中国》(Sison slams China over Scarborough issue[N]. Philippine Daily Inquirer)一文中还提到菲律宾共产党创始人西松(Sison)的如下说法:"考古证实,争议中的这些岛屿、暗礁和浅滩,自史前时代以来就已为现在称为菲律宾的居民所用。"对于如此毫无事实依据、荒谬之极的说法,笔者认为没有必要在正文中呈现,特此说明。

法的要求,菲律宾必须一遍又一遍地反复声称黄岩岛是菲律宾的,仿佛这么做就能确保将黄岩岛收入囊中了。① 对于这种无知孩童般的霸道言语和谎言重复一千遍即为真理的强盗逻辑,我们完全可以不予理会。

(4)对菲方声称依据的评述

接下来我们来探讨一下菲方对黄岩岛的五大声称依据是否合理合法。总的来看,在《问询者报》的89篇谈及菲方声称理由的报道中,依据之一出现的频率最高,共有77篇(86.52%)文章涉及。也就是说,菲律宾认为它对黄岩岛的主权声索是得到了《公约》的支持,因为黄岩岛距离菲律宾很近,正好在其200海里专属经济区内。不可否认,《公约》第56条确实规定,沿海国在专属经济区内拥有"以勘探和开发、养护和管理海床上覆水域和海床及其底土的自然资源(不论为生物或非生物资源)为目的的主权权利,以及关于在该区内从事经济性开发和勘探,如利用海水、海流和风力生产能等其他活动的主权权利"。然而,《公约》是一个完整的体系,不能仅看其中的一条。仔细查阅《公约》的其他内容,便可知道菲律宾其实是有意片面援引了海洋法的规定,因为《公约》在序言中即开宗明义地指出:要"在妥为顾及所有国家主权的情形下,为海洋建立一种法律秩序"。换言之,《公约》的确允准沿海国设立专属经济区,但《公约》并没有说可以把在经济区内的岛屿全部据为己有,特别是对那些主权早有归属的岛屿,更不可以随心所欲地说是自己的就是自己的。其实,通读《公约》的所有规定,没有一条意在否定缔约国的固有领土。如果只是因为《公约》的出台就必须改变某些岛屿的原有归属,那整个世界岂不乱了套?菲律宾动辄说黄岩岛距离菲律宾有多近,距离中国有多远,言下之意为,从距离上来衡量,黄岩岛就应该是菲律宾而不是中国的。在此方面,菲律宾参议长恩瑞尔的说法可谓典型,他说:"中国最靠近这个争议浅滩(即黄岩岛,笔者注)的岛是距离黄

---

① AVENDANO C O. Aquino sees no war with China[N]. Philippine Daily Inquirer, 2012-04-30.

岩岛800多海里远的海南岛。因此,我认为比起世界上任何其他国家的声称来说,这一声称是无理、不公平和极不相称的。"①可照此逻辑,距离美国本土那么远的关岛还能是美国的吗？事实上,地理位置的邻近并不必然产生主权,这点早已为国际法和国际惯例所承认,否则英国与阿根廷又何必为了马岛的主权归属问题至今仍纠缠不休呢？可见,菲律宾企图通过《公约》或距离的远近来改变黄岩岛的主权归属,是肯定不能成立的。

那依据之二呢？从国际法的有效占领规则来看,菲律宾的声称同样是根基不稳,因为已有充分的史料和事实证明：中国人最早发现黄岩岛,对其命名,并将其纳入中国的版图,实施主权管辖。尽管菲律宾自以为在黄岩岛海域的活动已有很长的时间,但再长也长不过中国至少可以追溯到元朝初年的漫长历史。② 黄岩岛海域历来是中国传统的捕鱼场所,此次的黄岩岛争执事件再次证明,中国渔民从未停止到那捕鱼,因此,菲律宾海军对中国渔民的袭扰和驱逐完全是非法的。即使像《问询者报》报道的那样,美国飞机真的曾在黄岩岛海域进行过打靶练习,那也不能代表黄岩岛的主权就因此归属美国或菲律宾了。至于菲律宾所谓的建灯塔、竖国旗等行为,恰好是菲律宾妄图侵占他国领土的又一证据。更何况对于菲议员1997年的插国旗行为,菲官方当时并不敢公然支持,菲外交部发言人瓦伦朱拉(Oscar Valenzuela)还特意澄清："在黄岩岛上插旗不是政府授权的。"菲总统拉莫斯也声明："他们到那里只是停泊而已,当然他们不是外交政策的执行者。"③如果菲律宾现在硬要坚持把所谓的实际占领和管辖作为它声称黄岩岛的依据的话,按照菲律宾大学法律中心的国际法研究所所长小罗克(H. Harry L. Roque Jr.)的观点,这并非明智之举。他专门就此事向《问询者报》投书,2012年4月25日的《问询者报》刊登了他的题为"罗萨尼奥

---

① TORRES T. PH needs maritime law experts to bolster shoal claim, Enrile says[N]. Philippine Daily Inquirer, 2012-04-27.
② 李金明.南海争端与国际海洋法[M].北京:海洋出版社,2003:142-146.
③ 李金明.南海波涛——东南亚国家与南海问题[M].南昌:江西高校出版社,2005:59-60.

的立场是更明智的策略"(*Del Rosario's position is the wiser strategy*)的文章,详细论述了他的见解。他认为更明智、对菲律宾更有利的做法,应该是根据《公约》而非国际习惯法来声索黄岩岛主权,因为《公约》仅适用于领海而不是领陆,且有效占领规则是属于国际习惯法的范畴,不在《公约》和国际海洋法法庭的权限之内;若菲方坚持依据国际习惯法声称黄岩岛为其领陆的一部分,则会剥夺国际海洋法法庭施行强制管辖权(mandatory jurisdiction)的机会,这样即便菲律宾获得了成功,也只能得到面积仅为125平方米的黄岩岛本身,及最多是其周边12海里的领海,因为《公约》第121条第3款规定:"岩石本身无法维持人类居住或经济生活的,不应享有专属经济区或大陆架。"为此,他提醒菲外交部在此方面要谨言慎语,至少不能剥夺国际海洋法法庭行使强制管辖权的权利,以使其有权裁决在200海里水域行使主权权利这类更重要的事情。不管小罗克的看法是否有问题,有意思的是,自从他的投书见报之后,《问询者报》就难得再见到菲方坚持有效占领规则的报道了[1],这至少证明他的说法得到了重视,也说明了菲律宾后来为何一再坚持诉诸国际海洋法法庭来解决中菲黄岩岛争端的原因之一。

依据之三的所谓根据菲律宾2009年制定的领海基线法而拥有黄岩岛的说法,简直是强词夺理、自欺欺人。笔者不禁想问,是不是任何国家,只要它认定一个地方是它的,就可以通过颁布一个法令来实现之?更何况"菲律宾领海基线法"一经公布,立即招致了中国和越南的强烈抗议。现在菲律宾居然以此来作为其拥有黄岩岛主权的依据之一,这岂非贻笑大方?

依据之四,从1734年的一幅地图断定当时黄岩岛即为菲律宾领土的做法同样不具说服力。前已述及,早在元初,黄岩岛就在中国的疆域之内,

---

[1] 在本研究所选的《问询者报》相关报道中,只有一篇还提及"正在纽约领导集会的民间领袖刘易斯(Lewis)说,菲律宾自17世纪以来,就一直对这浅滩实施管辖,且有效拥有它"。Fil-Am civic leader calls for May 11 protests before Chinese embassies[N]. Philippine Daily Inquirer, 2012-05-02.

附录一 菲律宾主流英文媒体对黄岩岛事件的报道分析

菲律宾或当时的西班牙殖民当局把属于中国的领土纳入菲律宾版图,这算怎样的野蛮行径呢?即使当时的黄岩岛确实被西班牙绘入菲律宾地图中,为何不论是在西班牙和美国于1898年12月10日签署的《巴黎条约》,抑或是在两国于1900年11月7日签署的《华盛顿条约》,均未包括黄岩岛呢?而菲律宾此后出版的不少地图也并没有把黄岩岛标为其领土,1978年由菲律宾国家地图与资源信息权威部门出版的地图即为一例。①

至于依据之五的因西班牙殖民者把黄岩岛称作 Bajo de Masinloc,就认定黄岩岛是马辛洛克镇的一部分,更不值得辩驳了。倘若名字真能成为主权声称的依据的话,那菲律宾为何坚决不肯承认南中国海是中国的呢?这不是自相矛盾吗?

值得注意的是,从传播学的角度来看,《问询者报》在处理当事国对黄岩岛的声称理由这一部分所用的报道策略还是颇费心思的。在94篇相关报道中,提到菲方的声称根据的多达89篇(94.68%),而提到中方的则只有26篇(27.66%)。这显得菲方的声称似乎是"有理有据"的,而中方则是"无理取闹"。另据传播学议程设置理论的"0/1/2"效果,通过对少数议题的突出强调,能引起受众对这些议题的特别重视。② 也就是说,《问询者报》希望通过对菲方声称理由的强调和对中方声索依据的轻描淡写,来达到将公众注意力更多地转向前者的目的。可以想象,《问询者报》的这一报道策略应该会产生一定的效果,因为根据上述媒体依赖理论,当受众对新闻内容无从接触或知之甚少时,他们对媒体的依赖性就会相对增强。③ 因此,对于像黄岩岛冲突这类错综复杂、专业性强的议题,相信大部分人对黄岩岛的历史和现状、对海洋法公约和国际法的具体规定都不甚了解,他们在很大程度上将不得不倚靠媒体的解读。不过,《问询者报》如此偏颇的报道方式不仅无助于读者对事实真相的全面了解,也不利于争端的妥善解

---

① 李金明.南海波涛——东南亚国家与南海问题[M].南昌:江西高校出版社,2005:62,58.
② 董璐.传播学核心理论与概念[M].北京:北京大学出版社,2008:52.
③ 郝晓明.新闻学理论[M]//鲁曙明,洪俊浩.传播学.北京:中国人民大学出版社 2007:15.

决,甚至有可能加剧两国之间的矛盾,事实证明正是如此;而且如此失衡的报道方针,显然不符合新闻专业主义的信念,也违背了《问询者报》"致力于带给读者'平衡的新闻'"①的承诺。

(5)事件发生后,菲方采取的解决方案

黄岩岛冲突爆发之后,菲当局采取了哪些解决方式呢?首先是反复声明要以外交、和平的手段来解决纷争,这从《问询者报》的相关报道中可以看得很清楚。在这些报道中,"外交"、"和平"这两个词的出现频率很高,共有98篇(60.87%)文章提到。据称,阿基诺三世总统在事发当天(2012年4月10日)晚上,立即召集了军方和海岸警卫队官员,要求他们确保不要在黄岩岛海域发生暴力。第二天,菲总统府又对外宣布,要和平解决对峙。菲参议员霍纳桑(Gregorio Honasan)也在这一天提出警告,称如果没有美国和其他盟国的支持,菲律宾不应该与中国发生军事对峙,他说:"我们不能在那里冒军事对抗之风险,我们不能在一次行动中就把所有的或部分海军资产赌上。"直至2012年4月23日,参议院外交关系委员会主席罗仁·乐嘉达(Loren Legarda)还在强调,菲律宾应该穷尽一切外交手段,而不是"诉诸战争"或"炫耀武力"。菲官方之所以如此高调地一再主张通过外交方式和平解决争端,主要是基于下列几个因素的考量:(1)菲律宾很清楚自身力量薄弱,绝非中国的对手,故不敢轻举妄动,尤其害怕中国对其动武。(2)通过不断宣称"外交"、"和平",菲方期望达到至少两个目的:一是让人感觉菲律宾是个爱好和平的理性国家,而中国则好战、咄咄逼人;二是制造舆论,对中国形成约束力,使其不便采取军事行动,可谓一箭双雕也。(3)菲律宾国内的民意使然。《问询者报》曾在事件发生后的第一周在其网站上做了个民意调查,结果显示,在803名受调查者中,共有578人(71.98%)

---

① About us[EB/OL].http://www.inquirer.com.ph/about-us-2/.

认为菲律宾应该通过外交渠道解决与中国的黄岩岛冲突。① 因此,阿基诺三世政府的做法也是顺应民意。

其次是努力使事态国际化、多边化、复杂化和扩大化。这主要体现在以下几个方面:

第一,向美国求援。众所周知,美国被菲律宾视为是其最亲密的盟友,双方签有《共同防御条约》(*Mutual Defense Treaty*)和《访问部队协议》(*Visiting Forces Agreement*)。虽说菲律宾曾经沦为美国的殖民地,并饱受其害,但至今仍有很多菲律宾人对美国抱有幻想,这一点可以从菲民调机构"社会气象站"于2012年5月进行的一份民意测验那得到印证,调查结果表明,菲律宾民众最信任的依旧是美国。② 他们希望美国能在关键时刻站出来支持它,甚至为它而战。黄岩岛纠纷一发生,上述菲律宾参议员霍纳桑立即通过媒体呼吁,要向美国寻求帮助,菲外交部和国防部也试图把美国作为军事保护者引进,并以此作为解决领土冲突之关键。不过,刚开始时,这两个部门均否认有倚赖美国之想法。外长罗萨尼奥于2012年4月14日告诉记者:"从未考虑"过美国的介入。国防部发言人加尔维斯(Galvez)也说,僵局不是要求美国干预的时候,他相信菲中两国能自行解决。除此之外,为了避免过度刺激中国,菲美双方都尽力化解对峙期间进行的"肩并肩"军演对黄岩岛争端可能带来的冲击。美国海军上尉雷丁格(Staci Reidinger)在军演第一天的新闻发布会上就宣布:"我们每年都进行这个(联合军演)……这只是美国军方一次持续任务中的一部分。"菲国防

---

① AVENDANO C O. Aquino wants peaceful resolution to Scarborough standoff[N]. Philippine Daily Inquirer,2012-04-11;AVENDANO C O. Palace says it's "handling" Scarborough standoff[N]. Philippine Daily Inquirer,2012-04-11;AGER M. Philippines should ask US help on Scarborough standoff[N]. Philippine Daily Inquirer,2012-04-11;UBAC M L. Senate to investigate Chinese incursions in Scarborough Shoal[N]. Philippine Daily Inquirer,2012-04-23;EVANGELISTA K. Poll:Diplomacy best way to resolve Scarborough Shoal standoff[N]. Philippine Daily Inquirer,2012-04-16.

② 佚名.民众对华感情受影响菲媒批评总统"好斗"[N/OL].[菲]世界日报,2012-08-16.http://www.worldnewsph.net/4/p_images/p03.html.

南海领土争议中的媒体角色研究

部长加斯明(Gazmin)也在第二天的国防部新闻发布会上信誓旦旦地说："在与中国的黄岩岛对峙过程中,菲律宾无须寻求美国的帮助。"4月23日,菲总统府向中国保证,军演与黄岩岛事件无关。美国还出乎意料地单方面改变了规则,对军演中的实弹演练实行媒体管制。然而,随着菲美"2+2"磋商的临近,菲外交部开始公开宣布要向美求援。4月21日,罗萨尼奥外长向媒体透露,他和国防部长加斯明一定会请其美国同行——国务卿希拉里和国防部长帕内塔——考虑黄岩岛事件。据4月26日的一篇题为《外交部说:菲律宾将向美求援以解决与中国的南沙群岛问题》(*Philippines to Seek US Help in Dealing with China over Spratlys Issue-DFA*)的报道称:对峙事件已被列入"2+2"会谈的议事日程。会谈开始后,罗萨尼奥便迫不及待地打起了悲情牌,极力请求美方协助菲律宾建立"最低可靠防御",在得到美国肯定其与菲律宾的条约承诺之后,菲国防部心满意足,认为这是"华盛顿会谈的一个重要结果",对于美国重申不在对峙中选边的姿态也毫不在乎。①

必须指出的是,菲律宾国内并非人人看好拉进美国。例如,与参议员霍纳桑的意见相左,参议员拉克松(Panfilo Lacson)认为没有必要寻求美国的帮助,因为事件仍然可以通过外交手段来解决。前述菲律宾主教伊尼格斯也相信,外交依旧是解决冲突的最好选择,他反对美国等域外国家的

---

① Impasses on two fronts[N]. Philippine Daily Inquirer,2012-04-12; BELLO W. Needed: Firm but deft diplomacy, not war games [N]. Philippine Daily Inquirer, 2012-04-12; SANTOS T G. PH, China set aside protests to ease tensions in Shoal[N]. Philippine Daily Inquirer,2012-04-14; ANDA R D. Seized Chinese vessels remind PH navy "we can do it"[N]. Philippine Daily Inquirer, 2012-04-07; China to Philippines: quit Scarborough Shoal[N]. Philippine Daily Inquirer; AVENDANO C O. Hackers bring PH-China dispute to cyberspace[N]. Philippine Daily Inquirer, 2012-04-18, 2012-04-23; ANDA R D. "US imposed media ban on Balikatan to avoid riling China" [N]. Philippine Daily Inquirer, 2012-04-29; ANON. Del Rosario says ASEAN should take stand on Scarborough issue[N]. Philippine Daily Inquirer, 2012-04-21; ESPLANADA J E. Philippines to seek US help in dealing with China over Spratlys issue-DFA[N]. Philippine Daily Inquirer, 2012-04-26; ANON. US neutral in Scarborough standoff but will help upgrade Philippine Navy[N]. Philippine Daily Inquirer, 2012-05-02.

附录一　菲律宾主流英文媒体对黄岩岛事件的报道分析

干预,因为那样会使事态变得更复杂。众议员贝罗(Walden Bello)警告菲当局,不要因参与和美国的"肩并肩"军演而危及外交解决黄岩岛冲突之窗口,因为在他看来,军演完全是挑衅性的,"非但不能促进地区安全,反而会加剧地区不安全"。他毫不掩饰地指出:跑向山姆大叔是坏主意,是对中国人的错误回应。他认为,美国之所以欣然接受菲律宾将其作为军事保护者引入的邀请,是为了扩大其在菲律宾的军事存在。一些激进议员在敦促阿基诺三世总统对中国采取强硬立场的同时,亦警告他不要引入"一个更大得多的恶棍"——美国,否则将会破坏菲律宾的主权声称,加剧紧张气氛,并为美国在亚太地区的军事扩张议程服务。菲律宾共产党发言人西松毫不客气地指出:阿基诺三世政府"假装是反对中国的超级爱国者,其实却屈从于美帝国主义的利益"。菲律宾大学教授莫林·马加洛纳(Merlin Magallona)既反对美国的干预,也反对将黄岩岛问题多边化,他说:中菲之间的争端只能由这两个国家自行解决,"我们必须检讨菲律宾政府的立场,因为有必要由争议双方自行按照联合国宪章中有关争端方式的规定来和平解决争端","美国的插手不能解决争端,事实上,美国的插手将使事态复杂化"。左翼组织"新爱国联盟"(Bagong Alyansang Makabayan,简称Bayan)也极力反对美国的干预,其秘书长小雷耶斯(Renato Reyes Jr.)颇有见地地分析道:"美国的利益不仅仅是在菲律宾,而且是在整个东亚,华盛顿正利用菲中之间的争端,以便确立其在该地区的位置,并推进其霸权利益。""我们正被用作马前卒,只不过是美国在此区域的权力角逐的脚凳而已。""美国需要为其在该地区部署更多的军队寻找正当的理由,菲律宾政府正给美国提供进行更多的'肩并肩'军演,并让更多的美国战舰驶入菲律宾领土和南中国海的理由。然而,此类行动不会为任何争端的和平解决铺路,只会激起并增加紧张局势。"他对美国是否愿意为了马尼拉和北京之间的黄岩岛对峙而与中国开战表示怀疑,他一针见血地指出:"菲律宾政府正生活在美国会帮助我们的幻觉中",万一哪天真的和中国打起来了,"美国不会立即来支援我们",因为"在《共同防御条约》中,没有自动报复条款。

南海领土争议中的媒体角色研究

我们正被菲律宾和美国政府所误导,当他们说美国的支持是解决争端的关键时"。他补充道:"我们相信菲律宾政府将会用中国这张牌来使美军在菲律宾的驻扎或实际驻守合法化,那将侵犯我们的主权,使我们倒退到20年前,当时我们在克拉克(Clark)、邦板牙(Pampanga)和三描礼士省的苏比克(Subic)均有美军基地。"①此外,参议员乔克·阿罗约(Joker Arroyo)、众议员内利·科尔梅纳瑞斯(Neri Colmenares)及其他一些有识之士也都不赞同仰望美国的支持,其中一人直截了当地批评道:"向美国求助,寻求它的保护毫无帮助。这么做可能要付出更痛苦的代价……曾经有个时候美国政府决定侵占的不仅仅是一个无人居住的浅滩,而是一整个国家,一个从未伤害过它的国家。美国士兵成千上万地屠杀菲律宾人,导致了成千上万的平民死亡的事情被隐藏了近一个世纪,但那段丑陋的历史被讽刺地隐藏在美国国会的记录中。美国是美国人的美国,它为任何或所有行动辩护,不管是温和的或是粗鲁的,但更多的是以美国利益的名义,而不是为了正义或民主。"②

另有一人嘲讽道:阿基诺三世政府乞求尚未加入《公约》的美国予以武器援助,以捍卫菲律宾对黄岩岛的主权声称是很尴尬、很可笑的行为。③简言之,菲律宾对美国的既爱又恨、既寄予厚望又担心不可靠的复杂心情,在《问询者报》的相关报道中表露无遗,美国毫无悬念地成为这些报道中出

---

① Philippines should ask US help on Scarborough standoff[N]. Philippine Daily Inquirer, 2012-04-11; Bishops against asking help from US in shoal dispute[N]. Philippine Daily Inquirer, 2012-04-13; Needed: Firm but deft diplomacy, not war games[N]. Philippine Daily Inquirer, 2012-04-12; ANON. Militant lawmakers warn against asking US help in territory row[N]. Philippine Daily Inquirer, 2012-04-13; CABACUNGAN G, ANING J, UY J. Left urges Aquino to hang tough vs China[N]. Philippine Daily Inquirer, 2012-04-14; Sison slams China over Scarborough issue[N]. Philippine Daily Inquirer, 2012-04-21; TORRES T. US intervention in Scarborough row may complicate issue-expert[N]. Philippine Daily Inquirer, 2012-04-27; ESPLANADA J, TORRES T. Scrap defense treaty if US won't help us, says Enrile[N]. Philippine Daily Inquirer, 2012-04-27.

② MONTELIBANO J M. Defend Scarborough, defend the Philippines[N]. Philippine Daily Inquirer, 2012-05-22.

③ TIGLAO R. Psst... US isn't with Unclos[N]. Philippine Daily Inquirer, 2012-05-10.

现次数最多的域外国家,竟有多达78篇文章提到它。

第二,向东盟求助。在相关报道中,"东盟/东南亚"出现的次数也不少,共有35篇文章提及。东盟是继美国之后,菲律宾最想获得支持的组织了。作为东盟创建国兼成员国,菲律宾一直期盼着东盟成员国能够联手对付中国,能以多边而非中国一再坚持的双边形式来解决南海问题。为此,一些菲律宾官员纷纷敦促菲政府应说服东盟参与制约中国。例如,参议员乔克·阿罗约指出,菲律宾应该把东盟视为外交解决南海争端的主战场,他呼吁东盟国家联合起来对抗像中国这类的"冒犯国家",他还提议菲律宾应该发挥其与印尼、马来西亚、泰国、新加坡等东盟主导国家的友好关系。参议员霍纳桑倡议立即召开和东盟其他成员国的紧急会议,"以便他们参与进来"。他相信把美国和其他东盟成员拉进来,就会阻止中国动武,倘若仅由菲律宾面对中国的话,后者将会蹂躏他们。代理党员代表安东尼奥·提尼奥(Antonio Tinio)和总统政治顾问拉马斯(Ronald Llamas)等也都建议政府争取东盟的支持。外长罗萨尼奥则要求东盟就中菲黄岩岛和南沙群岛争端表态,或在中菲之间选边站队,他恫吓道:如果不表态的话,"不仅仅是菲律宾,而且所有其他人都终将受到负面影响"。为推动东盟的强势介入,菲外交部不断展开外交动员,菲总统府也呼吁东盟要团结起来对付中国。为了达到挑拨中国同东盟其他国家关系之目的,他们不惜发表煽动性的不实言论称:"他们(指中国,笔者注)事实上声称的是这整片海域,看看什么是不包括在内的,以及他们正声称的,所以其他人怎能不对正发生的事感到害怕呢?"在2012年5月4日见报的一篇评论中,作者甚至提议东盟和美国利用中国在亚洲和西藏等方面的软肋来对付它。事实上,早在黄岩岛对峙发生之前的第20届东盟峰会上(2012年4月召开),菲律宾就"要求东盟牵头解决所谓的西菲律宾海问题,并将南沙声称国聚集在一起,制定一个以准则为基础的、多边、和平的解决方案"。他们在峰会上强调,"东盟应在南海行为准则的起草方面保持中心位置","在与中国对话之前",东盟成员国"必须先就行为准则的起草达成一致意见"。笔者以为,菲

南海领土争议中的媒体角色研究

律宾企图绑架整个东盟来对付中国的目的,并不仅仅是为了解决领土纠纷,还在于菲律宾梦想借此机会驾驭东盟,充当东盟的老大。不过,无论菲律宾是如何在不同场合大声喊话,东盟始终不表态,所以参议员阿罗约只好哀叹道:东盟甚至"连一份表示关切或同情的决议"都未发表,"我们只能自卫","我们怎么啦?我们就像孤儿一样"。其实,东盟其他成员国对中菲领土纠葛保持沉默是在意料之中的,因为它们与中国的经济联系已是如此紧密地交织在一起,它们从正在腾飞的中国经济那分享到了不少红利,犯不着为了菲律宾得罪中国。对此,参议员阿罗约其实也心知肚明,他不得不承认东盟成员"有自己的利益要维护"。①

值得一提的是,在东盟除菲律宾之外的九大成员国中,《问询者报》最为关注的是越南,共有 26 篇文章涉及。越南不仅是东南亚南海四大声索国(菲律宾、越南、马来西亚、文莱)之一,而且其立场与菲律宾较为相似,都具有展示其强硬姿态的共同特点,正如《问询者报》的一篇评论所描述的那样:"在对付汉霸权的马来战争中,菲律宾和越南是前线国家。"越南目前占有的南沙岛礁最多,它还曾与中国因领土问题交战过,故而越南对黄岩岛争端的态度颇为引人瞩目,自然也成为《问询者报》的关注对象。这些报道

---

① ANON. Senator urges Philippines to tap ASEAN in diplomatic offensive with China[N]. Philippine Daily Inquirer, 2012-04-15; ESGUERRA C V. PH should involve US, ASEAN in Scarborough Shoal dispute, says Honasan[N]. Philippine Daily Inquirer, 2012-04-21; Militant lawmakers warn against asking US help in territory row[N]. Philippine Daily Inquirer; ESGUERRA C V. PH urged to enlist help of US, ASEAN to stop Sino incursions[N]. Philippine Daily Inquirer, 2012-04-15; ESPLANADA J E. Take a stand, ASEAN told[N]. Philippine Daily Inquirer, 2012-04-22; Philippines to seek US help in dealing with China over Spratlys issue-DFA[N]. Philippine Daily Inquirer; Del Rosario says ASEAN should take stand on Scarborough issue[N]. Philippine Daily Inquirer; Battle, war[N]. Philippine Daily Inquirer; PANGALANGAN R C. Scarborough: turning crisis into opportunity[N]. Philippine Daily Inquirer, 2012-05-04; PAZZIBUGAN D Z, ESPLANADA J E, UBAC J E. Tap ASEAN vs Chinese intrusion, gov't urged[N]. Philippine Daily Inquirer, 2012-04-16; ESGUERRA C V, BORDADORA N. Sen. Arroyo, Joma Sison: US has many more interests in China than in Philippines[N]. Philippine Daily Inquirer, 2012-05-03.

在提及越南时,常常不忘补充说明它是南海的声称国之一。为了拉同盟、表明并非只有菲律宾对中国不满,报道称,近来越南与中国也因领土争议打过口水战;越南和菲律宾都指责中国在过去的一年里变得越来越"咄咄逼人"了。①《问询者报》特别提醒公众不要忘了 1988 年爆发过的中越南沙海战,当时有 64 个越南人丧生②,言下之意即为此次的黄岩岛对峙也有可能演变成为武装冲突。报道倡议,菲当局应向年轻人灌输越南式的民族主义,因为正是这种民族主义使得越南在过去挫败了美国的侵略企图,现如今又推动他们成为东南亚发展最快的一个国家。报道还以 2009 年越南雇佣美国科文顿·柏灵律师事务所(Covington & Burling)为其评估国际法庭将会如何解决南沙边界争议为例,敦促菲高层应该效仿越南,聘请专门的律师来协助其解决领土争端③,俨然把越南当成了楷模。

(6)面对骤然紧张的中菲关系,菲当局的应对策略

自黄岩岛发生领土争执后,中菲关系一度甚为紧张,不时发生摩擦,面对如此严重的外交危机,阿基诺三世政府仓促应对,显得既混乱又矛盾。首先是不同部门面对媒体竞相发表各种言论,让人无所适从,难怪参议员埃斯库德罗(Escudero)不得不提醒他们:对中菲紧张局势所做的反应,只能限于外交部,声明必须小心发表,以免形势恶化。其次是虽然在事件发

---

① MERCADO J L. Skewed view[N]. Philippine Daily Inquirer, 2012-05-04; PH, China set aside protests to ease tensions in Shoal[N]. Philippine Daily Inquirer, 2012-04-14; YAP D. Fishing boats gone from shoal but one Chinese ship remains[N]. Philippine Daily Inquirer, 2012-04-14. See also EVANGELISTA K. Philippine archaeological ship leaves troubled West Philippine Sea[N]. Philippine Daily Inquirer, 2012-04-19.

② 这些报道中提到的死亡人数有出入,2 篇说是 64 人,另 1 篇则说是七十几人。AVENDANO C O, PAZZIBUGAN D Z, ESPLANADA J E. Philippines ignores China demand to quit shoal[N]. Philippine Daily Inquirer, 2012-04-19; ANON. What's at stake in PH-China standoff [N]. Philippine Daily Inquirer, 2012-04-27; PH, China set aside protests to ease tensions in Shoal [N]. Philippine Daily Inquirer, 2012-04-14.

③ ANON. Call to our government: Stand up to China's bullying[N]. Philippine Daily Inquirer, 2012-04-20; PH needs maritime law experts to bolster shoal claim, Enrile says[N]. Philippine Daily Inquirer, 2012-04-20.

南海领土争议中的媒体角色研究

生后的一周,菲高层还几次强调中菲传统友谊、表示要和平解决争端,但又不时发表一些措辞强硬的、极具煽动性、刺激性的言论,从而造成了局势的进一步恶化。例如:事件发生后的第二天,罗萨尼奥外长就与中国驻菲大使马克卿会面,双方探讨了形势,交换了意见。接着罗萨尼奥做出了如下一些声明:"我们与中国之间的友谊源远流长。他们是我们坚实的合作伙伴,这在阿基诺三世访华时已得到证明,双方就如何进行更宽更广的合作,如何使友谊更加密切达成了再次承诺","我们郑重承诺将继续密切合作,直至做出外交决定,我们双方均意识到本着合作的精神,我们必须继续工作,以缓和紧张气氛"。"我们正努力以文明友好的方式来处理这件事,希望我们长期的友谊将有助于我们更快达成外交解决方案。""马克卿大使和我一直试图就中国渔船达成谅解,本着去年(即2011年,笔者注)4月11日在北京,以及之前的3月20日在马尼拉举办的友好交流年的精神,沿着提供善意姿态的路径。"阿基诺三世总统也表达了希望两国通过对话解决僵局的意愿,他说:"我们双方都意识到,本着友好合作的精神,紧张不应加剧,我们应该使紧张局势降温。"直到2012年4月15日,菲外交部发言人劳尔·赫尔兰德斯还在重申:尽管发生了这些事,菲律宾还是把中国看作"亲密的邻居和朋友,也是坚实的合作伙伴"。他表示不去理会媒体关于中菲关系正在恶化的报道,说马尼拉正致力于和平解决南沙争端。然而,在释放这些貌似友好的言论、重温中菲传统友谊的同时,菲高层展现更多的是强硬的姿态,他们不断放出狠话,挑动舆论,煽动民族主义情绪,渲染"中国威胁论"。罗萨尼奥第一次约见马克卿大使时,就警告她:"如果菲律宾受到了挑衅,我们准备捍卫我们的主权。"之后又在外交部新闻发布会上重申此话。青年委员会成员代表雷蒙德·普拉提诺(Raymond Paltino)说:"我们就像一只愤怒的小鸟在亚太上空飞翔,要挑战野心勃勃的中国龙,中国必须尊重菲律宾对其主权的声称权力。同时,阿基诺三世政府必须拒绝外国侵略者,不论是中国龙抑或是美国鹰。"众议员、代理党员代表内利·科尔梅纳瑞斯称:"菲律宾领水和200海里专属经济区属于菲律宾人民,任何外国,不管是中国或美国,无论是出自经济、军事或霸权利益都不许使用或利用它。"阿基诺三世总统指出:"我们不会因为我们跟他们比起来是个小国,就任其摆布。"外交部发言人劳尔·赫尔兰德斯几次呼吁中国:"停止一切'入侵'行为,尊重我们的领土主权和主权权利。"参议员霍纳桑则危言耸听地嚷道:"黄岩岛是一条其他国家也在用的海路。如果中国得逞了,那就意味着所有这些国家在经过这一区域时,将不得不事先征得它的同意。"参议长恩瑞尔趁机怂恿菲律宾当局购买"最好的武器",他叫嚣道:"如果你的邻居,他的房子离得很远,却用铁锹、大刀和箭或标枪来侵占我们的区域,你该做些什么呢?那就买一把弯刀,磨快你的大刀。"类似的煽动性言论在《问询者报》相关报道中比比皆是。为博得国际社会的同情,菲律宾还尽其所能地把自己扮演成为遭受中国欺凌的弱者形象。参议员阿罗约认为菲律宾应该告诉东盟:"我们有问题——我们正被中国欺凌。"国防部长加斯明借记者采访之机,号召菲律宾人团结起来,好让世界知道,"我们正被中国欺负"。人民优先党敦促总统向国际海洋法法庭提起诉讼,状告中国在黄岩岛问题上"欺凌"菲律宾。阿基诺三世总统也在一次演讲中公开承认:他的政府正在吸引国际社会对菲中领土争端的注意,要让全球社区看看北京是如何对待马尼拉的。为使黄岩岛争端国际化,菲方还不惜尽其所能地离间中国同其他国家之关系。参议员霍纳桑提议向菲律宾盟友,如日本、韩国和东盟等汇报有关黄岩岛的形势,"强调该事件在本质上不仅仅是地区性的,而且是全球性的"。当中国派遣"渔政310"赴黄岩岛海域时,菲总统府断言:"如果听任中国在帕纳塔格礁随心所欲的话,那么其他国家在争议海域的领土声索也将受到影响。""这看起来似乎只是菲中之间的事,但事实上,它将牵连到该地区的其他国家。"当中方要求菲方从黄岩岛撤船时,罗萨尼奥外长不但置若罔闻,还煞有介事地警告道:中国的行动正威胁到这条重要航线的航行自由,"我认为现在的对峙对许多国家而言,都是更大威胁的证明","如果他们对保持航行自由和贸易畅通感兴趣的话,就应该关心"。当被媒体问及是否请求美国帮助以解决争端时,罗萨尼奥

南海领土争议中的媒体角色研究

说他们"想要所有的国家,包括美国在内,对正在那发生的,以及对他们自己国家的含义做出判断"。他十分自信地认为"所有国家都对所谓的西菲律宾海发生的事感兴趣",同时补充道:"所有国家均需仔细观察在那发生的事。"①

毋庸置疑,菲官员透过媒体发表如此之多的不负责任、不计后果的煽动性言论除了使紧张局势升级之外,毫无益处,亦称不上高明之举,且对中国很不公平。为此,一些菲律宾人纷纷表达了不同的见解。这里略举几例。众议员、专栏作家贝约针对所谓的"中国威胁论"写道:

中国是威胁吗?真的有中国威胁吗?毫无疑问,中国在言辞上是强硬的,但正如英国前首相撒切尔夫人所说的那样:"尽管中国对其边界总是保持警惕,且已占据了西藏,但它在历史上并非是个对

---

① EVANGELISTA K. Escudero urges immediate appointment of Philippine ambassador to China[N]. Philippine Daily Inquirer, 2012-04-25; TORRES T. Philippines to pursue diplomatic solution in Scarborough row[N]. Philippine Daily Inquirer, 2012-04-11; PAZZIBUGAN D Z, SANTOS T G. 3rd China ship enters Scarborough Shoal[N]. Philippine Daily Inquirer, 2012-04-13; ANON. Philippines, China fail to end impasse over who to leave shoal first[N]. Philippine Daily Inquirer, 2012-04-14; AVENDANO C O, SANTOS T G. Standoff at Scarborough[N]. Philippine Daily Inquirer, 2012-04-12; Tap ASEAN vs Chinese intrusion, gov't urged[N]. Philippine Daily Inquirer, 2012; ANON. Philippines to "secure sovereignty" if challenged by China[N]. Philippine Daily Inquirer, 2012-04-11; Militant lawmakers warn against asking US help in territory row[N]. Philippine Daily Inquirer, 2012-04-13; Left urges Aquino to hang tough vs China[N]. Philippine Daily Inquirer, 2012-04-14; ANON. Endangered territory[N]. Philippine Daily Inquirer, 2012-04-14; Tap ASEAN vs Chinese intrusion, gov't urged[N]. Philippine Daily Inquirer, 2012-04-16; PH should involve US, ASEAN in Scarborough Shoal dispute, says Honasan[N]. Philippine Daily Inquirer, 2012-04-21; AGER M. Philippines must buy armaments, says Enrile[N]. Philippine Daily Inquirer, 2012-05-09; ANON. Senator urges Philippines to tap ASEAN in diplomatic offensive with China[N]. Philippine Daily Inquirer, 2012-04-15; Philippines ignores China demand to quit shoal[N]. Philippine Daily Inquirer, 2012-04-19; PH not intimidated, says Malacañang[N]. Philippine Daily Inquirer, 2012-04-21; AVENDANO C O, YAP DJ, ESPLANADA J E. China daily warns of "small-scale war" with Philippines[N]. Philippine Daily Inquirer, 2012-04-25; Bishops against asking help from US in shoal dispute[N]. Philippine Daily Inquirer, 2012-04-13; Aquino: These are our waters[N]. Philippine Daily Inquirer, 2012-04-24; Philippines to seek US help in dealing with China over Spratlys issue-DFA[N]. Philippine Daily Inquirer, 2012-04-26.

其邻国有领土企图的扩张者。"南沙争端是周边国家的领土纠纷,而非"中国扩张主义"的证据。中国的军费开支是五角大楼预算的四分之一。即便它正在打造军力,现在也无须恐慌。至少到目前为止,中国远非两边的鹰派所声称的那么可怕。它的武装力量没有实际作战经验已长达三十几年,而美国军队则一直不断地在战斗、学习。中国人民解放军在敌对环境下的复杂联合行动的能力尚未得到检验。中国强大的导弹和潜艇部队将对靠近其海岸的航母群构成威胁,但至少在一段时间内还不能对更远地方的海域构成威胁。中国海军的远洋行动仅限于印度洋的反海盗巡航,及拯救身处遭受战争破坏的利比亚的中国工人。可能会很快部署两三艘小型的航母,但要学会使用它们还要花好多年的时间。无人知道"航母杀手"导弹是否见效。①

贝约奉劝阿基诺三世不要让菲律宾再度卷入美国的对华制衡中。就连曾把今日中国称作"帝国主义"、"资本主义"的菲共产党创始人西松也认为:"虽然中国很自信,但中国迄今为止一直避免卷入任何形式的彻底的军事侵略行为之中。"在《黄岩岛失败了:阿基诺三世如何把它搞砸了》(Scarborough fail: how Aquino blew it)一文中,作者列举了阿基诺三世总统犯下的五大错误,其中第二大错为菲律宾官方的好战声明。他指出,在黄岩岛尚未出现任何战争迹象时,菲国防部长、海军司令,甚至是北吕宋军事指挥官就"一直用好战的口吻喋喋不休地谈论着争端,使我们看起来好像是好战的主角。相比之下,谁在为中国说话?甚至是中国大使都有意闭嘴。那些公开发话的是大使馆发言人和政治参赞——两人都是中国在此的低级别外交官"。他将心比心地问道:"如果中国国防部或中国海军司令在危机开始时,就发出好战的声明,我们感觉如何呢?"在他看来,阿基诺三世犯下的第三大错是,在修复中菲关系方面无所作为,导致当发生诸如黄岩岛事件

---

① Needed: Firm but deft diplomacy, not war games[N]. Philippine Daily Inquirer, 2012-04-12.

南海领土争议中的媒体角色研究

这类严重的危机时,双方无法进行诚信的谈判。他认为阿基诺三世不但没有起诉错误处理 2010 年隆塔人质危机的官员,还冷落了中国的官方援助,甚至妖魔化它们,说是有腐败的倾向。他指责在黄岩岛危机爆发近一个月了,阿基诺三世还未采取最基本的改善中菲关系的举措:任命菲律宾驻华大使,"对于中国人和外交团体来说,这么长时间以来,一直只有一名临时代办在北京,这是一种含蓄的羞辱"。他把阿基诺三世卑躬屈膝地请求美国的干预视为第四大错,认为"这只会使得中国的立场越发强硬,因为中国不会在美国的威力下动摇"。第五大错是,面对黄岩岛危机,阿基诺三世没有咨询其他国家领导人的建议,以便在危机中达成全国共识。阿基诺三世尤其忽视了与此有关的两个机构——国家安全委员会和国务院,而往届总统在次要的危机中都会召集它们。最后,作者严厉地指出:"倘若与中国的战争爆发了,那一定只能是阿基诺先生的战争。"[①]

尽管部分菲律宾人嚷嚷着要取消与中国的合作、抵制中国货、对其课以重税以示惩罚等[②],但有些菲律宾人则发出了理性的声音,如政治分析家鲍比·图阿松(Bobby Tuazon)在接受媒体采访时说:"如果中国动用其经济影响力来软化菲律宾对黄岩岛的声称是不足为奇的。北京从阿基诺

---

① Sison slams China over Scarborough issue[N]. Philippine Daily Inquirer,2012-04-21;SEN. Arroyo, Joma Sison:US has many more interests in China than in Philippines[N]. Philippine Daily Inquirer,2012-05-03; Scarborough fail:how Aquino blew it[N]. Philippine Daily Inquirer,2012-05-03.

② 众议员内利·科尔梅纳瑞斯(Neri Colmenares)要求菲最高法院尽快申请废除菲中勘探协议,并避免建立与华新合作关系(Militant lawmakers warn against asking US help in territory row[N]. Philippine Daily Inquirer,2012-04-13)。菲律宾天主教主教会议主席若瑟·帕尔玛(Jose Palma)号召菲律宾人勇敢面对中国这个恃强凌弱者,他支持抵制中国货,或对其课以重税,他也支持菲律宾海外团体到中国驻全球使领馆前集会抗议的计划(CBCP head backs move to ban or heavily tax Chinese products[N]. Philippine Daily Inquirer,2012-04-28)。菲律宾慈善家、民权领袖兼律师刘易斯(Lewis)也认为:"中国是个恃强凌弱者……它必须受到诸如贸易关税之类的措施的打击。让菲律宾国会通过一项法律,对所有中国商品征收关税,以显示它的勇气。"(ESPLANADA J E. PH urged to hit China with trade tariffs; overseas Filipinos set May 11 rallies[N]. Philippine Daily Inquirer,2012-04-29)。

三世政府一上台就给了马尼拉40个发展项目,他们可以在对峙中以此为杠杆。"他回忆道:2011年9月阿基诺三世对中国进行为期5天的国事访问后,即宣布中国将对菲律宾进行价值近130亿美元的实际和计划投资,阿基诺三世在访问中还请求北京将其过剩的10万亿美元中的一部分投给马尼拉,有了这些投资,预计中菲贸易关系将会推向高潮。图阿松不无惋惜地说:但是,现在所有这些潜在的增值,可能会因为黄岩岛日益升级的对峙而前功尽弃了,"这种对峙可能会暂停,或更糟的是,延缓经济关系。它会促使中国转而寻找其他地方……其他较少有领土争议的东南亚国家,如印尼、马来西亚"。菲律宾香蕉业领导人更是对黄岩岛冲突造成的政治紧张局势,可能会对菲律宾价值数百万美元的香蕉业造成负面影响忧心忡忡。菲律宾香蕉种植者与出口商协会主席安提格(Antig)相信,如果菲律宾丧失了中国香蕉市场,就将引起香蕉业的经济垮台。黄岩岛纠纷可能被看作是政治性的,但它将对中菲贸易关系产生毁灭性的效果。① 所以,笔者以为,在解决与其他国家的争端时,中国手中其实握有一张举足轻重的牌——经济牌,关键在于如何使用它。用好经济这张牌,可以在很大程度上达到不战而屈人之兵的效果。问题在于,菲高层,尤其是罗萨尼奥外长总是"天真地"以为,在对华关系方面,菲方可以实施"分割对待政策",即所谓的西菲律宾海问题不是中菲关系的全部内容,也不是两国发展其他关系的阻碍。然而,诚如菲律宾大学法学院教授巴董巴格博士(Dr. Jay Batongbacal)所分析的那样:"分割对待"概念导致政府在处理海上边界问题时"陷入一种真空,好像这些问题是独立存在一样,不顾这些问题对其他国家的利益以及菲国与他国之间的关系可能产生的冲击"②。依笔者之愚

---

① BURGONIO T J. China seen wielding economic clout in standoff with Philippines[N]. Philippine Daily Inquirer,2012-04-28; Palma backs peaceful protests on Spratlys row[N]. Philippine Daily Inquirer,2012-05-07; SANTOS D J. Banana industry fears loss of China trade over Scarborough row[N]. Philippine Daily Inquirer, 2012-05-07.

② 佚名.国际海洋法专家认为:菲律宾需要重新思考南海政策[N/OL].[菲]世界日报,2012-10-28.http://www.worldnewsph.net/0/p_images/p08.html.

见,中国应该让菲律宾知道,他们不可能既要强占中国的领土,又要分享中国经济发展的红利。

关于如何解决黄岩岛问题,及缓解中菲紧张关系,一些菲律宾人也提出了自己的看法。代理党员代表安东尼奥·提尼奥建议众议院外交关系委员会与其在中国人大的同行一道,就中菲在南海纠纷上达成和平解决方案。众议员杰克·恩瑞尔(Jack Enrile)敦促政府在寻找合适的驻华大使人选时,应先派一支高水平的小组到中国去进行谈判,以解决黄岩岛的所有权问题。他还特意提醒当局在选拔大使时要小心操作。参议员霍纳桑认为,除了外交渠道之外,菲政府应与中国合作开发黄岩岛,这将确保双方的共同利益,即使争议尚未得到正式解决。菲学者爱德华多·阿拉拉尔(Eduardo Araral)提议,在菲律宾未来的对华战略中,应把地缘政治和大国政治放在中心位置。他提醒到,诉诸仲裁只是法律问题,必须注意不要排除与中国接触的其他许多阵线,那将给两国提供共同的利益和机会。在《捍卫黄岩岛,捍卫菲律宾》(*Defend Scarborough, Defend the Philippines*)一文中,作者虽然情绪激动,措辞强烈,鼓吹"中国威胁论",煽动民粹,但他也不得不承认:"事实上,我们与中国的关系不仅仅是历史上的,而且是物质上的。我们确实是邻居,我们有实质性的血缘关系。我们应该成为最好的朋友,而不是敌人。"面对中菲在黄岩岛对峙中越来越紧张的态势,参议员埃斯库德罗呼吁立即任命一名合格的菲律宾大使到中国,他说,"我们急需一名新大使,我们在和中国打交道,及向中国传达我们的投诉时已不知所措","我们面对的与中国有关的问题是严肃复杂的,不仅仅涉及政治问题,还有经济问题。唯一正确的方案只有派一名专家、一名有经验的专家担任驻华大使"。参议员奥斯敏那(Osmeña)也敦促阿基诺三世任命"一位训练有素、经验老到的职业外交官"来取代原来的人选,"这名外交官以前应该有过条约谈判经验,且处理过所谓的西菲律宾海问题"。卡加延省众议员杰克·恩瑞尔强调,新大使必须对菲中关系有很好的了解。黄岩岛对峙发生之前,阿基诺三世一心想任命其教父之教子、商人多明戈·

李(Domingo Lee)为驻华大使,但后来也不得不坦承他对大使的提名参数因形势的改变而改变了:菲律宾需要的是一位具有特殊技能的人,一位能协助菲高层解决黄岩岛危机的人。罗萨尼奥亦宣布,他计划推荐一名职业外交官来担任驻华大使。①

(7)《问询者报》相关报道中的不实信息

在英语中,有两个由"information"(信息)派生出来的单词——"disinformation"和"misinformation",前者是指故意传播的虚假信息,常见手段为把真实和虚假信息混在一起,虚虚实实,让人难以分辨,或者把部分真相作为全部真相传达给受众,使其信以为真;后者是指无意间传播的错误信息。② 在《问询者报》关于黄岩岛纠纷的报道中,我们遗憾地发现这两种不实信息皆存在,且以前者居多。举几个例子来看,在 2012 年 4 月 12 日的一篇题为《黄岩岛内幕》(In the know: The Scarborough Shoal)的报道中,提到中菲已于 1995 年签订了和平解决争端的行为准则。③ 事实是,中国至今尚未与东盟或东盟的任何一个成员国签署过"准则",否则在 2012 年 7 月召开的中国与东盟"10+1"外长会议上,菲律宾就不会因为力推"南海行为准则"而受挫了。④ 这种常识性的错误,无疑是记者未经核实便予以报

---

① Left urges Aquino to hang tough vs China[N]. Philippine Daily Inquirer,2012-04-14; BONCOCAN K. Calls mount for high-level talks between Manila and Beijing[N]. Philippine Daily Inquirer, 2012-04-25; PH should involve US, ASEAN in Scarborough Shoal dispute, says Honasan[N]. Philippine Daily Inquirer,2012-04-21; Engaging China[N]. Philippine Daily Inquirer, 2012-04-28; Defend Scarborough, defend the Philippines[N]. Philippine Daily Inquirer,2012-05-22; Escudero urges immediate appointment of Philippine ambassador to China[N]. Philippine Daily Inquirer,2012-04-25; AGER M. Senator Osmeña backs replacement of PH envoy to China[N]. Philippine Daily Inquirer, 2012-04-17; Aquino: These are our waters[N]. Philippine Daily Inquirer, 2012-04-25; ANON. Aquino eyes new envoy to China[N]. Philippine Daily Inquirer, 2012-04-17; AVENDANO C O. Palace looking for new envoy to China[N]. Philippine Daily Inquirer,2012-04-19.
② 毕研韬,王金岭.战略传播纲要[M].北京:中央编译出版社,2011:20.
③ In the know: The Scarborough Shoal[N]. Philippine Daily Inquirer,2012-04-21.
④ 佚名.菲外长在金边恼羞成怒指责中国"咄咄逼人"[N/OL].[菲]世界日报,2012-07-13. http://www.worldnewsph.net/5/p_images/p03.html.

南海领土争议中的媒体角色研究

道所造成的。在整个对峙过程中,中国始终保持冷静、克制、理性的态度,没有动用过任何军舰,仅依靠政府公务船和渔船与菲方对峙。然而,在这些报道中,至少有 9 篇文章谈到中国用的是炮艇(gunboat),其中 2 篇直接在标题中点出:中国在黄岩岛部署了炮艇。① 还有一些文章信口雌黄地称,是中国的海军军舰阻止了菲律宾当局抓捕在"菲国水域偷捕鱼"的中国渔民,从而导致了对峙的产生;"中国海军军舰最近与菲律宾海军军舰'德尔·皮尔'号对峙","中国海军军舰向毫无装备的菲律宾渔船和勘探船开火,并骚扰他们,迫使他们撤退。中国海军军舰在黄岩岛周边的海域投掷了带有中国标志的钢桩和导航浮标";"在拒绝菲律宾将黄岩岛争端提交国际仲裁的提议后,中国派出了一艘强大的军舰到南中国海",而且居然声明是根据中国媒体报道的。② 尽管国防部发言人加尔维斯和北吕宋司令部司令官安东尼·阿尔坎塔拉均纠正了媒体把"中国渔政 310"称为炮艇的不实报道③,但《问询者报》在接下来的几篇报道④中,仍然顽固地拒绝更正,还诬陷说是中方坚持把炮艇当成渔政船。这种执意要把中国公务船渲染成军舰的行为,只能说是别有用心,其用意无非是塑造中国好战的形象,而忘了正是菲律宾从一开始就动用其国内最先进的军舰来对抗手无寸铁

---

① 这两篇文章均刊载在 4 月 20 日的《问询者报》上,一篇是 *PH not Intimidated by Chinese Gunboat*(《中国炮艇吓唬不了菲律宾》),另一篇是 *China Deploys Gunboat*(《中国部署了炮艇》)。

② AVENDANO C O. Despite need, Palace won't drop envoy-nominee[N]. Philippine Daily Inquirer, 2012-04-16; ANON. Overseas Filipinos urged to rally vs China on May 11[N]. Philippine Daily Inquirer, 2012-04-17; PH urged to hit China with trade tariffs; overseas Filipinos set May 11 rallies[N]. Philippine Daily Inquirer, 2012-04-29; China deploys gunboat[N]. Philippine Daily Inquirer, 2012-04-20.

③ PH not intimidated, says Malacañang[N]. Philippine Daily Inquirer, 2012-04-21; PAZZIBUGAN D Z. Large Chinese ship enters Scarborough Shoal-Coast Guard[N]. Philippine Daily Inquirer, 2012-04-21.

④ YAP D J. 7 Chinese ships still in Scarborough area, says military commander[N]. Philippine Daily Inquirer, 2012-04-24; Aquino: These are our waters[N]. Philippine Daily Inquirer, 2012-04-24; ANON. China won't be allowed to conquer Scarborough, says military official[N]. Philippine Daily Inquirer, 2012-04-24.

的中国渔民。平时较常关注时事的人可能都会注意到,中国外交部发言人多次声明"中国对南海诸岛及其附近海域拥有无可争辩的主权"。中国并没有声称拥有整个南中国海,但为了离间中国与周边国家的关系,同时炮制一个"野心勃勃、贪得无厌"的中国形象,《问询者报》几次断言:"中国声称拥有整个南中国海,甚至直到该区域其他国家的海岸都是中国的领土。"①至于对峙过程中,在黄岩岛的中国船只数量,《问询者报》也是未经查证便予以夸大报道,造成了不得不事后纠正的尴尬局面,由原来的33艘修正为11艘,同一篇报道还更正了原来所谓的中国船只不让菲律宾渔民进入潟湖捕鱼的说法。② 没想到号称"菲律宾第一大报",且标榜"坚持真实公平"的《问询者报》在报道黄岩岛冲突时,竟然会出现如此之多的偏差。这或许反映了该报在报道黄岩岛事件时,并不能处理好理性与情感的关系,不能按照新闻专业主义所提倡的多方求证、客观平衡、追求真相等手法去操作,反而抱着宁可信其有,不可信其无,以想象代替事实,甚至不惜捏造事实、坚持错误的态度来报道新闻,自然也就无法履行媒体应向受众提供全面真实信息之责任了。

4.从报道倾向上看,《问询者报》多以负面报道的形式来呈现中国。以被新闻界公认为必须尽量恪守新闻专业主义精神的消息为例,121篇选文中,仅有34篇对中国的报道立场是中性的,持负面立场的竟然多达85篇,其余的2篇则为正面立场。这从一个侧面说明了就黄岩岛事件而言,《问询者报》对中国的报道是很不客观的,或者说《问询者报》并没有遵循客观性原则所倡导的以客观中立的立场、不偏不倚的态度来报道新闻的要求。

---

① 参阅该报的如下报道:YAP D J, SANTOS T G. 9 Chinese boats leave Scarborough shoal[N]. Philippine Daily Inquirer, 2012-04-15; Tap ASEAN vs Chinese intrusion, gov't urged[N]. Philippine Daily Inquirer; ANON. China asks all PH ships to leave Scarborough[N]. Philippine Daily Inquirer, 2012-04-17; Philippine archaeological ship leaves troubled West Philippine Sea[N]. Philippine Daily Inquirer 等。

② YAMSUAN C, PAZZIBUGAN D Z, BORDADORA N. Panatag off limits to Filipino fishers[N]. Philippine Daily Inquirer, 2012-05-10.

事实上,他们不仅不愿意据黄岩岛事件的是非曲直来如实报道新闻,反而尽其所能地抹黑中国,在新闻中用了很多很负面、非理性的词汇来形容中国,极力把中国塑造成为一个"野心勃勃、恃强凌弱、贪得无厌、无理无法"的侵略者形象。可见,《问询者报》虽然是所谓的自由媒体,但自由媒体并不一定都是负责任的媒体。

5.必须指出的是,尽管《问询者报》在报道黄岩岛事件时明显是站在偏袒菲律宾的立场上,且存在着不少有违新闻专业主义的现象,但对于少数抨击菲律宾政府不当行为,甚至是与菲当局唱反调的评论文章,《问询者报》还是愿意全文刊载的,这或许是由其自由媒体的性质所决定的,或许是出于体现多元化之考量吧。不过,应该强调的是,允许少数此类文章的发表,并不影响也不能改变《问询者报》对黄岩岛事件的基本报道立场,因为其他大量嘈杂的声音足以淹没这些不同的声音。

七、研究结论与研究局限

综上所述,本文以内容分析法和文本分析法为主要研究方法,从新闻传播学和国际关系学相结合的角度,剖析了《问询者报》对黄岩岛事件报道的形式特征、内容特征和报道倾向,揭示了部分报道内容所蕴含的社会意义,并以新闻专业主义为标准,检验了相关报道的报道质量。研究以内容特征为重点探讨对象,深入挖掘了相关报道中兼具理论和现实价值、可能引起国际问题学者关注或感兴趣的内容。研究发现,《问询者报》对黄岩岛名称的处理别有用心,即幻想通过对黄岩岛的"正名"来使其成为菲律宾声索的一个凭据;对峙的起因完全在于菲方,但菲律宾却罔顾事实,把责任全然推给中方,对此,《问询者报》不但不予以据实报道,反而在报道中进行了巧妙的处理;据《问询者报》的相关报道,菲律宾对黄岩岛提出主权要求,主要是基于《公约》的规定、国际法的有效占领规则、菲律宾国内法、地图、黄岩岛的名称等五大依据,但这些依据无一站得住脚;冲突发生后,菲律宾当局采取了一方面声称要以外交、和平的方式来解决争端,一方面却尽力使事态国际化、多边化、复杂化和扩大化的两面手法,如向美国求援、向东盟求助、积极准备诉诸国际海洋法法庭或联合国等;面对因危机而导致的中菲紧张关系,阿基诺三世政府仓促应对,显得既混乱又矛盾。研究注意到,针对以阿基诺三世和罗萨尼奥外长等亲美派所热衷的联美抗华策略,菲律宾国内并非人人看好,他们纷纷表达了自己的反对意见;针对菲方的对华不当言论,以及如何解决黄岩岛问题、如何缓解中菲紧张关系等,一些菲方人士也都发表了自己的不同看法。

研究表明,《问询者报》的相关报道及时、量大,具备新闻专业主义所要求的快速及时的意识,但也存在一些与新闻专业主义背道而驰的现象,如因消息来源较为单一等导致的报道失衡问题;部分报道既不客观,亦不中立,明显偏袒菲律宾,同时极尽所能地妖魔化另一当事方——中国;报道还出现了许多不实乃至错误信息,同时不乏各种过激和偏差的言论,这与媒体工作者蓄意追求耸动、捕风捉影、感情用事,以想当然的方式报道新闻不无关系。显而易见,就黄岩岛事件而言,《问询者报》与其所标榜的"坚定地致力于社会责任","坚定不移地致力于带给读者'平衡的新闻,无畏的观点'","坚持真实公平",提供"最全面的"新闻报道等口号①相去甚远。由此带来的后果着实堪忧:一是误导社会舆论,煽动民族主义情绪;二是给决策层增加额外的压力;三是可能引发更为严重的外交纠纷。媒体固然拥有言论自由,但也必须善尽社会职责,而不是一味地推波助澜,挑拨离间,唯恐天下不乱。媒体应该自律。

本研究的局限在于:首先,受时间和其他条件的限制,未能通过对受众的调查来检测传播效果,只能根据事态的后续发展来加以推断;其次,本研究仅选取了《问询者报》一份报纸,如果能够多选一些报纸,包括中国方面的报刊,并加以比较研究,应该会更具现实意义。总之,本研究存在的一些不足和遗憾,希望能在将来有条件时进一步完善。至于《问询者报》在报道

---

① About us.http://www.inquirer.com.ph/about-us-2/.

南海领土争议中的媒体角色研究

黄岩岛冲突时,为何出现背离新闻专业主义现象的具体原因,以及对于领土争端这种敏感议题,媒体是否应该恪守新闻专业主义、如何恪守等问题,也将留待下一步的研究。

An Analysis on the Reports of Huangyan Standoff by Philippine Mainstream Media in English
——Taking the *Philippine Daily Inquirer* as an Example

Abstract: The Huangyan (Scarborough Shoal) standoff has inspired a wave of research in various fields, but related publications from the aspect of media study seem to be few. Using content analysis and textual analysis as the main methodology, and from the interdisciplinary perspective, this study analyzes how the *Philippine Daily Inquirer*, the so-called Philippine's "No. 1 Newspaper," has reported the Huangyan standoff from the following three respects: formal features, content features and report tendency. Focusing specially on content features, the study explores the information that is of theoretical and practical value and might possibly arouse the interests of scholars on international issues, such as the handling of the names of the Huangyan Island by the *Inquirer*, the respective sayings of China and the Philippines concerned with the causes of the standoff, the evidences provided by the Philippines on its claim to the Island and a comment on them, the solutions to the Huangyan crisis advocated by the Philippine authority, the coping strategy adopted by the Aquino administration on how to deal with the tensions of China and the Philippines, the disinformation and misinformation found in the *Inquirer* reports. The study also examines the quality of concerned reports based on the principles of news professionalism. Hopefully, the study might be of some use to the thorough solution to the conflict, or at least of certain reference value for relevant scholars.

Key words: Philippine Daily Inquirer, Huangyan Standoff, Report Analysis

附录二

China Owns Indisputable Sovereignty over the Xisha(Paracel) Islands: A Response[①]

By Li Dexia

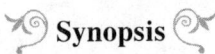 Synopsis

As a response to RSIS commentary No. 109/2014 entitled "The Paracels: forty years on", this commentary intends to prove that China owns indisputable sovereignty over the Xisha Islands on the basis of some solid evidence. It also argues that the oil rig is not inside Vietnam's EEZ according to UNCLOS. Meanwhile, it questions who the real bully is with certain obvious proof.

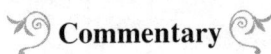 Commentary

China has indisputable sovereignty over the Xisha Islands.

In her RSIS Commentary No. 109/2014 entitled "The Paracels: Forty

---

① 本文的修改版(应编辑的要求削减篇幅)于2014年6月20日发表于新加坡南洋理工大学拉惹勒南国际问题研究院的刊物 RSIS Commentary(No. 116-2014)上,标题也改为:Xisha (Paracel) Islands: Why China's Sovereignty Is "Indisputable"。

附录二 China Owns Indisputable Sovereignty over the Xisha(Paracel) Islands: A Response

Years On", Vietnamese scholar Nguyen Thi Lan Anh emphasized again and again that China had located its oil rig in the disputed waters in the Xisha(Paracel) Islands. As a matter of fact, China owns indisputable sovereignty over the Xisha Islands. It is grounded on ample historical and legal basis that China has claimed so. The following is just part of the definite evidence.

First of all, in accordance with the international law and customary law, the main condition to own an island far from the mainland is to be the first one to occupy it effectively. Based on a number of Chinese historical records, since at least the Song and Yuan Dynasties(960-1368 AD), the Xisha and Nansha(Spratly) Islands have been part of China's territory, and the then Chinese government had exercised sovereignty and jurisdiction over them effectively. It is several hundred years earlier than the time(the 17th century) claimed by Vietnam to own the islands (let's assume that their evidence was not problematic for the time being). I would suggest Ms. Nguyen Thi Lan Anh read those ancient Chinese documents first before she asserted that "the islands belonged to no one" by the 17th century.

Secondly, "The Paracels: Forty Years On" mentioned that "during the period of Western colonial expansion sovereignty over the Paracels was continuously exercised by France, the protector of Vietnam." But in fact, it was not until July 3rd, 1938 did France occupied the Xisha Islands successfully and illegally, whose acts had immediately led to the Chinese government's firm opposition and strong protests. With the outbreak of World War II, Japan seized the Xisha Islands on March 1st, 1939 and ousted the French there. After the surrender of Japan in 1945, however, the Xisha Islands were returned to the jurisdiction of the Chinese government according to the Cairo Declaration and the Potsdam Declaration. A ceremony for receiving the islands was held in November 1946 and a stone tablet was erected to commemorate the handover, and troops were afterwards stationed. So I wonder based on what proof or logic did Ms. Nguyen Thi Lan Anh allege that "Sovereignty later passed from France to South Vietnam under the 1954 Geneva Accords?" Incidentally, it is interesting to read that Ms. Nguyen Thi Lan Anh has regarded France as Vietnam's "protector."

Thirdly, from 1954 to 1974, the successive Vietnamese governments had publicly and officially admitted that the Xisha and Nansha Islands belonged to China for quite a few times, among which three most striking ones are worthy of mentioning.

1) When Vice Foreign Minister of the Democratic Republic of Vietnam Ung Van Khiem met with charge d'affaires ad interim Li Zhimin of the Chinese Embassy in Vietnam on June 15th, 1956, he indicated that, "According to Vietnamese data, the Xisha Islands and Nansha Islands are historically part of Chinese territory." The then Acting Director of the Asian Department of the Vietnamese Foreign Ministry, Le Loc, who was present, further introduced Vietnamese data and stated that, "Judging from history, these islands were already part of China at the time of the Song Dynasty."

2) The Chinese government issued a statement of the territorial sea on September 4th, 1958, announcing that "this provision applies to all the territories of the People's Republic of China, including … the Dongsha (Pratas) Islands, the Xisha Islands, the Zhongsha Islands (Macclesfield Bank), the Nansha Islands, and other islands and islets pertaining to China." Ten days after the announcement, viz., on September 14th,

附录二　China Owns Indisputable Sovereignty over the Xisha(Paracel) Islands: A Response

1958, Vietnam's Prime Minister Pham Van Dong sent a diplomatic note to China's Premier Zhou Enlai, solemnly declaring that "the government of the Democratic Republic of Vietnam recognizes and supports the declaration of the government of the People's Republic of China on its decision concerning China's territorial sea made on September 4th, 1958" and "the government of the Democratic Republic of Vietnam respects this decision."Pham Van Dong's note shows clearly that the Vietnam government acknowledged the Xisha and Nansha Islands as China's inherent territory.

3) In a statement issued by the government of the Democratic Republic of Vietnamon on May 9th, 1965, it wrotes, "US President Lyndon Johnson designated the whole of Vietnam, and the adjacent waters which extend roughly 100 miles from the coast of Vietnam and part of the territorial waters of the People's Republicof China in its Xisha Islands as 'combat zone' of the UnitedStates armed forces," and it is "in direct threat to the security of the Democratic Republic of Vietnam and its neighbors." Here again proves that the Vietnamese government explicitly recognized that the Xisha Islands belong to China.

In addition to its government statements and notes, Vietnam's newspapers, maps and textbooks at that time also reflected its above-mentioned position clearly. Since the successive Vietnamese governments had officially and publicly admitted and announced for many times that the Xisha and Nansha Islands are part of China's territory, it is henceforth unreasonable for Vietnam to dispute these two groups of islands. Or it would be against the equitable estoppel and the basic norms governing international relations. Unfortunately, since the 1970s, the Saigon authority of South Vietnam had started to covet the Xisha and Nansha Islands. They had tried repeatedly to invade the Zhongjian(Triton) Island

and the Chenhang(Duncan) Island in 1973, ignoring China's strong protests and continuous warnings. Despite Vietnam's frequent military provocation and harassmentstarting from January 15th, 1974, it was not until January 19th, 1974 was China obliged to fight back to safeguard its people's lives and its territorial sovereignty, because the Vietnamese army had killed and injured lots of Chinese fishermen, and they had also dispatched their planes and warships to bombard the Chenhang Island and China's patrol boats. In her commentary, Ms. Nguyen Thi Lan Anh didn't mention these at all, so I would like to take this opportunity to make it up.

Since China has indisputable sovereignty over the Xisha Islands, why should China discuss the sovereignty issue with other countries or refer it to an international court or tribunal?

Is the oil rig deep inside Vietnam's EEZ?

In "The Paracels:Forty years on", the commentator also pointed out that "the act which made the Paracel Islands the latest hotspot in the South China Sea was China's placement of the Haiyang Shiyou 981 oil rig deep inside Vietnam's exclusive economic zone(EEZ) and continental shelf, close to the islands." Is the statement tenable? According to my knowledge, the location of the oil rig is "17 nautical miles from both the Zhongjian Island of China's Xisha Islands and the baseline of the territorial waters of Xisha Islands, yet approximately 133 to 156 nautical miles away from the coast of the Vietnamese mainland." Is it closer to China or to Vietnam? It's true that Vietnam has its EEZ and continental shelf, but China has its EEZ and continental shelf too. According to the 1982 United Nations Convention on the Law of the Sea(UNCLOS), the Yongxing

附录二 China Owns Indisputable Sovereignty over the Xisha(Paracel) Islands: A Response

(Woody) Island, the main island of the Xisha Islands is also entitled to an EEZ and continental shelf. Again, based on UNCLOS, when two countries' EEZs overlap, it's necessary for the two countries to negotiate to delimit it. Before that, it's illegal for either of them to claim its EEZ unilaterally. Therefore, I am afraid it's unsuitable to argue that the oil rig is deep inside Vietnam's EEZ. Furthermore, an undeniable fact is that the rig is exactly within the continuous zone of the Zhongjian Island, for even though the Zhongjian Island is only a "rock," it has a right to have a 12 nautical mile continuous zone in addition to a 12 nautical mile territorial sea. After all, Article 33 of UNCLOS stipulates "The contiguous zone may not extend beyond 24 nautical miles from the baselines from which the breadth of the territorial sea is measured." In other words, the oil rig is well within China's sovereignty and jurisdiction.

Who is the real bully?

One of the crucial factors for Vietnam to discard its decades of acknowledgement of China's ownership of the Xisha and Nansha Islands was the discovery of potential rich oil and gas deposits in the South China Sea in the 1970s. China's recent operation in the Xisha Islands has undoubtedly stimulated Vietnam's sensitive nerves. Since early May, Vietnam has sent a large quantity of vessels, including armed ones, to cross the border to the site to harass the Chinese normal operation and crash into the Chinese government vessels constantly, unlawfully and violently. It is reported that up to 5 p.m. on June 7th, "there were as many as 63 Vietnamese vessels in the area at the peak, attempting to break through China's cordon and ramming the Chinese government ships for a total of 1,416 times." I believe it is still very much alive in plenty of people's memory what happened in Vietnam in mid-May, where and when 4 Chinese nationals were killed, more than 300 others were severely wounded, and numerous companies of China and other countries were looted, smashed, set on fire during the anti-China demonstrations encouraged and condoned by the Vietnamese government and media. Is there any international law allowing or supporting Vietnam's aforementioned actions? Has Vietnam behaved as a responsible power in the international arena? Who is the real bully?

附录三

CO14165 | South China Sea Disputes: China Has Evidence of Historical Claims[①]

Li Dexia, Tan Keng Tat

RSIS/Commentaries / Conflict and Stability/East Asia and Asia Pacific/Global/International Political Economy/Maritime Security/Southeast Asia and ASEAN

15 AUGUST 2014

DOWNLOAD

---

① 本文于 2014 年 8 月 15 日发表于 *RSIS Commentary*(No. 165-2014)上, https://www.rsis.edu.sg/wp-content/uploads/2014/08/CO14165.pdf。

Synopsis

China possesses historical references dating back to the Northern Song Dynasty(960-1127AD). They cannot be fairly presented in a two-page commentary.

Commentary

BILL HAYTON, in his RSIS Commentary entitled "The Paracels: Historical Evidence Must Be Examined", asserted that "Advocates of the Chinese territorial claim to the islands of the South China Sea frequently cite vague historical references in support of their arguments". This assertion in the 3 July 2014 article has no merit.

China's territorial claim is based on centuries of verifiable historical records, long-term use, treaties, international/customary laws plus records from the prodigious sea voyages of the Yuan and Ming Dynasties. China was the world's predominant maritime power between 1292 to 1433.

Early Chinese references to Paracels

To obliquely imply China was incapable of first discovery of islands in the South China Sea flies in the face of logic. To expect anyone to present the litany of verifiable evidence, dating from the Northern Song dynasty would require a monograph, not a two-page commentary.

Manila's legal brief to support its claim to some Nansha(Spratly) Islands and the Huangyan(Scarborough) Island, exceeds 4,000 pages.

Hayton's claim that none of the references to ancient documents that mention "the Sea" or "islands" can be identified with any specific islands, is baseless.

One of the earliest Chinese references to today's Xisha(Paracels) is the "Chu Fan Chi" —a 13th century book, translated by Friedrich Hirth and W.W. Rockhill in 1911, into "Chau Ju-kua: His work on the Chinese and Arab Trade in the 12th and 13th Centuries". Chau, the customs inspector of foreign trade in Fujian Province, wrote "To the East of (Hainan island) are the 'Chien-li chang-sha' and the 'Wan-li shih-chuang'". Both translators agreed they referred to the Paracels.

In 1292 the Yuan Emperor, who sent a 1,000-ship expeditionary force to Java to attack King Kertanegara for assaulting an envoy, sailed through "Ch'i-chou yang"(Paracels) and "Wan-li shi-tang"(Spratlys).

During the Ming Dynasty period when China was the world's sole maritime power from 1405 to 1433, Admiral Zheng He set sail with 317 ships passing through "Wan-sheng shih tang"(Paracels) and "Shih-shing Shi-tang"(Spratlys) enroute to Champa(part of old Vietnam), Malacca, India and later East Africa.

In 1730, Chen Lun-Chiung's book *Notes on Land across the Sea*, described the geographical positions of the Paracels and Spratlys. In his "General map of four seas", the Paracels were described as "Ch'i-chou yang" and Spratlys as "Shih-tang."

Chinese records also named the Paracels as Chi-chou yang shan, referring to the nine western islets of the Paracels. During the late Qing dynasty, the name Sisha(Pinyin: Xisha) islands became common. If the

Europeans could not sail the high seas then, how could Vietnamese fishermen sail 250 nautical miles to the Paracels in 1405? The Paracels were only recorded in the "The Complete Map of the Unified Dai Nam" in 1838.

Ignoring historical evidence

Hayton's claim that Xisha "was probably a translation of the English name for West Sand" is clutching at straws. Xisha means Western Beach. His claim of no official Chinese interest in Xisha before 1909 is also incorrect. The 1887 Convention delimitation line between China and Tonkin (Northern Vietnam) stated all isles east of it were assigned to China, which included Xisha.

In 1902 a stone marker was laid there with Chinese inscriptions meaning "In commemoration of inspection". Again in 1907 a naval contingent visited Xisha and established a Chinese marker on Fu-po Tao (Drummond Island).

In 1975, two academics from American law schools, Hungdah Chiu and Choon-ho Park, wrote in the *Ocean Development and Law Journal*: "There is no doubt that China discovered and used the Paracels for several hundred years before Vietnam began asserting its claims in 1802."

To embellish his claims Hayton conveniently ignored historical evidence cited by Dr Li Dexia, to wit:

* On 15 June 1956 Vice Foreign Minister Ung Van Khiem said "according to Vietnamese data, Xisha and Nansha Islands are historically part of Chinese territory". The Acting Director of the Asian Department. Le Loc added, "Judging from history, these islands were already part of China at the time of the Song Dynasty"; and

* China issued a statement on the territorial sea on 4 September 1958, announcing that it applied to all(of) China's territories, including the Xisha and Nansha Islands. Ten days later, Pham Van Dong sent a diplomatic note to Premier Zhou Enlai, solemnly declaring that "the government of the DRV recognises and supports the declaration of the government of the PRC..."

The paradox is this: if France already had sovereignty over Xisha in 1933, why the need to invade it in 1938? When Japan invaded Xisha in 1939, Japan's raison d'être was that during wartime it could annex China's territories.

Dr. Li wrote: "After Japan's surrender in 1945, the Islands were returnedto China according to the Cairo and Potsdam Declarations." Hayton dismissed this as "incorrect" because Paracels or Spratlys were not named. But the Cairo Declaration was explicit: "Japan will also be expelled from ALL other territories which she has taken by violence and greed." From 1946 to 1956, except at the 1951 San Francisco Peace Conference, France and the Republic of Vietnam did not challenge China's sovereignty over the islets.

Hayton's assertion that "China, Vietnam and the Philippines claim ownership of large groups of islands as if they are single units" is incorrect. Manila's claim for some Nansha islands only surfaced in 1971 but former colonial masters, Spain and the United States, never ceded them any such islands. Manila does not claim Xisha. Neither does Vietnam claim Dongsha(Pratas) island and Zhongsha(Macclesfield Bank).

Dr. Stein Tonnesson, the expert Hayton cited, wrote that, according to London's Public Records Office, "Britain considered Xisha to be Chinese"(territory). Sam Bateman, former Australian naval commodore, said "Vietnam's current claim over Xisha Islands is seriously weakened by North Vietnam's recognition of Chinese sovereignty over the islands in 1958 and its lack of protest between 1958 and 1975".

About the Authors

Li Dexia is Associate Professor with the School of Journalism and Communication at Xiamen University, China. Her views are strictly her own and do not reflect any official stance. Tan Keng Tat is a private researcher in the maritime disputes in the South China Sea based in Singapore.

Xisha(Paracel) Islands:
The Inconvenient Truth-Analysis[①]

1.ANALYSIS, CHINA, VIETNAM

AUGUST 30, 2014 EURASIA REVIEW LEAVE A COMMENT

By *Eurasia Review*

By Li Dexia and KT Tan

The Xisha Islands("Paracel" in English), consist of a group of about 30 islands, reefs, banks and cays in the South China Sea, with a maritime area of approximately 15,000 square kilometres. It is located about 180 nautical miles southeast of Hainan Island and about 260 nautical miles from the coast of Vietnam.

There are two main island groups: the Amphitrite Group in the northeast and the Crescent Group in the southwest. In July 2012, China established Sansha City, with its government seat on Yongxing Island (Woody Island), to administer the Xisha(Paracel), Dongsha(Pratas) and Nansha(Spratly) Islands and their surrounding waters in the South China Sea.

Yongxing(Woody Island), situated in the Amphitrite Group, is one of the largest islands and it has a sizeable population, buildings, a hospi-

---

① 本文于 2014 年 8 月 30 日发表于 *Eurasia Review* 上,http://www.eurasiareview.com/30082014-xisha-paracel-islands-inconvenient-truth-analysis/。

tal, hostels, a post office, cafes, stores, a harbour and an airport.

Without doubt Yongxing(Woody Island) qualifies under the regime of islands in the 1982 UN Convention on the Law of the Sea(UNCLOS) to have a 200-nautical-mile exclusive economic zone(EEZ).

Yet Dr. Nguyen Thi Lan Anh, Vice Dean of the International Faculty at the Diplomatic Academy of Vietnam, recently argued that Yongxing might not be entitled a 200-nautical-mile EEZ, allegedly because "The UN Convention on the Law of the Sea as well as international jurisprudence gives no decisive answer on the maritime zones of a small and remote island like Woody."

She made this claim in a commentary entitled "Xisha (Paracel) Islands: A Rejoinder", published by the S.Rajaratnam School of International Studies(RSIS) in Singapore on 20 June 2014.[1]

But Article 121(2) of UNCLOS is explicit: "The territorial sea, the contiguous zone, the exclusive economic zone and the continental shelf of an island are determined in accordance with the provisions of this Convention applicable to other land territory."[2]

Yongxing(Woody Island) is therefore entitled to a 200-nautical-mile EEZ on its own merit. According to UNCLOS, Vietnam is also entitled up to 200 nautical mile EEZ.

But under Article 15, "Where the coasts of two States are opposite or adjacent to each other, neither of the two States is entitled, failing agreement between them to the contrary, to extend its territorial sea beyond the median line every point of which is equidistant from the nearest points on the baselines."[3]

As the distance from Vietnam to Yongxing(Woody Island) is about 260 nautical miles, their respective EEZs extend only up to the equidistant point, i.e. 130 nautical miles.

In May this year the Chinese oil rig, the Haiyang Shiyou 981, was operational 120 nautical miles from Yongxing and 140 nautical miles from Vietnam, yet Dr. Nguyen claimed that the "oil rig was transported deep inside the EEZ of Vietnam." Her claim was baseless.

Dr. Nguyen cautioned that "Even if Woody Island is entitled to an EEZ, there has been a consistent tendency in state practices and jurisprudence of reducing the significant effect of such island in maritime delimitation with an opposite mainland."

But China prefers bilateral negotiations as Article 298 of UNCLOS "allows States and entities to declare that they exclude the application of the compulsory binding procedures for the settlement of disputes".[4]

If Dr. Nguyen expects China to agree to a 50% EEZ for Yongxing (Woody Island), as she suggested, this is wishful thinking.

Previously, in another article entitled "The Paracels: Forty Years on", also published by RSIS on 9 June 2014, she claimed that "Vietnam's sovereignty claim over the Paracel Islands was based on the Nguyen dynasty occupation of the Paracels and Spratlys from at least the 17th century when the islands belonged to no one".[5]

But in the 17th century the country was known as ĐạiViệt(Great Viet) and not Vietnam. The name "Vietnam" was adopted by Emperor Gia Long only in 1804, two years after he ascended the throne to start the Nguyễn dynasty(1802-1945).[6]

Also ĐạiViệt was not the first to discover and claim Xisha(Paracel) Islands because, as the world's predominant maritime power then, China had already discovered and named them from the Northern Song Dynasty (960-1127 AD) onwards.

One of the earliest Chinese references to today's Xisha(Paracels) is the *Chu-fan-chi*, a 13th-century book, translated by Friedrich Hirth and W.W. Rockhill in 1911. The English version was entitled "Chau-Ju-Kua: His Work on the Chinese and Arab Trade in the twelfth and thirteenth Centuries".[7]

Chau, the customs inspector of foreign trade in Fujian Province, wrote "To the East of(Hainan island) are the 'Chien-li chang-sha' and the 'Wan-li shih-chuang'". Both translators agreed they referred to the Paracels.

During the Ming Dynasty(1368-1644 AD), China was the world's only maritime power from 1405 to 1433. In the first of seven voyages in 1405, Admiral Zheng He set sail with 317 ships and 27,800 men to seek tributes and expand commerce and trade but not to colonize any country.[8]

His fleet had to regularly sail pass "Wan-sheng shih tang"(Paracels) and "Shih-shing Shi-tang"(Spratlys) enroute to Champa(part of old Vietnam), Java, Malacca, Aceh, Ceylon, India and later Oman, Hormuz, the Red Sea ports and East Africa, using a Chinese invention: the magnetic compass, which made it possible for sailors to navigate in the high seas and oceans.[9]

In 1975, Hungdah Chiu, then a visiting associate professor at the University of Maryland School of Law and Choon-ho Park, then a research fellow in East Asia Legal Studies at Harvard Law School, wrote, to wit:

"There is no doubt that China discovered and used the Paracels for several hundred years before Vietnam began asserting its claims in 1802."[10]

附录四 Xisha(Paracel) Islands: The Inconvenient Truth-Analysis

It is true that Emperor Gia Long formed the Hoàng Sa company to exploit the rich resources around the Xisha(Paracel) Islands but that was only from 1802 onwards.

When Gia Long died, the country was renamed Đại Nam (Great South) by his heir, Emperor Minh Mạng(1820-1841). The Paracels were recorded in the "The Complete Map of the Unified Dai Nam" only in 1838.[11]

Now clutching at straws, Dr. Nguyen turns to Vietnam's former colonial masters, France, to justify Vietnam's alleged sovereignty over Xisha(Paracels) by claiming, inter alia, that:

1. France "publicly declared its sovereignty over Paracels to the world since 1933."

The paradox is this: If France already had sovereignty over Xisha (Paracel) Islands in 1933, why was there a need to invade them on 3 July 1938?

2. France "maintained control over Xisha(Paracels) until the end of the Second World War".

This is evidently not true because when Japan invaded and colonized the Xisha(Paracel) Islands from 1 March 1939 to 1945, the French were summarily evicted.

And when France protested, Japan's raison d'être was that during wartime it could annex China's territories.

3. "France officially ceded its rights, in the Paracels, to the State of Vietnam on 15 October, 1950."

But in 1950 France had no sovereignty over Xisha(Paracel) Islands and the short-lived, State of Vietnam was only a puppet of the French colonial masters. It did not represent the whole country as Northern Vietnam did not recognize it.

4. The "Cairo Declaration of 1943, Potsdam Declaration of 1945, San Francisco Treaty of 1951 and the Joint Communiqué between the People's Republic of China and Japan of 1972 have listed all the territories (the Manchuria, Formosa and the Pescadores) that Japan had to return to China but excluded the Paracels and Spratlys."

The Surrender Documents signed on 2 September 1945 stated that Japan "undertake for the Emperor, the Japanese Government and their successors to carry out the provisions of the Potsdam Declaration in good faith."[12]

Article 8 of the Potsdam Declaration was unequivocally clear: "The terms of the Cairo Declaration shall be carried out."

And the Cairo Declaration was explicit: "Japan will also be expelled from all OTHER territories which she has taken by violence and greed," i.e. including Xisha(Paracel) and Nansha(Spratly) islands.[13] (Emphasis added).

5. "At the San Francisco Peace Conference in Sept 1951 the State of Vietnam issued a statement which affirmed Vietnam's right to the Spratly and Paracel Islands."

But that was illegal since China was excluded from attending and Premier Zhou Enlai had already expressly issued a caveat on 15 August 1951 that:

"Whether or not the US-British Draft Treaty contains provisions on this subject and no matter how these provisions are worded, the inviolable sovereignty of the People's Republic of China over Nanwei Islands (Spratly Islands) and Sisha Islands (the Paracel Islands) will not be in any way affected."[14]

6. "In the period from 1954 to 1975, there was more than one Vietnam. The 1954 Geneva Accords divided Vietnam into two by the 17th parallel. Accordingly, the Paracels and Spratlys were under the administration of and continuously controlled by the Republic of Vietnam."

That was not possible because Japan had already returned Xisha (Paracels) and Nansha(Spratlys) back to China under Article II, Treaty of Peace on 28 April 1952.

7. "The Socialist Republic of Vietnam, a unified State since 1976, immediately inherited and consistently reaffirmed sovereignty over the Paracels and Spratlys."

But how could the Socialist Republic of Vietnam inherit Xisha(Paracels) and Nansha(Spratlys) in 1976 when Japan had already returned Xisha(Paracels) and Nansha(Spratlys) to China in 1952?

Besides, Vietnamese leaders like Messrs Pham Van Dong, Ung Van Khien and Le Loc all agreed Xisha and Nansha islands belong to China, "according to Vietnamese data".

In fact, on 15 June 1956 Mr Pham Van Dong said "From the historical point of view, these islands are Chinese territory."

China issued a declaration on the territorial sea on 4 September 1958, announcing that it applied to all of China's territories, including the Xisha and Nansha Islands.

On 14 September 1958, Prime Minister Pham Van Dong wrote a letter to Premier Zhou Enlai to acknowledge that "the Government of the Democratic Republic of Vietnam recognizes and supports the declaration of the Government of the People's Republic of China on China's territorial sea made on 4 September 1958."[15]

Sam Bateman, a former Australian Naval Commodore said

"Vietnam's current claim over Xisha Islands is seriously weakened by North Vietnam's recognition of Chinese sovereignty over the islands in 1958 and its lack of protest between 1958 and 1975."[16]

He added that "Against the historical background of American acceptance of China's sovereignty over Yongxing Island, it would be hypocritical now for Washington to make any stronger statement that might be seen as supportive of Vietnam's position."

American scholar, Dr. Marwyn S. Samuels, opined in his 1982 book *Contest for the South China*, that China has the better claim for Xisha (Paracel) than Vietnam.[17]

Australian legal scholar Dr. Greg Austin, in his 1998 book *China's Ocean Frontier*, also came to the conclusion that China has "superior rights in the Paracels."[18]

Today, Vietnam ranks third in Southeast Asia for petroleum resources and with nearly 40 years of operation and development, Vietnam's oil and gas industry has produced almost one billion barrels of crude oil and 300 billion cubic feet of natural gas.[19]

In an article dated 13 June 2014, Gong Yingchun, associate professor of international law at the China Foreign Affairs University said, "The 215 oil and gas blocks claimed by the Vietnamese Government in the South China Sea are sufficient to expose Hanoi's ambitions for exclusive occupation of South China Sea resources."[20]

Since Vietnam has gone back on her word by making territorial claims over China's Xisha Islands, "This is a violation of the principles of international law, the principle of estoppel and a violation of the basic norms governing international relations," says China.

Still China has always advocated a peaceful settlement of "maritime disputes by negotiation and consultation between the parties directly involved in the dispute on the basis of respect for historical facts and international law".

So when is Vietnam ready to come to the negotiating table?

Notes:

[1]ANH N T L. Xisha (Paracel) Islands: A Rejoinder[J/OL].RSIS Commentary, 2014, 117. (2014-06-20). http://www.rsis.edu.sg/rsis-publication/rsis/xisha-paracel-islands-a-rejoinder/

[2] United Nations Convention on the Law of the Sea[EB/OL]. 1982:60. http://www.un.org/depts/los/convention_agreements/texts/unclos/unclos_e.pdf

[3] United Nations Convention on the Law of the Sea[EB/OL]. 1982:30. http://www.un.org/depts/los/convention_agreements/texts/unclos/unclos_e.pdf

[4] United Nations Convention on the Law of the Sea[EB/OL]. 1982:130. http://www.un.org/depts/los/convention_agreements/texts/unclos/unclos_e.pdf

[5]ANH N T L. The Paracels: Forty Years on[J/OL].RSIS Commentary, 2014, 109. (2014-06-09). https://www.rsis.edu.sg/wp-content/uploads/2014/07/CO14109.pdf.

[6]Gia Long[EB/OL]. (2016-04-16). https://en.wikipedia.org/wiki/Gia_Long.

[7]Chau-Ju-Kua: His Work on the Chinese and Arab Trade in the twelfth and thirteenth Centuries, entitled Chu-fan-chi[M/OL].translated from the Chinese and annotated by HIRTH F, ROCKHILL W W. http://ebook.lib.hku.hk/CADAL/B31403797/.

[8] Treasure voyages[EB/OL]. 2016-02-03. https://en.wikipedia.org/wiki/Treasure_voyages.

[9] Treasure voyages[EB/OL]. 2016-02-03. https://en.wikipedia.org/wiki/Treasure_voyages.

[10] CHIU H, PARK C. Legal status of the Paracel and Spratly Islands[J]. Ocean Development & International Law, 1975, 3 (1).

[11] Minh Mang[EB/OL]. 2016-04-05. https://en.wikipedia.org/wiki/Minh_M%E1%BA%A1ng.

[12] The Japanese Surrender Documents-WWII[EB/OL]. 1945-09-02. http://www.ibiblio.org/pha/policy/1945/450729a.html#6.

[13] Cairo Communique[EB/OL]. 1943-12-01. http://www.ndl.go.jp/constitution/e/shiryo/01/002_46/002_46tx.html.

[14] Treaty of San Francisco[EB/OL]. 2016-03-02. https://en.wikipedia.org/wiki/Treaty_of_San_Francisco.

[15] File:1958 Diplomatic Note from Phamvandong to Zhou Enlai.jpg[EB/OL]. 2014-08-22. https://commons.wikimedia.org/wiki/File:1958_diplomatic_note_from_phamvandong_to_zhouenlai.jpg.

[16] BATEMAN S. New Tensions in the South China Sea: Whose Sovereignty over Paracels? [J/OL]. RSIS Commentary, 2014, 088. (2014-05-14). https://www.rsis.edu.sg/wp-content/uploads/2014/07/CO14088.pdf.

[17] SAMUELS M S. Contest for the South China Sea[M/OL]. New York: Methuen, 1982. http://journals.cambridge.org/action/displayAbstract?fromPage=online&aid=6916316&fileId=S0021911800068819

[18] AUSTIN G. China's Ocean Frontier: International Law, Military Force and National Development[M/OL]. Australia: Allen & Unwin, 1998. https://www.allenandunwin.com/browse/books/academic-

附录四　Xisha(Paracel) Islands:The Inconvenient Truth-Analysis

professional/reference/Chinas-Ocean-Frontier-Greg-Austin-9781863739825

[19]Vietnam Ranks Third in South East Asia for Petroleum Resources.http://www.oilgasvietnam.com/post/97/Industry-Facts.html.

[20]GONG Y. Vietnam Fooling No One[N/OL].China Daily,2014-06-13. http://www. chinadaily. com. cn/opinion/2014-06/13/content_17584176.htm.

参考文献[①]

1. 佚名.据日本媒体报道美"三步走"就南海对华施压[N/OL].[菲]世界日报,2015-06-11. http://worldnews.net.ph/post/38573.

2. MORRIS I. Sea change[J/OL]. The New York Times Style Magazine,2014-04-28. http://cn.tmagazine.com/books/20140428/t28sea/dual/.

3. 智库:美国军力向亚太转移欲避免中美军事冲突[N/OL].(香港)大公报,2012-08-02. http://www.takungpao.com/news/content/2012-08/02/content_864344.htm.

4. 帕伦蒂.美国的新闻自由[M].韩建中,刘先琴,译.郑州:河南人民出版社,1992.

5. 菲律宾台风海燕最新消息:中国救援队准备赴菲菲方犹豫[EB/OL]. 2013-11-19. http://www.guancha.cn/Neighbors/2013_11_19_186578.shtml.

6. 佚名.中美军舰南海对峙揭秘美战舰强闯中国航母内防区[N/OL].新华网,2013-12-16. http://news.xinhuanet.com/yzyd/photo/20131216/c_118574486.htm.

7. 佚名.美国媒体搞评选称习近平对美防务政策影响最大[N/OL].[菲]世界日报,2013-12-19. http://www.worldnewsph.net/4/i_images/i11.html.

[①] 参考书目大体按照书中出现的先后顺序来呈现,但所研究的媒体相关报道基本不列在参考书目中,只是在注释中呈现。

8.佚名.外媒热评中国军费增加:远低于美国军费开支[EB/OL].2014-03-07. http://www.chinanews.com/gj/2014/03-07/5921130.shtml.

9.文诚.不要低估中国的能量[N/OL].[菲]世界日报,2014-03-31. http://worldnews.net.ph/post/5136.

10.佚名.菲犹豫接受中国医疗队[N/OL].[菲]世界日报,2013-11-20. http://www.worldnewsph.net/3/p_images/p04.html.

11.小刚.有什么好吵的![N/OL].[菲]世界日报,2013-11-27. http://www.worldnewsph.net/3/w_images/w10.html.

12.2014年2月7日外交部发言人洪磊主持例行记者会[EB/OL].2014-02-07. http://www.fmprc.gov.cn/mfa_chn/fyrbt_602243/jzhsl_602247/t1126377.shtml.

13.外交部发言人洪磊就美国务院官员涉南海言论答记者问[EB/OL].2014-02-09. http://news.xinhuanet.com/world/2014-02/09/c_119248694.htm.

14.佚名.李光耀:中国欲透过南海确立地位[N/OL].[菲]世界日报,2014-03-30. http://worldnews.net.ph/post/5042.

15.李金明.中国南海疆域研究[M].福州:福建人民出版社,1999.

16.佚名.召开记者会详述原则立场与政策主张中国使馆:中菲关系受到伤害[N/OL].[菲]世界日报,2014-04-02. http://worldnews.net.ph/post/5291.

17.董璐.传播学核心理论与概念[M].北京:北京大学出版社,2008.

18.陈舟.美国的安全战略与东亚:美国著名国际战略专家访谈录[M].北京:世界知识出版社,2002.

19.佚名.美中竞合关系最新形势[N/OL].(台北)"中央日报"网路报,2014-03-03. http://www.cdnews.biz/cdnews_site/docDetail.jsp?coluid=110&docid=102661291.

20.中华日报社论——美中博弈新局:大陆已成美国最大敌人[N/

OL].(台北)"中央日报"网路报,2014-02-23. http://www.cdnews.biz/cdnews_site/docDetail.jsp? coluid=110&docid=102654816.

21.宋兴洲.中美不互相挑战20年相安无事[N/OL].(台北)"中央日报"网路报,2013-08-02. http://www.cdnews.biz/cdnews_site/docDetail.jsp? coluid=109&docid=102406802&page=1.

22.佚名.菲美联合军演针对性强[N/OL].[菲]世界日报,2014-05-06. http://worldnews.net.ph/post/7834.

23.张国庆.媒体话语权:美国媒体如何影响世界[M].北京:中国人民大学出版社,2012.

24.郭庆光.传播学教程[M].北京:中国人民大学出版社,2011.

25.佚名.斯诺登称"9·11"恐袭后部分记者受美重点监控[N/OL].[菲]世界日报,2013-08-15. http://www.worldnewsph.net/4/i_images/i10.html.

26.巴尔.中国软实力:谁在害怕中国[M].石竹芳,译.北京:中信出版社,2013.

27.我乐视频[Z/OL].http://www.56.com/u90/v_OTkzNjQxMzU.html.

28.丁建庭.《华尔街日报》意欲何为?[N/OL].南方日报,2013-11-05. http://news.sina.com.cn/pl/2013-11-05/133828625600.shtml.

29.北雪.质疑CNN[N/OL].[菲]世界日报,2014-03-10. http://worldnews.net.ph/post/3324.

30.小刚.揭美霸的嘴脸[N/OL].[菲]世界日报,2013-12-17. http://www.worldnewsph.net/2/w_images/w02.html.

31.美国星岛日报社论——党争挑战美国两党执政架构[N/OL].(台北)"中央日报"网路报,2014-10-16. http://www.cdnews.biz/cdnews_site/docDetail.jsp? coluid=110&docid=102496103.

32.刘庭华.日本右翼势力为何猖獗[N/OL].学习时报,2012-09-24.

http://news.xinhuanet.com/world/2012-09/24/c_123754877.htm.

33.张瑶华.日本在中国南海问题上扮演的角色[EB/OL].2011-08-03. http://www.ciis.org.cn/chinese/2011-08/03/content_4381397.htm.

34.The Japan Times[EB/OL].http://en.wikipedia.org/wiki/The_Japan_Times.

35.佚名.独家:东亚峰会主席声明草案出炉南海表述回避刺激中国[N/OL].共同社,2013-10-03.http://china.kyodonews.jp/news/2013/10/61009.html.

36.日媒:华"防空识别区"或纳冲绳[N/OL].(香港)大公报,2013-11-12.http://news.takungpao.com/paper/q/2013/1112/2030506.html,20131219.

37.沈子涵.东海风云/日媒:陆划防空区范围比原案广[N/OL].(台北)"中央日报"网路报,2014-01-12.http://www.cdnews.biz/cdnews_site/docDetail.jsp?coluid=109&docid=102607566.

38.佚名.日本朝日新闻专文——中国大陆讨论设南海防空识别区南沙或纳入视野[N/OL].(台北)"中央日报"网路报,2014-02-06.http://www.cdnews.biz/cdnews_site/docDetail.jsp?coluid=110&docid=102633413.

39.佚名.美促华勿设南海防空识别区[N/OL].[菲]世界日报,2014-02-02.http://worldnews.net.ph/post/202.

40.佚名.中国否认即将设南海防空区[N/OL].[菲]世界日报,2014-02-02.http://worldnews.net.ph/post/199.

41.紫茗.和平需要实力维护[N/OL].[菲]世界日报,2014-03-12.http://worldnews.net.ph/post/3508.

42.文睿.香港中评社社评——警惕日本借防空识别区分化两岸的图谋[N/OL].(台北)"中央日报"网路报,2013-12-11.http://www.cdnews.biz/cdnews_site/docDetail.jsp?coluid=110&docid=102567031.

43.佚名.中方:日蓄意挑动地区对立[N/OL].[菲]世界日报,2013-12-10.http://www.worldnewsph.net/2/p_images/p03.html.

44.佚名.斥日军机跟踪监视最近距离仅10米中国军方:证据确凿居心何在[N/OL].[菲]世界日报,2014-05-30.http://worldnews.net.ph/post/9832.

45.佚名.美参院外交委员会主席要求日方修复日中关系[N/OL].共同社,2013-08-14.http://tchina.kyodonews.jp/news/2013/08/57892.html.

46.卓南生.如何辨析日本的乱象与真相——兼论"从安倍到安倍"的日本走向[N/OL].[菲]世界日报,2013-06-28.http://www.worldnewsph.net/5/w_images/w01.html.

47.佚名.大陆北京青年报专文——陆日为何难以建立法德式关系?[N/OL].(台北)"中央日报"网路报,2014-01-12.http://www.cdnews.biz/cdnews_site/docDetail.jsp?coluid=110&docid=102607432.

48.黄信怡.应该反制为军国主义招魂[N/OL].[菲]世界日报,2014-02-10.http://worldnews.net.ph/post/907.

49.日本朝日新闻专文——从东京都知事选举看网络右翼[N/OL].(台北)"中央日报"网路报,2014-02-12.http://www.cdnews.biz/cdnews_site/docDetail.jsp?coluid=110&docid=102640651.

50.日本朝日新闻专文——安倍沉醉于"赞!"过度自信招致"失望"[N/OL].(台北)"中央日报"网路报,2014-01-06.http://www.cdnews.biz/cdnews_site/docDetail.jsp?coluid=110&docid=102599010.

51.佚名.日本朝日新闻专文——日本的爱国心[N/OL].(台北)"中央日报"网路报,2014-05-11.http://www.cdnews.biz/cdnews_site/docDetail.jsp?coluid=110&docid=102752187.

52.佚名.日本朝日新闻社论——朝日记者受袭事件勿忘言论自由初衷[N/OL].(台北)"中央日报"网路报,2014-05-03.http://www.cdnews.biz/cdnews_site/docDetail.jsp?coluid=110&docid=102742697.(注:原

文刊登在 5 月 2 日的《朝日新闻》，原标题为《朝日支局袭击「排他」に立ち向かう》》

53.卓南生.中日关系出了什么问题？（下）[N/OL].［菲］世界日报，2014-03-14.http：//worldnews.net.ph/post/3700.

54.佚名.安倍曾致信多名美议员敦促通过对华施压决议[N/OL].［菲］世界日报，2013-08-03. http：//www.worldnewsph.net/6/i_images/i15.html.

55.佚名.日媒：日拨 10 亿日元宣传钓鱼岛等"领土主权"[N/OL]. 2013-08-29. http：//world.cankaoxiaoxi.com/2013/0829/263361.shtml.

56.金赢.安倍政权推动日本媒体右倾化[J/OL].环球，2014-08-21. http：//news.xinhuanet.com/globe/2014-02/28/c_133150645.htm.

57.郭至君.社评：日本大使反扣伏地魔帽子玩虚无主义[N/OL].2014-01-08. http：//bj.crntt.com/doc/1029/6/6/4/102966449.html？coluid＝93＆kindid＝3051＆docid＝102966449,20140108.

58.佚名.奥巴马放话美当老大抗俄指出俄入侵乌对世界造成威胁[N/OL].［菲］世界日报，2014-11-16. http：//worldnews.net.ph/post/23119.

59.佚名.本报特稿/美日深层战略矛盾浮现[N/OL].（台北）"中央日报"网路报，2014-03-16. http：//www.cdnews.biz/cdnews_site/docDetail.jsp？coluid＝110＆docid＝102680560.

60.朱彦荣.国外知名媒体有关"消息来源"的使用规范[J/OL].中国记者，2005-08-17. http：//news.xinhuanet.com/newmedia/2005/08/17/content_3366355.htm.

61.华益文.人民日报：日本搅局南海祸心昭彰[N/OL].2014-06-13. http：//news.xinhuanet.com/world/2014-06/13/c_126614176.htm.

62.美国前总统卡特：中日关系恶化因日本挑起争端[N/OL].［菲］世界日报，2014-09-10. http：//worldnews.net.ph/post/17912.

63.周旭.菲媒批阿基诺挑衅性言辞恐将激化中菲矛盾[EB/OL].2014-

08-08. http://world.huanqiu.com/exclusive/2013-08/4222325.html.

64. RICHARDSON J E. Analysing Newspapers: An Approach from Critical Discourse Analysis[M]. New York: Palgrave Macmillan, 2007.

65. HANSEN A, MACHIN D. Media & Communication Research Methods[M]. New York: Palgrave Macmillan, 2013.

66. 钱彤. 习近平: 让命运共同体意识在周边国家落地生根[N/OL]. 2013-10-25. http://news.xinhuanet.com/2013-10/25/c_117878944.htm.

67. 李克强: 南海航行自由有保障[N/OL]. [菲]世界日报, 2013-10-10. http://www.worldnewsph.net/4/p_images/p01.html.

68. 佚名. 埃纳主张南海问题友好解决[N/OL]. [菲]世界日报, 2013-11-03. http://www.worldnewsph.net/0/p_images/p01.html.

69. 张宸. 国外知名媒体有关"消息来源"的使用规范[J/OL]. 中国记者. http://news.xinhuanet.com/newmedia/2005-08/17/content_3366355.htm.

70. 李德霞. 菲律宾主流英文媒体对黄岩岛事件的报道分析——以《菲律宾每日问询者报》为例[J]. 当代亚太, 2013(4): 107-136, 156-157.

71. 北风. 全面性与真实性[N/OL]. [菲]世界日报, 2013-03-12. http://worldnews.net.ph/post/31723.

72. TRAJANO J C I. Japan-Philippines Strategic Partnership: Converging Threat Perceptions[J]. RSIS Commentary, 2013(146): 1-2.

73. HOLLIHAN T A, ZHANG Z. Media Diplomacy and U.S.-China Military-to-Military Cooperation[M/OL]. Los Angeles: Figueroa Press, 2012, http://uscpublicdiplomacy.org/sites/uscpublicdiplomacy.org/files/legacy/publications/perspectives/Media%20Diplomacy%20Paper5_2012.pdf.

74. 李金明. 中国南海疆域研究[M]. 哈尔滨: 黑龙江教育出版社. 2014.

75. BATEMAN S. New Tensions in the South China Sea: Whose Sovereignty over Paracels? [J]. RSIS Commentary, 2014(088): 1-2.

76. 佚名."981"钻井平台作业：越南的挑衅和中国的立场[EB/OL]. 2014-06-08. http://www.fmprc.gov.cn/mfa_chn/zyxw_602251/t1163255. shtml.

77. 佚名.中方首公布越船在西沙撞击我海警船完整视频[Z/OL].2014-06-14. http://www.chinanews.com/shipin/cnstv/2014/06-14/news443500. shtml.

78. 佚名.哨所比中国多四十个美媒称越南才是南海侵略者[N/OL].[菲]世界日报, 2015-07-11. http://worldnews.net.ph/post/40865.

79. WU J. Understanding interdiscursivity: A pragmatic model[J]. Jounal of Cambridge Studies, 2011, 6(2-3): 95-115.

80. KELSEY D. Defining the sick society: Discourses of class and morality in British, right wing newspapers during the 2011 England riots [J]. Journal of Capital & Class, 2015, 39(2): 243-264.

81. DIJK T A V. Ideological discourse analysis[EB/OL]. 1995. http://www.discourses.org/OldArticles/Ideological%20discourse%20analysis.pdf.

82. HALLIDAY M A K. An introduction to functional grammar[M]. London: Hodder Arnold, 2004.

83. 李克强.政府工作报告——2015年3月5日在第十二届全国人民代表大会第三次会议上[N/OL]. 2015-03-17. http://politics.people.com.cn/n/2015/0317/c1024-26702211.html.

84. 毕研韬,王金岭.战略传播纲要[M].北京：中央编译出版社.2011.

85. 北风.带着感情写新闻[N/OL].[菲]世界日报,2015-09-30. http://worldnews.net.ph/post/46872.

86. 张亚明.新闻报道中的情感运用——与新闻的客观性关系浅说[Z/OL]. 2009-01-31. http://blog.sina.com.cn/s/blog_502d557d0100cead.html.

87.李国辉.做新闻,需要有感性认识和理性思考[N/OL].2013-03-14. http://www.baoye.net/News.aspx? ID=326698.

88.佚名.基地不许菲军进入美军秘密常驻菲律宾剑指中国[N/OL]. [菲]世界日报,2014-02-25. http://worldnews.net.ph/post/2223.

89.哈姆扎.不要总是把中国描绘成"坏蛋"[N/OL]. 汪北哲,译.2013-08-12. http://oversea.huanqiu.com/political/2013-08/4232655.html.

90.佚名.中国响应中美军舰南海相遇双方国防部已进行有效沟通[N/OL].[菲]世界日报,2013-12-19. http://www.worldnewsph.net/4/i_images/i10.html.

91.张迎春.香港中评社社评——中国为南海立新规宣示决心[N/OL].(台北)"中央日报"网路报,2014-01-21. http://www.cdnews.biz/cdnews_site/docDetail.jsp? coluid=110&docid=102617953.

92.佚名.大陆人民日报海外版专文——菲律宾强推仲裁注定徒劳[N/OL].(台北)"中央日报"网路报,2014-04-01. http://www.cdnews.biz/cdnews_site/docDetail.jsp? coluid=110&docid=102701754.

93.余永胜.香港中评社专论——越南对中国有误判中国不应示弱[N/OL].(台北)"中央日报"网路报,2014-06-20. http://www.cdnews.biz/cdnews_site/docDetail.jsp? coluid=110&docid=102803558.

94.佚名.如不能控制反华暴行越南将自食恶果[N/OL].香港中通社,2014-05-18.

95.佚名.官媒:美"再平衡"使亚太不太平[N/OL].[菲]世界日报,2014-06-02.http://worldnews.net.ph/post/10014.

96.佚名.菲美对南海局势表示关切华媒:菲方下一步或有更多动作[N/OL].[菲]世界日报,2014-03-12.http://worldnews.net.ph/post/3538.

97.佚名.大陆人民日报海外版专文——菲律宾得意忘形必自取其辱[N/OL].(台北)"中央日报"网路报,2014-03-31. http://www.cdnews.biz/cdnews_site/docDetail.jsp? coluid=110&docid=102700514.

98. 佚名.大陆人民日报海外版专文——美在南海搅浑水捡不着便宜[N/OL].(台北)"中央日报"网路报,2014-04-07. http://www.cdnews.biz/cdnews_site/docDetail.jsp?coluid=110&docid=102708410.

99. 佚名.总统府重申以外交化解争端对中国媒体强硬措辞不予置评[N/OL].[菲]世界日报,2014-05-17.http://worldnews.net.ph/post/8814.

100. 佚名.众议员亚牙包认为中国不会对菲开战[N/OL].[菲]世界日报,2013-07-02. http://www.worldnewsph.net/2/p_images/p13.html.

101. 储殷.南海问题中的内忧与外患[N/OL].2015-10-27. http://news.ifeng.com/a/20151027/46018513_0.shtml.

102. 报告精读|全球传媒发展报告(2014)[M/OL]//胡正荣.全球传媒蓝皮书:全球传媒发展报告(2014).2015-03-31. http://www.pishu.cn/zxzx/xwdt/219021.shtml.

103. 徐蕾.我们向"今日俄罗斯"学什么?[N/OL].人民日报海外版,2014-09-19. http://paper.people.com.cn/rmrbhwb/html/2014-09/19/content_1479579.htm.

104. 王磊."今日俄罗斯":让美国紧张的航母级媒体[J/OL].今传媒,2014-12-25.http://www.mediacircle.cn/?p=17382.

105. 高祖贵.媒体在当前国际关系中如何动作?[N/OL].2010-11-23. http://media.people.com.cn/GB/22114/41180/207870/13294364.html.

106. 佚名.中国海监编队钓岛巡航对非法入境日船只喊话[N/OL].[菲]世界日报,2012-11-21.http://www.worldnewsph.net/3/i_images/i03.html.

107. 佚名.联合国吁中菲对话解决争端[N/OL].[菲]世界日报,2013-01-24.http://www.worldnewsph.net/4/p_images/p01.html.

108. 佚名.60外国使节走进中宣部[N/OL].(香港)大公报,2012-05-25.http://www.takungpao.com/sy/2012-05-25/content_250518.htm.

109. 鲁曙明,洪浚浩.传播学[M].北京:中国人民大学出版社,2007.

110.柯惠新,王锡苓,王宁.传播研究方法[M].北京:中国传媒大学出版社,2010.

111.曼切尔.新闻报道与写作[M].艾丰,译.北京:广播出版社,1981.

112.佚名.菲正式命名"西菲律宾海"[N/OL].[菲]世界日报,2012-09-13.http://www.worldnewsph.net/4/p_images/p01.html.

113.李金明.南海争端与国际海洋法[M].北京:海洋出版社,2003.

114.李金明.南海波涛——东南亚国家与南海问题[M].南昌:江西高校出版社,2005.

115.佚名.民众对华感情受影响菲媒批评总统"好斗"[N/OL].[菲]世界日报,2012-08-16.http://www.worldnewsph.net/4/p_images/p03.html.

116.佚名.国际海洋法专家认为:菲律宾需要重新思考南海政策[N/OL].[菲]世界日报,2012-10-28.http://www.worldnewsph.net/0/p_images/p08.html.

117.佚名.菲外长在金边恼羞成怒指责中国"咄咄逼人"[N/OL].[菲]世界日报,2012-07-13.http://www.worldnewsph.net/5/p_images/p03.html.

118.ANH N T L. Xisha(Paracel) Islands: A rejoinder[J/OL].RSIS Commentary,2014-06-20. http://www.rsis.edu.sg/rsis-publication/rsis/xisha-paracel-islands-a-rejoinder/.

119.United Nations Convention on the Law of the Sea[EB/OL].1982-12-10.http://www.un.org/depts/los/convention_agreements/texts/unclos/unclos_e.pdf.

120.Chau Ju-Kua: His work on the Chinese and Arab trade in the twelfth and thirteenth centuries, entitled Chu-Fan-Chi[M/OL].http://ebook.lib.hku.hk/CADAL/B31403797/.

121.The Japanese surrender documents-WWII[EB/OL].1945-09-02, http://www.ibiblio.org/pha/policy/1945/450729a.html#6.

122.Cairo Communique[EB/OL].1943-12-01.http://www.ndl.go.jp/constitution/e/shiryo/01/002_46/002_46tx.html.

123.SAMUELS M S. Contest for the South China Sea[M/OL].New York:Methuen,1982. http://journals.cambridge.org/action/displayAbstract?fromPage=online&aid=6916316&fileId=S0021911800068819.

124.AUSTIN G.China's ocean frontier:International law, military force and national development[M/OL].Australia:Allen & Unwin,1998.https://www.allenandunwin.com/browse/books/academic-professional/reference/Chinas-Ocean-Frontier-Greg-Austin-9781863739825.

125.GONG Y.Vietnam fooling no one[N/OL].China Daily,2014-06-13. http://www.chinadaily.com.cn/opinion/2014-06-13/content_17584176.htm.

后　记

正如任何著作都不可能是完美无瑕的一样，本书亦存在如下一些不足或欠缺：第一，由于研究对象和研究内容甚多，而时间与精力确实相当有限，故而对有些媒体，如中国媒体的研究不够深入；第二，在研究方法上，虽然在去英国访学之前已听说过批评性话语分析法，但对其真正了解并产生兴趣是到英国之后，故而在实际应用时不够老练，还需要进一步的了解学习和更多的实践运用，如不仅要研究新闻报道的文本本身，而且要把报道的背景和整个社会大背景更多地结合进去考虑。此外，还可更加灵活地运用该研究方法来研究一些现实问题；第三，若在经费、时间和精力充足的情况下，应尽可能争取参访有关各方的主流媒体及其相关从业人员，以获得更多的感性认识和一手资料；第四，今后还应进一步深入研究一些主题，如对不同国家媒体的相关报道与动机、对南海问题的立场等进行对比研究。本书虽然也对中国媒体和越南媒体有关2014年5月发生的中越南海冲突事件的新闻报道进行了对比，但还不够。还可研究各国媒体围绕南海问题展开的博弈和互动，或研究有关各方的南海问题媒体外交等。总而言之，这些不足或欠缺正在后续的研究中尽可能弥补。

李德霞

2016年2月